SKILL AND TECHNIQUES FOR SOCIAL WORK PRACTICE

사회복지실천기술론

설진화 · 김소정 공저

수양재

머리말

본서(本書)는 사회복지학을 전공하는 학부생들을 위한 교재로서, 예비사회복지사들이 사회복지실천기술론을 공부하는 데 있어서 부족함이 없도록 기본적인 내용으로 구성하였다.

한국사회복지교육협의회에서 제시한 교과과정을 중심으로 구성하였지만, 전체적인 이해를 위해서 필요하다고 생각되는 부분들은 추가·보완하였고, 우리나라 사회복지실천 현장의 현실과는 달리 치료자의 역할을 강조하는 내용들은 상대적으로 가볍게 다루었다.

그럼에도 불구하고 본서의 분량이 한 학기에 모두 강의하기에는 적지 않은 분량이라, 상당한 부담이 될 것으로 판단된다. 그러나 사회복지실천기술론을 공부하는 예비사회복지사들이 본서 한 권만으로도 기본적인 내용들을 살펴볼 수 있다는 점이 본서의 장점일 것이다.

본서에서 부족한 내용들은 강의하시는 분들의 판단과 학생들의 필요에 의해서 강의내용에서 가감할 수 있을 것이며, 그 내용이 사회복지학과에서 개설되는 다른 과목들의 내용들과 중복되는 것들도 강의하시는 분들의 판단에 의해 강의내용에서 가감할 수 있을 것으로 판단된다.

저자들의 부족함으로 인해 본서에서 사회복지실천의 현장에서 필요한 실질적인 지식과 기술들을 제대로 다루지 못한 것같아 안타까운 마음이 앞선다. 하지만, 본서의 부족하고 미흡한 부분들은 많은 분들의 관심과 지도로 보완될 수 있을 것이므로 본서로 공부하는 모든 분들께 적극적인 지도 편달을 부탁드린다.

특히 본서로 공부하는 예비사회복지사인 학생 분들께는 사회복지실천기술론을 수강하기에 앞서 사회복지개론과 인간행동과 사회환경, 그리고 사회복지실천론 등을 선수과목으로 이수하기 바라며, 이해의 폭을 넓히기 위해서는 또 다른 필수과목인 지역사회복지론, 사회복지행정론, 사회복지조사방법론과 선택과목인 가족복지론 등의 과목들을 필히 수강할 것을 부탁드린다.

끝으로 본서의 출판을 맡아준 수양재의 관계자 분들께 감사드린다.

2022년 2월
저자 일동

차 례

제1장 | 사회복지 실천지식과 기술 및 실천 현장

자신에 대한 성찰과 수용이 없는 상태에서 이루어지는 사회복지사의 활동은 주관적인 복지행위로 흘러 자신뿐만 아니라 **클라이언트**(client)들에게도 긍정적인 영향을 미칠 수 없으므로 이타적인 행위가 우선시 되는 사회복지사는 자기성찰과 수용이 먼저 요구된다. 따라서 사회복지사가 전문가로서 갖추어야 할 기본적인 실천지식과 기술을 갖추는 것이 우선이지만, 이를 활용하여 자신에 대한 성찰과 수용에 한 걸음 더 다가가야 한다.

1. 사회복지사의 실천지식과 기술

1) 사회복지사의 실천지식

사회복지실천의 현장에서 사회복지사에게 필요한 실천지식들의 대부분은 인접 사회과학과 행동과학 등 타 학문 분야에서 빌려 온 것들로서 사회, 정치, 경제, 문화, 과학, 역사, 예술, 인류, 철학 등 광범위한 영역을 포함하고 있다. 이러한 다양한 학문분야의 지식들이 사회복지실천의 현장의 특성에 맞게 잘 조화되어 독특한 지식체계를 구성하고 있다.

(1) 사회복지사의 전문적인 실천지식

Hepworth, Rooney와 Larsen(1997)은 사회복지사의 전문적인 실천지식에 대해서 다음의 범주를 제시하였으며, 미국사회사업교육협의회(CSWE, 1994)에서도 핵심교과과정의 일부로 채택한 바 있다.

① 인간행동과 사회환경에 관한 지식

가족, 집단, 조직, 지역사회 등과 같이 개인이 생활하는 사회환경에 대한 인간의 생태－심리－사회학적 발달 등에 대한 지식으로써, 전문직 사회복지사로서의 역할을 효과적으로 수행하기 위해서 필요하다. 발달시기와 관련된 인간의 욕구와 그에 따른 자원에 대해서 알아야 하며, 이러한 인간의 욕구가 어떻게 정의되며 다양한 문화와 어떻게 상호작용하는지 알아야 한다.

② 사회정책과 서비스에 관한 지식

사회경제적 정의의 원칙 내에서 정책과 정책의 형성과정 그리고 사회정책의 분석 등에 관련한 지식들로서, 이러한 지식은 정부나 모든 사적 영역의 Human Service 체계에 대해 계획을 세우고 이끌어가는 사회정책의 형성에 포함되는 복잡한 요인들을 구체적으로 이해할 수 있게 한다. 따라서 사회복지사는 전문가로서의 신념과 윤리, 가치뿐만 아니라 전체적인 조화 속에서 실천을 위해 개인, 가족, 집단, 지역사회의 사회적 기능을 향상하는 사회정책의 개발과 활성화에 참여할 책임이 있다.

③ 사회복지실천 방법에 관한 지식

사회복지실천 방법의 지식과 기술들은 사회복지사가 관여하는 클라이언트 체계의 수준에 따라 미시(micro), 중범위(mezzo), 거시(macro) 등으로 구분된다. 먼저 **미시수준의 실천**은 개인, 부부, 가족 등과 같은 클라이언트 체계에 사회복지사가 직접적인 서비스를 제공하는 직접적인 실천이다. 다음으로 **중범위수준의 실천**은 클라이언트에게 직접적인 영향을 미치는 가족, 또래집단, 이웃, 학교, 직장, 동료, 자조집단, 치료집단과 같이 가족보다는 상대적으로 친밀도가 낮은 대인관계와 조직, 체계를 변화시키는 것을 말한다. 마지막으로 **거시수준의 실천**은 직접적인 실천과는 달리 사회계획과 지역사회조직 과정을 포함하는 것으로서 개인, 집단, 조직으로 이루어진 지역사회 행동체계를 지원하는 전문적인 변화매개자로서의 역할을 수행한다. 또한 사회복지사는 시민단체나 사적, 공적 혹은 정부 조직과 연계하여 일하기도 한다.

④ 조사연구에 관한 지식

사회복지실천을 위한 지식의 형성과 실천현장에서의 서비스 전달을 평가하기 위해서는 과학적 · 분석적으로 접근해야 하며, 그 과정에서 이해와 설명을 제공하기 위해서, 경험적이고 주관적인 지식들을 과학적이고 객관적인 지식으로 검증하여 다른 결론들과 구별할 수 있는 능력이 요구된다.

(2) 사회복지실천을 위한 지식

또한 미국사회복지사협회(NASW, 1981)는 효과적인 사회복지실천을 위한 지식을 다음과 같이 제시하였다.

- 개별사회사업실천과 집단사회사업실천의 이론과 기법에 관한 지식
- 지역사회자원과 서비스에 관한 지식
- 연방정부와 주정부의 기본적 사회복지 서비스 프로그램과 목적에 관한 지식
- 지역사회조직 이론과 보건 및 복지 서비스의 개발에 관한 지식
- 기본적인 사회 · 경제 · 정치이론에 관한 지식
- 사회의 다양한 인종, 민족, 문화 집단들의 가치와 삶의 방식 그리고 현재의 삶과 관련한 쟁점에 관한 지식
- 실천에 적절한 전문적 · 과학적 조사연구에 관한 지식
- 사회계획의 개념과 기법에 관한 지식

- **지도감독**(supervision)의 개념과 이론 및 사회복지실천의 전문적 지도감독에 관한 지식
- 인사관리의 개념과 이론에 관한 지식
- 사회학 및 심리학의 통계 기법과 다양한 연구방법에 관한 지식
- 사회복지행정의 개념 및 이론에 관한 지식
- 클라이언트에게 영향을 미치는 사회적 · 환경적 요인에 관한 지식
- **사회심리학적 사정**(assessment), 실천의 방법과 이론에 관한 지식
- 조직 및 사회체계의 이론과 행동 및 변화를 촉진하는 방법에 관한 지식
- 지역사회조직의 이론과 기법에 관한 지식
- 인간의 성장과 발달, 가족과 사회의 상호작용 이론에 관한 지식
- 소집단 이론과 행동역학에 관한 지식
- 집단 상호작용과 치료적 실천이론에 관한 지식
- 위기개입이론과 기법에 관한 지식
- 옹호이론과 기법에 관한 지식
- 전문사회사업의 윤리적 기준과 실천에 관한 지식
- 강의의 이론과 기법에 관한 지식
- 사회복지의 경향과 정책에 관한 지식
- 사회서비스 및 보건서비스에 영향을 미치는 연방정부, 주정부, 지방정부의 법률과 규제에 관한 지식

2) 사회복지사의 실천기술

기술(skill)은 관심사와 욕구에 대한 반응으로써 지식과 가치를 통합하여 행동으로 바꾸는 실천의 핵심 구성요소이다. 즉, 사회복지실천기술은 사회복지사가 특정 프로그램이나 서비스의 목적을 달성하기 위한 과정을 진행하기 위해서 필요한 지식과 방법을 활용할 수 있는 능력(Smally, 1967)을 의미한다. 또

한 사회복지사들이 서로 다른 상황에 적합한 기술을 적용하기 위해서는 특수한 상황에 처해 있는 인간에 대한 올바른 이론적 이해가 우선되어야 한다. 즉, 사회복지실천기술은 특수한 상황에 처한 클라이언트의 행동에 대한 다양한 이론을 올바르게 이해하는 것(Parsloe, 1988)에서 출발한다.

사회복지사가 사용할 수 있는 실천기술은 **의사소통기술, 문제 사정의 기술, 클라이언트와 함께 할 수 있는 기술, 욕구와 자원을 연결하는 기술, 자원을 개발하는 기술, 사회구조의 변화를 이끌어내는 기술** 등 그 범위는 광대하고 다양하다. 또한 사회복지사들이 지식과 이론에 기초하여 실천하고, 각 상황에서의 일반성과 특수성을 평가함으로써 새로운 상황에 그들이 학습한 지식과 이론을 적용할 수 있는 것을 **사회복지실천기술의 이전성**이라 한다(영국사회사업교육훈련협의회, CCETSW, 1995).

(1) 사회복지사의 실천기술

미국사회복지사협회(NASW, 1981 : 17-18)는 사회복지사의 실천기술을 다음과 같이 제시하였다.

- 전문가로서의 이해와 목적을 가지고 경청하는 기술
- 사회력과 사정 및 보고서를 준비하기 위해 관련된 사실과 정보를 수집하는 기술
- 전문적인 원조관계를 형성, 유지하고 그 관계 속에서 자신을 활용하는 기술
- 언어적 · 비언어적 의사소통을 관찰하고 해석하며 성격심리학과 사정방법에 대한 지식을 활용하는 기술
- 클라이언트가 스스로 자신들의 문제를 해결하고, 신뢰를 얻을 수 있도록 도와주는 기술
- 정서적으로 민감한 주제들을 지지적인 방법으로 토론하는 기술

- 클라이언트의 욕구에 대한 창의적인 해결책을 만들어내는 기술
- 치료적 관계의 종결시기와 방법을 결정하고 실행하는 기술
- 조사연구의 수행과 결과의 해석, 전문적인 문헌을 해석하는 기술
- 갈등 관계에 놓인 양측을 화해시키거나 협상하는 기술
- 조직 간의 연계서비스를 제공하는 기술
- 후원자, 시민, 입법관계자 등에게 사회적인 욕구를 해석하고 전달하는 기술

(2) 사회복지사의 능력

또한 미국사회복지사협회(NASW, 1981)는 위의 실천기술과 관련하여 사회복지사의 능력을 다음과 같이 제시하였다.

- 명확하게 말하고 쓰는 능력
- 다른 사람을 교육할 수 있는 능력
- 정서적인 괴로움이나 위기 상황에서도 지지적으로 반응하는 능력
- 전문적인 관계에서 역할 모델이 되는 능력
- 복합적인 심리사회적 현상을 해석하는 능력
- 주어진 책임을 완수할 수 있게 자신의 업무량을 조직적으로 관리하는 능력
- 타인을 돕는 데 필요한 자원을 확인하고 동원하는 능력
- 인간의 행동이나 감정을 사정하고 도움이나 자문을 줄 수 있는 능력
- 집단 활동에 참여하고 이끌어 나갈 수 있는 능력
- 스트레스 상황에서도 제대로 기능하는 능력
- 갈등상황이나 논쟁적인 사람을 잘 다루는 능력
- 사회적·심리적 이론을 실천의 현장에 적용하는 능력
- 문제해결에 필요한 정보를 파악하는 능력

- 기관과 자신의 서비스나 실천을 조사·연구하는 능력

(3) 사회복지사의 역할과 활동

Federico(1973)는 사회복지 서비스가 제공되는 사회복지실천의 현장에서 필요한 기술을 사회복지사의 역할과 활동으로 설명하였다.

- **현장활동가**(outreach worker)－욕구를 파악하기 위하여 지역사회에 뛰어들며, 상황에 적합한 서비스를 의뢰한다.
- **중개자**(broker)－이용 가능한 서비스를 알고 필요한 사람에게 적절한 서비스가 주어지도록 한다.
- **옹호자**(advocator)－서비스를 받지 못하는 클라이언트에게 서비스를 줄 수 있도록 돕고, 욕구가 있는 사람들에게 더 많은 서비스가 확대·제공되도록 도와준다.
- **평가자**(evaluator)－욕구와 자원을 평가하고, 욕구를 충족시킬 수 있는 대안을 만들고, 그 대안들 중에서 선택한다.
- **교육자**(teacher)－사실과 기술을 교육한다.
- **동원가**(mobilizer)－새로운 서비스를 개발하도록 돕는다.
- **행동수정가**(behavior changer)－클라이언트의 특정 행동을 수정하도록 돕는다.
- **컨설턴트**(consultant)－다른 전문가들과 함께 서비스를 더 효과적으로 제공하도록 돕는다.
- **지역사회계획가**(community planner)－지역사회집단이 지역사회의 사회복지 욕구를 좀 더 잘 충족하기 위한 계획을 세우도록 돕는다.
- **보호제공자**(care giver)－자신의 욕구를 충족하지 못하고, 자신의 문제를 충분히 해결할 수 없는 사람들에게 지지적 서비스를 제공한다.
- **자료관리가**(data manager)－의사결정을 위한 자료를 수집하고 분석한다.

- **행정가**(administrator) – 서비스 프로그램을 계획하고 실천하는 데 필요한 활동들을 수행한다.

사회복지실천에 있어서 과학적인 측면과 동시에 기술적인 측면 내지는 예술적인 측면의 중요성을 강조하는 중요한 정의 중의 하나는 "사회사업은 하나의 **기술**(skill) 또는 **예술**(art)인 동시에 **과학**이다(Morals & Sheafor, 1980)."라는 것이다. 헤리티지 사전(1979)에서는 예술이란 "능숙한 수행을 하는 데 필요한 특수한 기술로서 학습만으로는 배울 수 없는 직관적인 능력을 발휘해야 하는 것"으로, 과학을 "자연현상에 대한 관찰, 확인, 기술, 실험적 조사와 이론적 설명"이라고 정의하고 있다.

또한 사회복지사의 기술을 "클라이언트와의 구체적인 상황에서 사회복지실천의 가치와 지식에 기초를 둔 심리사회적 변화의 과정을 이끌어내는 어떠한 사회복지사의 능력"으로 정의하였다(Morals & Sheafor, 1980). 따라서 전문적인 지식과 다양한 기법을 활용하는 사회복지사는 기본적으로는 예술적 능력을 갖추고, 교육과 학습을 통하여 전문가로서의 역량을 갖추게 된다고 보아야 할 것이다.

3) 사회복지사의 자기성찰(introspection)

사회복지사가 전문적인 실천지식과 기술을 갖추었다고 하더라도 그것이 곧 유능한 사회복지사가 된다는 것을 의미하지는 않는다. Guggenbuhl-Craig (1982)는 사회복지사의 길을 택한 동기를 이웃에 대한 사랑과 권력에 대한 욕망으로 설명하고 있다. 사회복지사에 대한 일반적인 시각은 이타주의적 동기를 가지고 이웃을 위해 봉사하고 희생하며 사랑을 실천하는 사람이라는 것이다. 그러나 그 이면에는 사회적 약자인 클라이언트를 원조하면서 자신은 그렇지 않다는 우월감과 권력감을 충족시키는 측면은 없는지에 대한 의문을 제기하면서 사회복지사의 자기성찰을 요구하고 있다.

실천의 현장에서 사회복지사는 자신이 가장 중요한 도구이다. 즉, 자신을 활용하여 클라이언트의 긍정적인 변화를 이끌어내야 하는 변화매개체인 것이다. 따라서 사회복지사의 길을 선택한 다양한 이유들 중에서 부정적인 것들은 당연히 클라이언트에게 부정적인 영향을 미칠 것이므로 철저한 자기성찰을 통해서 재정립해야 한다.

최선화(2006)는 전문가로서의 신뢰를 줄 수 없는 옷차림새, 산만한 행동과 더불어 사회복지사 자신이 특별하게 여기는 개인적인 문제, 성장과정에서의 부정적인 경험과 그에 관련한 감정적 문제들, 사회복지사의 편견이나 선입관 등 개인적인 콤플렉스와 감정적 문제들을 사회복지사와 클라이언트의 관계에서 부정적인 영향을 미치는 요인으로 지적하였다.

또한 사회복지사는 자신의 개인적인 일상이나 업무에서 오는 스트레스가 클라이언트에게 부정적인 영향을 미치지 않도록 끊임없이 노력해야 한다. 따라서 사회복지사는 타 전문직이나, 동료 사회복지사, 수퍼바이저들을 활용하여 도움을 요청하는 등의 방법으로 끊임없이 객관적인 자기성찰을 유지해야 한다.

2. 사회복지실천 현장

사회복지실천 현장이란 넓은 의미에서 본다면, 사회복지실천 분야 혹은 사회복지 서비스의 초점이 되는 문제 영역을 포함하는 개념으로서 직·간접적으로 서비스 제공이 이루어지는 모든 사회복지 분야의 현장을 말한다. 좁은 의미에서 본다면 클라이언트의 문제해결 및 욕구충족을 위해 사회복지사가 서비스를 제공하는 사회복지기관 및 시설을 말한다.

1) 사회복지실천 현장의 분류

(1) 공공기관과 민간기관

공공기관은 정부의 지원으로 운영되는 사회복지기관 및 시설을 말하며, 민간기관은 사회복지 관련 사업을 목적으로 하는 사회복지법인, 재단법인, 사단법인, 종교단체, 시민단체 등에서 운영하는 비영리 사회복지기관 및 시설을 말한다.

(2) 행정기관과 서비스기관

행정기관은 행정안전부, 보건복지부, 노동부, 민간행정조직 등과 같이 사회복지 서비스 전달체계를 효율적으로 운영하기 위해 행정업무를 수행하는 기관을 말하며, 서비스 기관이란 지역사회종합복지관이나 장애인복지시설, 노인복지시설 등과 같이 클라이언트에게 직접 서비스를 제공하는 기관을 말한다.

(3) 1차 사회복지기관과 2차 사회복지기관

1차 사회복지기관은 지역사회종합복지관이나 장애인복지시설, 노인복지시설 등과 같이 해당 기관의 1차적인 설립목적이 사회복지 서비스를 제공하기 위한 것으로 사회복지사가 중심이 되어 활동하는 기관 및 시설을 말하며, **2차 사회복지기관**은 의료기관, 교정시설, 학교, 기업 등과 같이 해당 기관의 1차적인 설립목적이 따로 있으나, 필요에 의해 사회복지 서비스를 제공하는 기관 및 시설을 말한다.

2) 우리나라의 사회복지실천 현장

우리나라의 사회복지사업법(2012년 5월 23일 공포 기준) 제1장, 제2조에서

"사회복지사업"이란 다음 각 목의 법률에 따른 보호·선도(善導) 또는 복지에 관한 사업과 사회복지상담, 직업지원, 무료 숙박, 지역사회복지, 의료복지, 재가복지(在家福祉), 사회복지관 운영, 정신질환자 및 한센병력자의 사회복귀에 관한 사업 등 각종 복지사업과 이와 관련된 자원봉사활동 및 복지시설의 운영 또는 지원을 목적으로 하는 사업을 말한다고 밝히고 있다.

또한 그 구체적인 법률로써, 국민기초생활보장법, 아동복지법, 노인복지법, 장애인복지법, 한부모가족지원법, 영유아보육법, 성매매방지 및 피해자보호 등에 관한 법률, 정신보건법, 성폭력방지 및 피해자보호 등에 관한 법률, 입양특례법, 일제하 일본군위안부 피해자에 대한 생활안정지원 및 기념사업 등에 관한 법률, 사회복지공동모금회법, 장애인·노인·임산부 등의 편의증진 보장에 관한 법률, 가정폭력방지 및 피해자보호 등에 관한 법률, 농어촌주민의 보건복지증진을 위한 특별법, 식품기부 활성화에 관한 법률, 의료급여법, 기초노령연금법, 긴급복지지원법, 다문화가족지원법, 장애인연금법, 장애인활동 지원에 관한 법률, 노숙인 등의 복지 및 자립지원에 관한 법률, 보호관찰 등에 관한 법률, 장애아동 복지지원법 등을 제시하고 있다.

따라서 우리나라의 사회복지실천 현장은 위의 법률에 근거하여 사회복지활동이 이루어지는 기관 및 시설과 활동영역 그리고 중앙정부 부처에서 제정한 법률에 근거하여 사회복지 서비스가 제공되는 기관 및 시설과 활동영역 등이라 할 수 있다.

제2장 | 사회복지실천에서의 관계

사회복지실천에서의 관계란 사회복지사와 클라이언트와의 관계를 말하며, 사회복지사는 클라이언트의 문제해결 및 욕구충족을 위해 그들의 잠재력을 끌어내고, 역량을 강화시켜야 한다. 따라서 사회복지사와 클라이언트 사이의 긍정적인 관계는 원조과정의 필수요소라 할 수 있다.

특히 사회복지사와 클라이언트 사이의 상호신뢰관계인 **Rapport**의 형성은 타인과 의미 있는 관계를 맺었다는 점에서 클라이언트로 하여금 사회적 유대감 및 소속감을 느끼게 하고, 자신의 어려움과 장·단점 등을 자유롭게 표현하게 하며, 실천과정에 적극적으로 참여하게 된다. 따라서 사회복지사는 객관적이고 정확한 사정과 구체적인 실천계획을 수립할 수 있으며, 사회복지실천의 성공에 중요한 영향을 미친다.

1. Rapport형성을 위한 기술

Kadushin(1990)은 Rapport형성을 위해 필요한 기술을 다음과 같이 제시하였다(엄명용 외, 2008 재인용).

- 클라이언트의 자기결정권을 존중한다.
- 클라이언트의 문제에 관심을 보이고, 따뜻함을 전하며, 신뢰분위기를 조성한다.

- 클라이언트의 개별성을 존중한다.
- 클라이언트 개인에 대한 수용의 태도를 보인다.
- 공감적인 이해를 나타내 보인다.
- 진실성과 믿음을 나타내 보인다.
- 비밀 보장에 대한 전문적인 판단 능력을 나타내 보인다.

또한 클라이언트는 처음 기관으로 걸어 들어올 때의 경험과 사회복지사의 태도에 따라 자신이 환영받고 존중받는다고 느낄 수 있다(Lishman, 1994 : 17). 클라이언트에 대한 사회복지사의 따뜻한 환대는 긍정적인 Rapport를 형성하는 데 도움이 될 것이다. 사회복지실천의 장면에서 Rapport를 형성하는 데 도움이 되는 기본적인 면접의 기술들을 살펴보았다(전재일 외, 2003 재구성).

1) 환영하기

Rapport를 형성하는 방법은 클라이언트를 따뜻하게 맞이하고 존경심을 가지고 환영하는 것이다. 이것은 처음 사회복지사를 찾아오는 클라이언트가 가지는 약간의 불안과 두려움을 완화할 수 있다. 그들의 관심사가 무엇이든지, 어떠한 경우라도 사회복지사가 따뜻하게 맞이하는 것은 훌륭한 Rapport를 형성하고 클라이언트와의 '동맹 관계'를 잘 구축할 수 있는 기술이다(Trevithick, 2000).

2) 악수하기

악수하기는 사회문화적인 관점에 따라서 다르게 해석할 수도 있지만, 일반적으로 공식적인 제스처(gesture)로 이용되고 있다. 사회복지사가 악수를 할지 안 할지는 자신의 직관에 의해 결정해야 하며, 클라이언트와 위압적이고 강제로 악수하지 않아야 한다. 하지만 클라이언트가 상대적으로 이완되어 있을 때, 또는 우연히 마주치게 되었을 때 등의 상황에서 악수가 만남의 시작과 끝을 분명히 나타내는 유용한 방법으로 사용된다.

3) 신체적 접촉

우리가 편안할 것이라고 생각하는 신체적 접촉을 모든 사람이 다 똑같이 생각하지 않으므로 주의할 필요가 있다. 학대 받은 경험이 있는 클라이언트는 개인에 따라 폭력으로 여기거나 이전에 학대 받은 기억을 떠올리게 하는 위기로 느낄 수 있기 때문이다. 클라이언트와의 신체적 접촉에 대해서는 사회복지사들이 그 상황에 직관적으로 대처하는 것이 필요하다.

사회복지사가 할 수 있는 가장 유용한 방법 중의 하나는 클라이언트에게 편안함을 제공하고, 그의 감정을 공감하려고 노력하는 것이다. 또 하나는 혼란 상태에 있는 개인에게 말하게 하여 부정적인 정서를 표현하도록 격려하는 것이다.

4) 비공식적 대화로 시작하기

클라이언트를 편안하게 맞이하는 또 하나의 방식은 날씨나 여행에 관한 이야기처럼 논쟁이 되지 않으면서 부담을 주지 않는 이야기로 시작하는 것이다. 이런 종류의 이야기를 얼마 동안 해야 할지는 사회복지사의 직관으로 결정해야 한다. 너무 간단히 하게 된다면 클라이언트가 철로를 달리는 것처럼 급한 느낌을 받을 수 있다. 한편, 비공식적인 대화가 필요 이상으로 길어진다면 불필요한 불안을 일으킬 수도 있다.

또한 이러한 종류의 대화는 면접이 시작되기 전에 사회복지사에 대한 인상을 심어주기 때문에 평범해서도 안 되며, 어려운 문제를 함께 논의하거나 도움을 받을 수 있는 사람으로 클라이언트에게 보여질 수 있도록 하여야 한다.

2. 사회복지실천의 7대 원칙

Biestek(1957)은 관계의 목적을 심리사회적 욕구와 문제를 가진 클라이언트를 원조하는 데 있다고 보고, 클라이언트들의 기초적인 감정과 태도 유형 등을 고려하여 긍정적인 관계형성과 클라이언트의 원조를 목적으로 하는 사회복지실천의 7가지 원칙을 제시하였다.

1) 개별화(Individualization)의 원칙

(1) 의미

모든 인간은 개별적으로 대우받기를 원한다는 기본적인 욕구에 기반을 두어, 모든 클라이언트들을 각각 독특한 개인으로 존중해야 한다는 것이다. 즉, 같은 유형의 문제 상황에 처해 있더라도 각 클라이언트의 특성에 맞는 상이한 원리나 기법을 활용하는 것을 말한다. 또한 개별화의 원칙을 지켜 클라이언트의 개별적 문제를 객관적으로 이해할 수 있으며, 적합한 실천전략을 수립하여 실행할 수 있다.

(2) 사회복지사의 역할

클라이언트의 성별, 연령, 출신지역, 교육정도, 경제적 지위 등 모든 인간에 대한 편견이나 선입관에서 벗어나야 한다. 그렇지 못하면, 클라이언트 개인적인 욕구를 무시하게 되고 개별적인 접근이 어려워진다. 따라서 사회복지사는 자신의 편견과 선입견에 대한 자기인식이 필요하며, 인간행동에 대한 지식을 갖추고 활용할 수 있어야 한다.

개별화의 원칙을 지키기 위한 지침들은 다음과 같다.

- 클라이언트와의 약속시간을 철저히 지켜야 한다.
- 클라이언트의 언어적 및 비언어적 표현을 경청하고 관찰해야 한다.
- 클라이언트의 수준에 맞추어서 진행하고, 클라이언트와 보조를 맞추어야 한다.
- 클라이언트의 감정과 사고를 민감하게 포착하고 공감하여야 한다.
- 클라이언트의 욕구와 상황을 배려하여야 하고, 면접 전(前)의 사전준비가 필요하다.

2) 의도적 감정표현(Purposive Expression of Feeling)의 원칙

(1) 의미

자신의 감정을 자유롭게 표현하고자 하는 인간의 욕구에 기반을 두고 있으며, 클라이언트가 자신의 감정, 특히 비난 받을지도 모르는 부정적인 감정을 자유롭게 표현할 수 있도록 지지하고 격려하는 것을 말한다. 클라이언트의 감정표현을 통해 사회복지사는 좀 더 정확한 사정과 실천계획의 수립이 가능하다.

클라이언트의 겉으로 나타난 문제보다는 문제를 둘러싼 감정자체가 클라이언트의 진정한 어려움일 수 있다. 따라서 클라이언트가 자신의 감정을 표현하는 것 자체가 스트레스나 긴장을 완화해주며, 자신의 문제를 분명하고 객관적으로 볼 수 있게 한다. 또한 사회복지사가 클라이언트의 감정표현, 특히 부정적인 감정표현을 진지하게 경청하는 것 자체가 클라이언트에게 커다란 심리적 지지가 되며, 이는 치료적 가치가 크다.

(2) 사회복지사의 역할

사회복지사가 의도적 감정표현의 원칙을 지키는 것은 클라이언트의 **카타르시스(catharsis)를 목적으로 환기(ventilation)법을 사용하는 것**과 같다.

- 클라이언트에게 누구나 부정적 감정을 가질 수 있으며, 이를 표현해도 좋으며, 도움을 주고 싶다는 것을 알려주는 것이 필요하다.
- 클라이언트가 표현하는 감정에 귀 기울이고, 비난하거나 실망하지 않아야 한다.
- 클라이언트가 자신의 감정을 자유롭게 표현할 수 있도록 자극하고 격려한다. 단, 감정표현을 지연시키거나 재촉하지 말아야 하며, 표현한 감정에 대한 과도한 해석이나 비현실적인 보장, 비난이나 비판 등을 하지 말아야 한다.
- 클라이언트의 상황을 제대로 이해하기 전까지는 충고나 해결책을 제시하지 말아야 한다.

3) 통제된 정서적 관여(Controlled Emotional Response)의 원칙

(1) 의미

자신의 문제에 대한 타인의 **공감**(empathy)적 반응을 얻고 싶은 인간의 욕구에 기반을 두고 있으며, 클라이언트가 표현한 감정에 대해서 사회복지사가 민감성과 이해 그리고 적절한 반응으로 대하는 것을 말한다. 또한 사회복지 실천의 목적과 클라이언트의 욕구 그리고 사회복지사의 전문적 판단에 따라서 정서적 관여의 방향을 설정해야 한다.

(2) 사회복지사의 역할

사회복지사가 클라이언트에 대해서 통제된 정서적 관여를 할 때에는 클라이언트의 상황과 사회복지사 자신의 사적인 감정을 분리하는 것이 중요하다. 즉, 클라이언트를 지나치게 감정적으로 동일시하게 되는 **동정**(sympathy)을 해서도 안 되고, 지나치게 이성적으로 분리되어서도 안 되며, 중립적인 태도를 유지해야 한다.

- **공감적 이해**란 클라이언트의 주관적 경험과 감정이 클라이언트에게 주는 의미를 포착하는 것이 중요하며, 객관성 유지를 위해 클라이언트와 충분한 거리를 유지하는 능력이 필요하다. 이를 위해서는 인간행동에 대한 전문적 지식이 필요하다.
- 실천과정에서 사회복지사가 비언어적인 표현을 통해 적절한 반응을 해야 할 때에는, 자신에게 솔직한 반응이어야 하며, 실천의 목적에 맞게 통제 · 조정해야 한다.

4) 수용(Acceptance)의 원칙

(1) 의미

인간의 존엄성과 가치, 인간에 대한 사랑에서 비롯된 것으로서 타인으로부터 가치 있는 인간으로 인정받고 싶은 인간의 욕구에 기반을 두고 있다. **수용**이란 사회복지사가 클라이언트의 장점과 단점, 강점과 약점, 바람직한 성격과 그렇지 못한 성격, 긍정적인 감정과 부정적인 감정 등을 다 포함하여 있는 그대로의 모습을 인정하고 존중해 주는 것을 말한다.

사회복지실천 과정에서 수용의 구체적인 의미는 다음과 같다.

- 클라이언트는 사회복지사로부터 수용을 받는 경험을 통하여, 있는 그대로의 자신을 표현하고 안정감을 느끼게 된다.
- 클라이언트는 자신에 대한 수용과 자신의 문제를 현실적이고 객관적인 방법으로 대처할 수 있게 된다.

- 사회복지사로부터 수용은 클라이언트로 하여금 바람직하지 못한 방어로부터 자유롭게 될 수 있도록 도와준다.

(2) 수용의 저해요인

사회복지실천의 과정에서 사회복지사가 클라이언트를 수용하지 못하는 경우는 다음과 같다.

- 사회복지사의 편견이나 선입견을 갖고 있는 경우
- 사회복지사가 자기인식이 부족하여 자신의 감정을 자각하지 못하는 경우
- 사회복지사의 인간행동에 대한 지식이 부족한 경우
- 사회복지사 자신이 해결되지 않은 문제로 인해 억압된 갈등을 가지고 있는 경우
- 사회복지사가 문제해결을 보장할 수 없는데도 말로서만 안심시키는 경우
- 클라이언트의 잘못된 행동에 대해 열등하다고 생각하거나 경멸하는 경우
- 사회복지사가 클라이언트에 대한 존경심이 결여된 경우

(3) 사회복지사의 역할

수용은 한 인간으로서 클라이언트의 가치, 그의 현실, 감정을 있는 그대로 받아들이는 것으로서 클라이언트의 일탈적인 태도나 행동을 허용 또는 인정한다는 것을 의미하는 것은 아니다. 따라서 사회복지사는 윤리와 법, 전문적 가치 등에 의거하여 바람직한 것과 수용할 수 있는 것에 대한 객관적인 기준을 가지고 수용해야 한다.

5) 비심판적(=무심판적, Non-Judgement) 태도의 원칙

(1) 의미

타인으로부터 심판을 받지 않으려는 인간의 욕구에 기반을 두고 있다. 사회복지실천 과정에서 문제의 원인이 클라이언트의 잘못 때문인지 아닌지, 혹은 클라이언트에게 책임이 있는지 등을 심판하지 않아야 하며, 클라이언트의 특성 및 가치관을 비난하지 않는 태도를 유지해야 하는 것을 말한다.

사회복지실천 과정에서 비심판적 태도의 구체적인 의미는 다음과 같다.

- 사회복지사의 클라이언트에 대한 비심판적인 태도는 사회복지실천의 과정에서 긍정적인 관계의 성립을 도와준다.
- 따라서 클라이언트는 방어 없이 편안하게 자신의 문제와 욕구에 대해 논의할 수 있게 되며, 문제해결도 원활해진다.

(2) 비심판적 태도의 저해요인

클라이언트에 대한 사회복지사의 선입관이나 편견, 클라이언트에 대한 성급한 결론이나 특정 범주로 분류하는 것이 가장 큰 저해요인이다.

(3) 사회복지사의 역할

비심판적 태도가 클라이언트의 태도, 기준 또는 행동에 대해 사회복지사가 객관적인 평가나 판단을 내려서는 안 된다는 것을 의미하는 것은 아니다. 다만 사회복지사의 객관적인 평가나 판단을 언어적·비언어적으로 표현을 했을 경우, 클라이언트는 자신의 문제를 개방하고 변화하는 것에 대해 방어적인 태도를 취하기 쉽기 때문에 언어적·비언어적 표현을 자제하라는 의미가 더 크다. 따라서 반사회적이고 비윤리적이며 불법적인 태도에 대해 사회복지사는 객관적이고 올바른 기준을 갖고 있어야 하며, 사회복지사의 객관적 평가와 판단은 클라이언트의 사회적응을 돕기 위한 것임을 인식해야 한다.

6) 클라이언트 자기결정(Client Self-Determination)의 원칙

(1) 의미

자신의 삶에 대해 스스로 선택과 결정을 내리고자 하는 인간의 권리와 욕구에 기반을 두고 있으며, 사회복지실천의 전 과정에 걸쳐 클라이언트가 모든 의사결정과정에 참여하여 스스로 선택하고 결정하는 자유를 누리는 것을 의미한다. 또한 클라이언트가 결정의 전 과정에 자발적으로 참여하여 자기 문제를 스스로 해결하는 과정을 통하여 잠재력을 개발하고 인격적 성장을 이룰 수 있으므로 클라이언트 자기결정의 원칙은 법적으로 강제성이 부여되는 사회복지사의 기능에서도 존중되어야 한다.

(2) 자기결정의 원칙의 저해요인

클라이언트 자기결정의 원칙을 지키는 데 있어서, 저해요인은 다음과 같다.

- 문제해결의 과정에서 사회복지사가 중요한 책임을 지고, 클라이언트는 종속적 역할만을 수행하는 경우
- 클라이언트가 요구하는 서비스를 무시하고 사적인 생활의 세세한 부분까지 관여하거나, 사회복지사 중심의 서비스 계획, 수립, 실행하는 경우
- 사회복지사의 결정과 판단에 따라서 클라이언트가 결정하도록 조종하는 경우
- 클라이언트를 통제하기 위해서 자기결정을 내리기 위해 필요한 정보를 제공하는 것 이상으로 설득하는 경우

(3) 사회복지사의 역할

사회복지사는 클라이언트가 자기 수용을 할 수 있도록, 즉 방어기제 및 정서적 긴장을 완화하여 자신의 문제와 욕구를 전체적인 관점에서 이해할 수 있도록 원조하고, 자기결정권을 최대화하기 위해서 클라이언트 자신의 내적 자원, 즉 잠재해 있는 장점이나 능력, 힘을 발견하고 활용할 수 있도록 지지하고 도움을 주어야 한다. 뿐만 아니라 지역사회 내의 적절하고 활용 가능한 자원이 존재하면 활용하도록 도움을 주어야 한다. 또한 사회복지사는 사회복지실천 과정에서 클라이언트 자기결정의 원칙을 지키기 위해 다음을 고려하여야 한다.

- 클라이언트의 문제를 해결하는 당사자는 사회복지사가 아니라 클라이언트 자신임을 강조하고, 클라이언트의 자발적인 참여를 강조한다.
- 사회복지사는 클라이언트의 자기결정을 돕기 위해 문제해결에 대한 다양한 대안들을 알고 있어야 하며, 다양한 의견을 제시할 수 있어야 한다.
- 사회복지실천의 과정에서 클라이언트 자기결정의 원칙을 지켜야 하는지 여부에 있어 윤리적 딜레마를 경험할 수도 있고 나아가 소진의 원인이 될 수도 있으므로 그에 대한 대비를 하여야 한다.

7) 비밀보장(Confidentiality)의 원칙

(1) 의미

자신의 비밀스러운 경험이나 사생활 등을 타인으로부터 보호받고자 하는 인간의 권리와 욕구에 기반을 두고 있으며, 사회복지실천 과정에서 클라이언트가 사회복지사와의 전문적 관계에서 노출한 비밀스런 정보를 사회복지사가 실천의 목적 외에 타인에게 알려서는 안 된다는 것이다. 실제로 클라이언트의 경우 비밀보장에 대한 믿음이 없다면, 사회복지실천 과정에 자발적, 적극적으로 참여하지 않을 뿐만 아니라 문제해결을 위한 노력을 거부 또는 포기하게 된다. 따라서 비밀보장의 원칙은 사회복지실천의 가장 기본원칙이자 사회복지사의 윤리적 의무이다.

(2) 비밀보장 원칙의 제한점

비밀보장의 원칙을 지키는 데 있어서, 제한점은 다음과 같다.

- 문제해결을 위해서 또는 더 나은 서비스를 제공하기 위해 같은 기관에서 근무하는 다른 전문가들이나, 타 기관에서 근무하는 다른 전문가들과 사례를 공유하는 경우
- 학생이나 신입사회복지사의 경우, 보다 나은 서비스를 제공하기 위해서 또는 실천과정에 대한 교육훈련이나 지도감독을 받기 위해서 수퍼바이저에게 사례를 보고하는 경우
- 사회전체에 피해를 주게 되거나 불이익이 되는 경우, 또는 살인, 자살 등과 같이 타인이나 클라이언트 자신의 생명을 위협하는 경우, 그 외에 범죄행위와 관련된 경우 등은 비밀보장이 어렵다.

(3) 사회복지사의 역할

사회복지실천 과정에서 알게 된 클라이언트에 관련한 정보들은 절대적으로 비밀을 보장해야 한다. 그러나 위에서 살펴본 바와 같이 비밀보장에도 제한이 있으므로, 사회복지실천의 초기단계에서 비밀보장의 한계를 분명히 해두어야 하며, 클라이언트에게 문제해결을 위한 과정임을 사전에 알리고 동의를 받아 두어야 한다. 또한 비밀보장의 원칙을 철저히 지켜야 하는지 여부에 있어 윤리적 딜레마를 경험할 수도 있고 나아가 소진의 원인이 될 수도 있으므로 그에 대한 대비를 하여야 한다.

제3장 | 의사소통기술

1. 기본적인 의사소통기술

기본적으로 의사소통은 한 사람이 다른 사람에게 정보를 전달하는 과정이다. '무엇을 말했거나 전달하고자 했는가?'와는 관계없이 상대방의 말이나 몸짓에 의미를 부여하는 것은 말을 듣는 사람이다. 따라서 의사소통은 주로 말을 듣는 사람이 말을 한 사람의 언어적·비언어적 행위에 의미를 부여할 때 일어난다. 즉, 누군가가 다른 사람의 언어나 행동에 담긴 메시지를 어떻게 인식하는가에 달려 있다.

사회복지사가 클라이언트와의 관계를 형성하고 그들에게 전달하는 메시지의 유형은 전문적 상호작용의 목적에 따라 결정된다. 클라이언트의 내적 변화 및 역량강화를 통해 클라이언트가 문제해결을 할 수 있도록 돕는 **직접적인 실천**을 주로 하는 사회복지사는 원조과정에 긍정적인 영향을 미치는 관계를 발달시키려고 하며, 이때 사용되는 의사소통기술에는 공감, 온화함, 진실성 등이 강조된다. 또한 환경의 변화와 조정을 통해 클라이언트가 문제해결을 할 수 있도록 돕는 **간접적인 실천**을 주로 하는 사회복지사에게는 정확성, 명확성, 그리고 목적 지향적인 기술 등이 더욱 필요하다.

본서(本書)에서는 의사소통의 원칙, 언어적인 의사소통, 비언어적인 의사소통, 기능적 의사소통과 역기능적 의사소통 등을 살펴보았다(전재일 외, 2003 재구성).

1) 의사소통의 원칙

(1) **의사소통의 원칙**(Neidig & Friedman, 1984)

- **보낸 메시지와 받은 메시지가 항상 일치하는 것은 아니다.** – 상대방의 의도와는 다르게 전달받고 해석한다는 것은 대부분의 사람들에게 있어서 자연스러운 현상이기 때문에 의사소통의 책임은 어느 한쪽이 아닌 서로에게 있다.
- **의사소통을 하지 않는 것은 불가능하다.** – 모든 인간의 행동은 의사소통의 내용을 포함하고 있기 때문에 의사소통을 하지 않는 인간관계는 성립할 수 없다. 따라서 가능한 자신의 의사를 정확하게 표현하는 것이 최선의 방법이다. 회피하거나 비언어적으로만 표현한 경우에는 문제를 악화하게 된다.
- **모든 메시지는 내용과 감정을 담고 있다.** – 표면적인 정보와 내용 등 언어적 메시지로 표현되는 내용과 억양, 제스처 등 비언어적인 메시지로 표현되는 감정이 일치하지 않으면 상대방은 **이중구속 메시지**(double bind message)로 인식하게 되어 정서적 혼란을 겪게 된다. 따라서 메시지의 내용과 감정이 일치해야 한다.
- **비언적인 의사소통이 언어적인 의사소통보다 훨씬 더 신뢰성이 높다.** – 언어적인 의사소통에 비해 비언어적인 의사소통의 비율이 훨씬 높으며, 메시지의 내용과 감정이 일치하지 않을 때, 즉 이중구속 메시지가 전달될 때, 듣는 사람들의 대부분은 감정 부분, 즉 비언어적인 메시지에 더 큰 비중을 둔다.

또한 다음과 같은 경우에 **의사소통의 문제**가 일어날 수 있다(Sheafor, Horejsi & Horejsi, 1991 : 81-83).

- 스스로 이야기하도록 두기보다는 대신 이야기할 때
- 편견이나 고정관념을 가지고 듣고 말하게 될 때
- 다른 사람이 말하려는 것을 경청하지 않고 이해할 시간을 갖지 않을 때
- 자신이 실제로 믿고 느끼는 것을 다른 사람이 인정하지 않을까봐 말하지 않으려 할 때
- 자신이 생각하고 느끼는 것을 다른 사람이 이미 알고 있을 것 같아 이야기하지 않을 때
- 솔직하고 개방적으로 이야기하는 것을 두려워할 때
- 지시하기, 위협하기, 설교하기, 심판하기, 비난하기, 비위 맞추기 등으로 의사소통을 억압하거나 무력하게 할 때
- 낮은 자긍심으로 인해 말할 것도 없고, 이야기를 들어 줄 사람도 없다고 생각할 때

(2) 메시지를 들을 때의 규칙

- 말하는 동안에는 들을 수가 없기 때문에 말하는 것을 멈춘다.
- 말하는 사람을 편안하게 해 주고 불안을 줄이기 위해, 문을 여닫는 소리 등 산만하게 만드는 요인을 없애는 등 할 수 있는 노력을 기울인다.
- 주의를 집중하고, 말이나 행동으로 듣고 싶어 한다는 것을 보여야 한다.
- 말하는 사람을 참을성 있게 대하고 말을 끊지 않는다.
- 더 잘 이해하기 위해서 혹은 말하는 사람이 자신의 메시지를 명확히 전달하도록 돕기 위해서 질문을 한다.
- 감정을 통제한다. 즉, 의사소통에 장애를 일으킬 수 있는 비판이나 논쟁을 하지 않는다.

(3) 메시지를 말할 때의 규칙

- 명확하고 간결한 말을 사용한다. 분명하고 너무 빠르지 않게 말한다.
- 몸짓은 당신의 메시지 내용과 일치해야 하기 때문에, 당신의 몸짓에 주의한다. 적절한 눈 맞춤과 몸짓을 사용한다.
- 너무 많은 정보로 수신자를 압도하지 않는다. 길고 복잡한 메시지를 몇 개의 부분으로 나누어 더 쉽게 이해하고 다룰 수 있게 한다.
- 상대방이 잘 이해했는가를 학인하기 위해서 질문이나 코멘트 등 피드백을 요구한다.

2) 언어적인 의사소통

(1) 언어적 의사소통을 위한 사회복지사의 태도

언어적 의사소통은 사회복지실천에 있어서 핵심적인 것으로, 사회복지사는 다음과 같은 태도를 가져야 한다.

- 모든 인간은 독특한 방법으로 사건을 인식하고, 경험하고, 상호 교환한다는 것을 이해한다. 따라서 의사소통에 있어서 어느 정도의 오해는 예상하고 이러한 문제를 줄여 나가려는 자세가 필요하다.
- 클라이언트가 이해하기 쉬운 방법으로 사고를 조직하고 메시지를 전달하려는 의지가 필요하다.
- 클라이언트가 말하는 것을 들을 수 있도록 자신의 방어를 줄이는 의지가 필요하다.
- 클라이언트에게 주의를 기울여 듣고자 하는 의지가 필요하다.
- 자신의 사고와 감정, 행동에 책임을 지려는 의지가 필요하다.
- 잘 이해하고, 잘 이해받기 위해서 의사소통에 필요한 시간을 가지려는 의지가 필요하다.

의사소통에서 말을 하는 사람은 자신의 메시지가 쉽게, 오해받지 않는 방법으로 전달해야 하는 책임이 있다. 그리고 말을 듣는 사람은 말하는 사람이 의도한 대로 정확하게 메시지를 듣고 왜곡하지 않을 책임이 있다.

(2) 의사소통을 위한 기술

① 메시지를 계획하는 기술

사회복지사는 의사소통을 하기 전에 메시지에 대한 계획을 세워야 한다. 메시지는 듣는 사람에 의해 일부 왜곡될 가능성이 높다. 그러므로 메시지의 가장 중요한 부분은 이야기의 앞이나 끝 부분에 두어야 한다.

② 자신을 소개하는 기술

의미 있는 의사소통의 중요한 첫 단계는 사회복지사가 자신을 소개하는 것이다. 자신이 누구이고, 원하는 메시지나 정보의 교환에서 역할이나 책임이 무엇인지 간단히 표현할 수 있어야 한다.

③ 의사소통의 목적을 설명하는 기술

메시지를 전달하는 이유를 언급하는 것이다. 또한 듣는 사람이 말한 사람의 메시지에 대해서 동의하지 않거나 혼란스러워 하는 비언어적 의사소통을 보이기도 하는데 이에 반응하는 것도 중요하다.

④ 비언어적 의사소통을 염두에 두는 기술

듣는 사람이 메시지에 동의하고 있지 않음을 비언어적 의사소통을 통해 전달할 때 이를 염두에 두고 반응하는 시도가 필요하다.

⑤ 메시지 수신을 확인하는 기술

듣는 사람이 말한 사람의 메시지를 완전히 그리고 정확하게 받아들였는지 확인하기 위해서 다양한 질문과 탐색을 할 수 있다.

⑥ 자신의 메시지 수신을 확인하는 기술

자신이 메시지를 받았고, 말한 사람이 의도한 것을 오해하지 않았다는 것을 입증하기 위해 여러 가지의 탐색과 질문을 사용하는 것이다.

⑦ 질문에 응답하는 기술

질문에 대해 직접 부합하는 답을 분명히 하는 것이다. 이것은 단순해 보이지만 사람들은 종종 질문을 제대로 듣지 못하는 경우가 있다.

⑧ 단어의 의미를 확인하는 기술

사람들은 단어나 말을 서로 다른 방법으로 사용하기 때문에 의사소통에 문제가 많이 일어난다. 의사소통을 하는 사람들이 주요 단어들을 같은 의미로 생각하고 있는지 확인하기 위한 질문이다.

3) 비언어적인 의사소통

인간의 의사소통 중 많은 부분은 비언어적으로 이루어진다고 할 수 있다. 사회복지사는 클라이언트의 **비언어적인 의사소통**(non-verbal communication)에 집중하면서 클라이언트가 말하는 내용이 그의 사고나 감정 그리고 비언어적인 의사소통과 일치하는지를 파악한다.

(1) **시선접촉**(=눈 맞춤, eye contact)

시선접촉은 의사소통의 중요한 수단이다. 눈은 사람의 감정 상태에 대해 많은 것을 전달한다. 시선접촉은 의사소통에 참여 여부를 알리는 표시를 나타내고 민감성과 이해를 나타내는 지표이다. 시선접촉이 없는 것은 진실성이나 관심이 없는 것으로 해석되기도 한다. 클라이언트에게 시선을 집중하고 있는 것이 중요하지만 지나치게 응시하거나 뚫어지게 쳐다보게 되면 무례함이나 화가 난 것으로 받아들여질 수 있으며, 클라이언트를 똑바로 쳐다보는 것은 공격성이 있는 것으로 전달될 수도 있다.

(2) 목소리의 어조와 얼굴 표정

목소리는 감정을 나타낸다. 크고 힘이 있는 어조는 공격성, 통제 그리고 힘이 있음을 반영하고, 약하고 잘 들리지 않는 어조는 철회나 두려움, 약함을 나타낸다. 그리고 단조로운 어조는 흥미를 잃기 쉽다.

미소 짓는 것, 고개를 끄덕거리고 흔드는 것, 입을 우물거리는 것, 인상 쓰는 것 등의 얼굴 표정은 상대방에게 그와 관련된 메시지를 보내는 것과 같다. 말하고 느끼고 생각하는 것 그리고 얼굴표정이 전혀 일치하지 않는 경우가 자주 있다. 따라서 사회복지사는 아무리 비심판적 태도를 유지하려고 노력할지라도, 자신의 표정이 클라이언트에 대한 비난이나 불만을 나타내는 경우가 있으므로 항상 주의해야 한다.

(3) 손과 발의 동작

손과 발의 동작은 강하지만 표현되지 않은 감정을 나타낸다. 다리를 꼬거나 팔짱을 끼는 등 신체의 긴장은 방어적인 태도를 나타내며, 손과 발이 몸의 가장자리에 있거나 편안한 자세로 있으면 타인에 대한 개방성을 나타낸다. 주먹을 쥐고 있으면 분노나 불안의 표시이며, 손발을 까딱거리거나 다리를 떠는 등 안절부절 못하는 것은 불안감이나 다른 일에 몰두하고 있는 것을 나타낸다.

(4) 신체적 자세

신체적 자세는 여러 가지의 태도와 의도를 나타낸다. 사회복지사는 클라이언트를 만날 때 정중하게 대하는 것이 좋다. 이것은 클라이언트에게 안정성과 개방성을 나타낸다. 클라이언트와 사회복지사가 책상을 사이에 두고 마주 앉는 것은 친밀성과 개방성을 저해하고 사회복지사가 우월한 위치에 있음을 나타낼 수도 있다. 사회복지사가 클라이언트 쪽으로 살짝 기울여 앉는 것은 관심과 수용을 나타낸다. 또한 사회복지사가 클라이언트와 신체적으로 가까이 하는 것은 신뢰와 관심을 나타내지만 너무 가까이 다가가면 위협으로 느낄 수 있다.

(5) 옷차림과 외모

옷차림과 외모는 비언어적 의사소통의 중요한 형태이다. 사회복지사는 자신의 의복이나 머리모양에 신경을 써야 한다. 신임사회복지사는 수퍼바이저에게 적절한 의복의 선택 등에 대해 조언을 받을 필요가 있다.

4) 기능적 의사소통과 역기능적 의사소통

(1) 기능적인 의사소통

기능적인 의사소통이란 개인 간에 정보와 감정을 언어적·비언어적으로 적절한 때에 정확하게 그리고 자세하게 교환하는 것, 즉 서로가 억압받지 않고 자유롭게 사실이나 감정을 표현하는 긍정적인 의사소통을 말한다. 기능적인 의사소통을 하는 경우에는 직접적이며 분명하고 정확한 표현을 주고받으며, 언어적·비언어적 의사소통의 일치성이 높다. 기능적인 의사소통의 기술들을 살펴보면 다음과 같다.

① 서로 마주 보고, 대화를 나눈다.

서로 관심사를 나눌 수 있을 뿐만 아니라 말하고 있는 것에 대한 상대방의 감정과 반응을 읽을 수 있다.

② 개방형 질문을 한다.

개방형 질문은 상대방에게 대답할 수 있는 폭을 넓혀주므로 많은 정보를 담은 대답을 얻게 된다. 또한 답변할 사람에게 많은 자유를 허용하는 것이어서 질문에 거부적인 감정을 갖지 않게 하는 장점도 있다.

③ 반영적 경청을 사용한다.

반영적 경청이란 상대방의 메시지를 반영해 주거나 다시 확인함으로써 상대방의 말을 정확하게 이해하고 있고 잘 듣고 있다는 것, 즉 좋은 경청자라는 것을 적극적으로 나타내주는 것이다.

④ 'I–message'를 사용하여 자신의 생각을 분명히 밝힌다.

'I-message'는 상대방을 평가하고 해석하는 것이 아니라 자신이 느끼는 감정과 경험을 표현하는 것이며, 상대방과의 갈등상태에서 자신의 마음을 효과적으로 알리는 대화기술이다(Gordon, 1976). 또한 의사소통의 효과성을 증진시키는 메시지의 한 유형이며, 분명하고 직접적인 메시지를 보낼 수 있도록 하고, 메시지를 받는 사람이 방어적이 되지 않도록 하는 방법이다. 'I-message'는 특히 갈등이나 논쟁이 벌어지는 상황에서 서로 간의 실망이나 분노, 좌절 등의 감정을 적절히 표현할 수 있도록 하는 매우 유익한 의사소통 방법이다.

⑤ 상대방에게 긍정적인 감정을 전달하고 지지해 준다.

상대방의 행동이나 생각에 대해 좋은 느낌을 표현하는 것이다. 사람들은 타인이 자신에 대해 긍정적으로 말하는 것을 듣기 좋아한다. 이 같은 긍정적인 대화의 한 형태가 칭찬이다.

⑥ 이중구속 메시지를 사용하지 않는다.

이중구속 메시지는 메시지를 전달할 때 적어도 두 개 또는 그 이상의 상반된 의미가 담겨 있어서 이중구속 메시지를 받은 사람은 어느 의미에 반응해야 좋을지 몰라 혼돈상황에 빠지게 되는 경우를 말한다. 이러한 이중구속 메시지는 말하는 사람을 신뢰할 수 없다는 것을 의미한다.

⑦ 적절한 자기개방(self-disclosure)을 한다.

자기개방의 목표는 정직과 확실함을 촉진하는 것이다. 그리고 상처를 주기 위해서가 아니라 도움을 주기 위해서 하는 것이다.

⑧ 상대방의 요청을 거부할 때는 부드럽게, 상대방에게 요구할 때는 긍정적으로 표현한다.

모든 사람은 반대 의견을 말할 권리가 있지만, 실제로 우리가 '아니오'라고 말하는 것은 그것을 말한 사람을 거부하는 것으로 비춰질 수 있으므로 부드럽게 하여야 하며, '**긍정 후, 부정**(yes, but……)'을 함께 사용해야 한다. 그리고 상대방의 행동을 변화시키려면 긍정적인 표현으로 피드백을 할 때 더욱 효과적이다.

(2) 역기능적인 의사소통

역기능적인 의사소통은 서로 눈치를 보면서 회피적인 의사소통을 하는 것으로, 비난적인 표현이 많고, 언어적 메시지와 비언어적 메시지가 일치하지 않으며, 의사소통이 원활하게 이루어지지 않는다. 대표적인 역기능적 의사소통의 예는 다음과 같다.

① 이중구속 메시지(double-bind message)

표면적인 의사표현의 내용과 그에 따른 정서적 표현이나 행동이 일치하지 않는 메시지를 말하며, 듣는 사람은 서로 다른 두 메시지 중 어느 한쪽에도 반응할 수 없는 정서적 혼란을 경험하게 된다.

예를 들면, 공부는 하지 않고 친구를 만나러가기를 바라는 아이에게 내키지는 않지만 "그래, 다녀와"라는 마지못한 허락으로 좋지 않는 감정이 표정과 말의 어조에 표현되면 아이는 말을 믿어야 할지 표정을 믿어야 할지 갈등하게 되고, 정서적인 혼란을 경험하게 된다.

② 위장(mystification)

가족 내의 갈등이나 어려움을 드러내지 못하고 오히려 모호하게 하거나 가면을 쓰고 거짓반응을 하는 것을 말한다. 상대방의 판단을 흐리게 한다든지, 판별하기 어려운 애매모호한 반응이나 비꼬는 반응을 하여 상대방의 정확한 의미를 파악하지 못하게 만드는 것이다.

③ 'You-message'

'You-message'는 'I-message'에 반대되는 것으로 'you'가 주어가 되는 형식의 대화이다. 일반화시키거나 지시나 명령 혹은 비난의 형태로 표현하고 상대방에 대한 평가를 담은 표현을 많이 한다. 'I-message'는 대화자가 무엇을 원하고 어떻게 느끼는가를 명백하게 표현하는 방법이기 때문에, 상대방의 행동에 긍정적인 변화를 가져온다. 이와 반대로, 'You-message'는 상대방을 비난하거나 비판하는 것을 말한다. 따라서 그 관계에서는 자주 부정적인 감정과 행동이 증가되며, 상대방의 행동변화를 요구하지만 오히려 상대방은 받아들이기 어려워 저항하게 된다.

2. 공감적인 의사소통기술

"공감은 클라이언트와 함께 이해하는 것이지 클라이언트의 진단이나 평가적 이해를 하는 것이 아니다(Hammond, Hepworth & Smith, 1997 : 3)". 공감적 의사소통기술은 자연스럽게 반응하거나 **반영(reflection)**하는 것이며, 사회복지사가 클라이언트의 언어적 표현뿐 아니라 비언어적 표현에 반응하며, 클라이언트의 주관적인 경험으로 들어가는 것이다.

사회복지사가 공감적으로 의사소통할 때, 클라이언트는 자신이 이해와 존경을 받고 있고, 그리고 수용되고 있음을 느낄 수 있다. 사회복지사의 공감적 의사소통은 클라이언트가 자신들에게 의미 있는 생각과 감정, 경험을 지속적으로 탐색하도록 도와줄 수 있다(전재일 외, 2003).

본서(本書)에서는 내용의 반영, 감정의 반영, 의미의 반영, 결합적 반영 등을 살펴보았다(전재일 외, 2003 재구성).

1) 내용의 반영

클라이언트에게 문제와 상황에 대해 말하도록 요청하고, 클라이언트가 어느 정도 말을 하고 난 후, 사회복지사가 그 메시지를 정확하고 간결하게 다시 말하는 것을 내용의 반영이라 한다. 이는 그 내용에 대해 이해하고 있음을 반영하는 것이다. 내용의 반영은 더욱 정교하고 적극적인 경청의 한 형태로 클라이언트의 문제, 환경이나 그들의 삶의 다른 경험들에 대한 표현을 이해하고 있다는 것을 전달하는 것이다(Carkhuff & Anthoy, 1979).

2) 감정의 반영

전형적인 감정의 반영은 클라이언트가 표현하는 느낌이나 감정을 다시 말함으로써 "당신은 ~을 느끼는군요." 또는 "당신은 ~을 느끼고 있군요."라고 말할 수 있다. 즉, 감정의 반영은 클라이언트가 자신의 문제나 상황, 또는 사회복지사에 대해 느끼는 언어적·비언어적 표현을 이해한다는 것을 표현하는 의사소통기술을 말한다. 그러나 클라이언트들이 사용한 말을 되풀이하는 것보다는 오히려 동등한 느낌을 나타내는 긍정적인 다른 단어를 사용하는 것이 효과적이다.

사회복지사가 클라이언트의 감정을 정확하게 반영한다면 실제로 많은 것을 얻게 된다. 첫째, 사회복지사는 자신에 대해서나 클라이언트의 모든 메시지에 반응하는 데 있어서 인격적으로나 전문적으로 매우 유능하다는 점을 나타낸다. 둘째, 즉각적으로 개인이나 집단 내에서 안전감을 증진시킨다. 만일 사회복지사가 인격적인 사항에 대한 감정까지도 이해하는 것을 전달할 수 있다면, 클라이언트는 역시 자신의 느낌을 표현하는 것에 대해 안전함을 느낄 수 있다. 셋째, 사회복지사가 클라이언트에게 이러한 감정들을 반영함으로써 그들과 더 친밀하고 결속력 있는 관계로 발전할 수 있다.

3) 의미의 반영

의미의 반영은 사회복지사가 클라이언트의 경험에서 나오는 생각과 의미를 이해하여 전달하는 것으로, 적극적 경청과 공감적 의사소통이 더욱 완벽한 형태로 나타나는 것(Carkhuff & Anthoy, 1979)이다.

클라이언트는 문제나 상황을 설명하면서 이와 관련된 감정을 표현할 수 있다. 그때 사회복지사는 "당신은 ~라고 생각하는군요!" 또는 "당신이 말하고자 하는 것은 ~입니까?"라고 클라이언트가 암시적으로나 분명하게 표현한 메시지들을 반영함으로써, 이러한 경험들에 대한 생각을 탐색할 수 있게 한다.

4) 결합적 반영

결합적 반영은 클라이언트가 직접적 또는 간접적으로 표현하는 것에 대해 내용, 감정, 의미를 혼합하여 반응하는 것이다. 즉, 사회복지사는 클라이언트가 인식하지 못한 클라이언트의 진술 속에 암시되어 있는 감정과 의미를 찾아주어야 한다(Hammond, Hepworth & Smith, 1997 : 137).

3. 표현적 의사소통기술

사회복지사가 지식, 감정, 인식, 기대, 판단, 또는 가설을 함께 표현한다면, 표현적기술을 사용하는 것이다. 따라서 사회복지사는 표현적 의사소통기술을 통해서 클라이언트의 **준거틀**(frame of reference)에서보다는 자신의 준거틀에서 의사소통을 하게 되는 것이다.

사회복지사의 표현적기술의 선택과 활용은 전문적인 가치, 지식, 경험에서 나오게 된다. 표현적 의사소통기술은 사회복지사가 클라이언트에 대한 민감성, 관심, 존경심을 가지고 사용해야 한다. 표현적 의사소통기술은 사회복지사의 역할과 기대를 이해하도록 돕는다. 그리고 클라이언트와의 상호작용을 향상하고, 강화하는 데 사용할 수 있다. 또한 클라이언트들이 부가적인 자원을 깨닫게 하고, 새로운 방식의 생각, 느낌, 행동들을 고려하도록 돕는다.

본서(本書)에서는 하나의 주제로 초점 맞추기, 주제를 세분화하기, 정보제공하기, 재구성하기 그리고 직면시키기 등을 살펴보았다(전재일 외, 2003 재구성).

1) 하나의 주제로 초점 맞추기

사회복지사는 클라이언트의 문제를 듣고 클라이언트가 문제를 극복하거나 목표를 달성하는 방법을 발견하도록 도움을 주어야 한다. 그러나 클라이언트는 사회복지사와 함께 합의한 목적과 목표에서 벗어난 주제를 이야기할 수가 있다. 그러한 경우에 사회복지사는 그들이 목표를 향해 나아가도록 방향을 되돌릴 필요가 있다. 또한 강조해야 할 대인관계의 역동이나 과정을 다룰 수도 있다. 즉, **하나의 주제로 초점 맞추기**(focusing)란 고려해야 할 핵심 주제의 선택을 의미한다. 또한 하나의 주제로 초점 맞추기는 사회복지사가 사회복지실천의 과정에서 중요한 어떤 부분을 강조하거나 집중시킬 때 사용하는 표현적 의사소통기술이다. 즉, 사회복지사와 클라이언트는 하나의 주제로 초점 맞추기를 통해 클라이언트의 문제에 대한 이해와 문제해결의 방향에서 중요한 내용을 선택하고, 그것을 중심으로 다루어 나간다.

하나의 주제로 초점 맞추기를 할 때에는 다음 세 가지 지침이 도움이 된다.

- 클라이언트 자신이 가장 중요하다고 느끼는 문제나 문제의 일부를 선택할 것
- 기관의 기능에 해당하는 문제의 부분을 선택할 것
- 사회복지사의 판단에서 도움이 가장 필요하다고 생각하는 문제를 선택할 것

2) 주제를 세분화하기

하나의 주제로 초점 맞추기를 통해 다루어야 할 문제의 영역이 명확해졌을지라도 그 문제가 너무 크고 복잡하기 때문에 문제를 해결하기 위해서 주제가 세분화되어야 할 필요가 있는 경우가 많다. 즉, 문제를 여러 개의 작은 주제로 나누어 세부적인 초점을 모으는 것을 **주제를 세분화하기**(partialization)라고 하며, 클라이언트의 문제, 관심, 다른 복잡한 현상을 문제해결에 다루기 쉽도록 여러 주제로 분류하는 기술이다. 주제를 세분화하기가 필요한 이유는 클라이언트는 주제를 세분화하기를 혼자서 하지 못하는 경우가 많기 때문이

다. 클라이언트는 자신의 문제의 일부를 성공적으로 다룰 때, 다른 부분의 문제 또는 문제 전체를 다룰 수 있는 자신감을 갖게 된다(Perlman, 1957).

클라이언트의 문제를 다룰 때, 주제를 세분화하기의 기준은 다음과 같다.

- 긴급성으로서, 사회복지사와 클라이언트가 명백하고 직접적인 부분으로 가장 먼저 다루어야 할 주제
- 대표성으로서, 더 큰 문제에 밀접하게 관련된 주제
- 처리가능성으로서, 두려움이나 방어가 작용하더라도 클라이언트가 처리할 수 있는 것으로 기대되는 주제

3) 정보제공하기

정보제공하기(Kadushin, 1995 ; Shulman, 1992) 또는 **교육하기**(Cournoyer, 1996)는 사회복지실천에서 중요한 기술 중의 하나이다. 클라이언트가 지역사회 환경 가운데 이용할 수 있는 자원들을 잘 모르는 경우, 사회복지사가 지역사회 프로그램과 서비스에 대한 정보를 클라이언트에게 알려줄 수 있다. 이러한 정보는 어떤 클라이언트에게 매우 확실한 자원이 되기도 하고, 그 반대의 경우일 수도 있다.

지역사회프로그램과 서비스에 대한 정보, 클라이언트들이 인식하지 못한 자신의 강점과 능력을 돕는 데 있어서 강점관점을 활용할 수 있다(Delgado & Humm-Delgado, 1982). 사회복지사는 이러한 면에서 교사나 훈련가의 역할을 수행한다. 그리고 사회복지사는 지역사회의 다양한 정보를 유용하게 활용할 수 있고, 어떤 문제점에 대한 자신의 견해를 전달할 수 있다. 또한 사회복지사는 클라이언트가 정보를 구하는 것은 클라이언트의 역량을 강화하는 것이기 때문에, 클라이언트 스스로 유용한 정보를 발견하도록 지지할 수도 있다.

사회복지사로서 현재의 목적과 상황과 관련된 정보를 적절하게 제공하는 것은 전문적인 책임이다. 그러나 사회복지사가 정보를 제공하는 데 있어서

사실과 개인적인 의견을 분명하게 구분해야 하며, 클라이언트가 자유롭게 받아들이거나 거절할 수 있는 여건에서 자료나 정보를 전달해야 한다. 또한 개인적인 의견을 나눌 때는 I-message를 사용해야 한다.

4) 재구성하기(restructuring)

재구성하기(Brown, 1991 ; Toseland & Rivas, 1995 ; Cournoyer, 1996) 또는 **재구조화**(restruction), **재보증**(reassurance) 등은 유사한 개념으로서 클라이언트들이 새롭고 다른 방식으로 문제나 상황을 볼 수 있도록 도와주는 것이며, 부정적 상황에 대해 긍정적인 면을 인식하도록 돕기 위한 것이다. 또한 클라이언트들이 변화할 수 있음에 희망을 가지게 되고, 문제해결과정에 영향을 미치기도 한다.

재구성하기는 클라이언트들의 많은 문제와 상황들을 다양한 관점에서 볼 수 있게 하고, 클라이언트 스스로 역량강화를 할 수 있게 한다.

5) 직면시키기

직면(confrontation)**시키기**는 클라이언트의 말과 행동 사이에 불일치나 모순이 있을 때, 언어적 메시지와 비언어적 메시지가 일치하지 않을 때 그것을 직접적으로 지적하는 것을 의미(Cournoyer, 1996)하며, 클라이언트를 공격하거나 비난하기 위한 것은 아니다. 그러나 어떤 클라이언트는 직면시키기를 사용하였을 경우, 매우 강한 감정적인 반영을 경험할 수 있기 때문에 신중하게 사용해야 한다.

직면시키기를 사용할 때는 클라이언트에게 온정, 이해, 관심을 가지고 의사소통을 해야 한다. 직면의 사용 전과 후에 지지와 공감적 의사소통기술 등을 사용하는 것이 좋다. 또한 사회복지사가 메시지의 내용에 대해 책임감을 가지고 다른 사람들이 달리 볼 수도 있다는 점을 인정하는 방식으로 직면시키기를 사용하도록 해야 한다.

제4장 | 면접기술

1. 지지의 제공

Frankel과 Gelman(1998)에 의하면, 사회복지사는 사정이라는 과제를 달성하는 것과 클라이언트에게 정서적 지지를 제공하는 것 등 두 가지 의무가 있다. 긍정적인 지지기술에서 대표적으로 칭찬이 있으며, 이를 통해서 사회복지사와 클라이언트의 관계가 더욱 견고해질 수 있다. 또한 클라이언트가 무엇인가를 하도록 격려하는 효과도 발생한다.

행동수정 이론에 의하면 이러한 긍정적인 지지는 긍정적인 새로운 행동을 학습하는 동기가 되기 때문에 클라이언트에게 칭찬이란 좋은 자극제가 된다. 그러나 새로운 행동을 학습했다 하더라도 이러한 행위가 지속적인 보상을 받지 못한다면, 금방 소거될 수 있으므로 사회복지사는 인내를 가지고 일관성 있게 긍정적인 지지를 보상으로 제공하여야 한다.

2. 경청기술

사회복지실천 과정에서의 **경청**(listening)은 단순히 클라이언트의 말을 들어주는 것 이상의 의미가 있다. 클라이언트들은 누군가가 자신의 이야기를 들어주기를 바라고, 자신이 진정으로 받아들여지고, 이해되어지기를 바란다. 따라서 사회복지사는 클라이언트의 언어적 · 비언어적 의사표현에 집중하여야 하며, 특히 클라이언트의 의사표현에 내재된 의미와 내용, 감정에 집중해야 한다.

Gordon(1970)은 클라이언트에 대한 염려와 관심을 증명하기 위한 방법으로 적극적인 경청을 제안하였다. **적극적인 경청**은 클라이언트의 자기수용과 부정적인 감정의 정화 등과 같은 치료적 효과가 있다.

적극적인 경청은 **치료적 경청**과 반응을 의미하는 것으로 다음의 3가지 목적이 있다(최송식, 2008).

첫째, 클라이언트로 하여금 그들의 염려와 느낌을 정확하게 듣고 있다는 것을 알게 한다.

둘째, 사회복지사의 오해를 바로잡을 기회를 제공한다.

셋째, 클라이언트에 대한 수용을 보여준다.

또한 적극적인 경청에서의 유의 사항은 다음과 같다.

- 충분히 오랫동안 적극적으로 경청한다.
- 적극적인 경청을 한 후에, 해결책은 나중에 제시한다.
- 적극적인 경청이 동의를 의미하는 것은 아니다.
- 사회복지사가 잘못 이해했을 수도 있다.
- 사회복지사 자신의 비언어적인 의사표현, 즉 몸짓, 자세, 태도 등에 주의하라.

3. 질문기술

사회복지사는 필요한 정보를 얻거나, 클라이언트의 의사소통을 격려하기 위해서 또는 클라이언트의 생각과 느낌을 표현하도록 돕기 위해서 여러 가지

질문을 사용한다. 또한 사회복지사는 되도록 질문을 적게 하여 클라이언트가 자유롭게 의사소통을 할 수 있도록 돕는 기술을 발전시키는 것이 중요하다. 좋은 질문은 클라이언트가 자신의 표현을 조직화하도록 돕는 것이다. 그러므로 사회복지사는 질문을 하기 전에 먼저 클라이언트들이 무엇을 듣고 싶어 하는지, 그들의 중요한 생각과 감정이 무엇인지 등 클라이언트의 정서에 반응하여 질문해야 한다.

질문기술은 목적과 역할을 명료화하거나 정보를 나누는 다른 표현기술과 함께 사용하기에 적절한 기술이다. 질문하기는 클라이언트로 하여금 개인적 경험을 나누도록 격려할 뿐만 아니라 상호작용을 촉진하는 도구로도 사용된다. 그러나 사회복지사의 질문은 클라이언트가 배우고 성장하도록 도울 수 있는 다기능의 도구이지만 너무 많은 내용을 차례대로 질문했을 때, 클라이언트가 면접을 받고 있기보다는 심문을 받고 있는 것처럼 느끼게 할 수도 있다(전재일 외, 2003).

1) 개방적 질문

클라이언트가 말하고 싶을 때 자신의 생각과 감정을 표현할 수 있는 선택의 자유를 허용한다. 클라이언트가 어떤 관심사를 선택할 수도 있고 무시할 수도 있다. 그러므로 클라이언트가 탐색하기 위한 충분한 시간을 가지는 것이 무엇보다 중요하다(Trevithick, 2000 : 87). 개방적 질문은 클라이언트에게 가능한 한 자신의 대답을 선택할 책임과 기회를 많이 주는 것이다.

개방적 질문(open-ended question)은 초기면접이나 첫 만남의 장면 등 클라이언트에 대한 정보가 충분하지 못한 상태이거나, 더 많은 정보를 필요로 할 때, 유용하게 활용될 수 있다. 그러나 자신의 생각이나 감정을 개방하여 공식화하는 데 익숙하지 않는 클라이언트는 이러한 질문에 대해 좋지 않은 느낌을 가질 수도 있다.

2) 폐쇄적 질문

폐쇄적 질문(closed-ended question)은 클라이언트에게 답을 선택할 자유를 주지 않고 구체적 상황에 초점을 둠으로써 대답할 수 있는 범위를 제한하는 질문의 형태이며, 클라이언트가 '예/아니오'로 답할 수 있거나 자신의 이름, 주소, 연령 등에 간단하게 답하게 된다.

폐쇄적 질문의 주된 단점은 클라이언트가 대답할 수 있는 범위가 제한되어 클라이언트의 뜻과는 다른 방향으로 나아갈 수 있다는 것이다. 이 형태의 질문은 클라이언트가 쉽게 무시당하거나, 범주화되거나, 응답을 하도록 강요하게 되므로 좌절감을 느낄 수도 있다. 그러므로 사회복지사는 면접 전후에 충분한 시간을 가지고 클라이언트와 함께 이러한 방식의 질문에 대해 이야기하는 것이 필요하다.

3) '무엇'이라는 질문

이 질문의 주된 장점은 질문에서 '**무엇**(what)'이 암시하는 것이 매우 불특정하기 때문에 클라이언트가 초점을 두고 싶어 하는 관심사나 이슈를 스스로 자유롭게 정의하여 답할 수 있게 하는 점과 과거보다는 현재를 강조한다는 것이다(Lishman, 1994 : 77). '무엇'이라는 질문은 광범위한 이슈, 영적인 문제에 작용하는 요인들, 관련이 있는 다른 사람들에 대해 탐색하려고 할 때 매우 적절한 질문이다.

4) 피해야 할 질문

사회복지사가 질문형식을 취함에 있어서 자주 범하기 쉬운 실수는 유도하는 질문이나 암시적 질문, 이중적 질문, 무엇을 묻고 있는지 클라이언트가 알 수 없는 질문 등을 사용하는 것이다.

다음과 같은 형태의 질문들은 피하는 것이 좋다.

- 유도하거나 제안하는 형태의 질문
- 지나치게 '예/아니오'를 많이 요구하는 질문
- 모호하거나 명확하지 않은 질문
- 이중적 또는 다중적인 질문
- 문장의 앞에 "**왜**(why)"라는 말을 사용하거나, 지나치게 "**왜**"라고 하는 질문
- **이중구속 메시지**(double-bind message), 또는 이와 유사한 형태의 질문

4. 내용확인기술

내용확인기술은 사회복지사가 지금까지 클라이언트와 의사소통을 해 온 내용과 의미를 이해했다는 것을 확인하는 것이며, **추적**(tracking)이라고도 한다. 클라이언트가 말한 것을 **반영**(reflection)하거나 **요약**(summary)을 하여 순간의 탐색을 의도적이고 공감적으로 경청하는 기술(Feltham & Dryden, 1993 : 195)이며, 클라이언트가 의사소통하고 있는 것에 반응하고 반영하면서 창조적인 경청을 결합하는 것(Seden, 1999 : 29)이다.

이러한 기술은 부연 설명하기, 명료화하기, 요약하기 그리고 피드백 주고받기를 포함한다(전재일 외, 2003 재구성).

1) 부연 설명하기

부연(敷衍) **설명하기**(paraphrasing)는 클라이언트가 말한 내용의 본질을 정확하게 반복하지는 않지만 다시 말하는 것으로써 클라이언트의 말을 가능하면 긍정적이고 새로운 단어들로 바꾸어서 재 진술하는 것을 말한다. 그 주요 목

적은 사회복지사가 의사소통하고 있는 것의 감각과 의미를 파악했는가를 확인하는 것이며, 이것을 확인하는 유일한 방법은 사회복지사 자신의 생각과 인상을 알기 쉬운 말로 표현하는 것이다.

부연 설명하기는 클라이언트가 이미 말한 것을 끄집어내어 다시 말하는 것이기 때문에, 클라이언트의 입장에서는 자신의 말이 부적절하거나 분명하지 않는 것으로 느낄 수도 있고, 클라이언트가 말한 것의 의미를 다르게 바꿀 수 있기 때문에 주의하여야 한다.

2) 명료화하기

명료화(clarifying)는 주로 클라이언트가 더 명확하게 말하도록 격려하고 클라이언트가 말한 것에 대해 사회복지사가 이해했음을 증명하기 위해 질문하는 것이다. 즉, 명료화는 클라이언트가 말하는 것을 더욱 분명하고 명확하게 이해할 수 있도록 더 유사한 말로 바꾸어서 반영하는 것이다. 사회복지사는 명료화를 통해서 사회복지실천의 방향이 정해질 뿐 아니라 이 과정을 통해 클라이언트의 동의를 구하게 된다.

그러나 명료화는 클라이언트들은 자신들이 의사소통을 잘못하는 것을 의미하거나 은근한 비난으로 여길 수도 있기 때문에 면담의 흐름을 방해할 수 있는 '부연 설명하기'와 같이 클라이언트의 기분이 나빠질 수도 있다.

3) 요약하기

사회복지사는 면접 시간에 논의된 이야기의 핵심적인 내용이나 감정적 요소를 한데 모으기 위해 **요약하기**(summarizing)를 사용할 수 있다. 면담 시작 전, 이전 내용에서 다루었던 중요한 내용을 다시 언급할 때, 클라이언트의 이야기가 두서없을 때, 면담을 진행하고 마무리하는 시점에서 사회복지사의 언어로 그 내용을 정리한다. 주로 클라이언트의 감정이 아니라 이야기한 내용을 요약한다.

요약을 하는 주된 목적은 클라이언트가 생각을 정리할 수 있게 해 주기 위해서다. 클라이언트는 흔히 생각나는 대로 두서없이 말하는 경우가 많기 때문에, 간결하고 정확하게 시기적절한 요약을 해 주면 클라이언트는 문제들을 정리해 볼 수 있게 된다.

요약하기는 다양한 방법으로 사용될 수 있다. 첫째, 사회복지사는 새로운 세션을 시작할 때 이전의 세션에서 다룬 요점을 끌어내거나 요약할 수 있다. 둘째, 요약하기는 지금까지 다루어 온 것에 대해 정확하고, 간결한 부분이나 자세한 내용을 제공할 수 있다. 셋째, 특히 면접이 방향을 잃게 되거나 방향 없이 시작할 때, 적절한 시기에 간략하고 정확한 요약하기는 면접의 방향을 바로잡는 데 유용하게 사용된다.

4) 피드백 주고받기

긍정적 또는 부정적인 **피드백 주고받기**(giving and receiving feedback)는 사회복지사와 클라이언트 모두에게 다음과 같은 이점이 있다. 첫째, 명확하고 솔직한 피드백은 동의한 목표들을 달성하는 과정에 있다는 것을 확인하는 방식으로서 실천에 적용할 수 있다. 둘째, 피드백은 의사소통의 정서적 내용과 클라이언트의 말이 아니라 감정을 반영하는 것에 초점을 두는 방식으로 사용될 수 있다(Nelson-Jones, 2000 : 130). 또한 이것은 클라이언트들이 스스로 성공을 확인하고 그들 자신에 관한 더 많은 것을 학습하도록 도울 수 있다.

실천과정에서 피드백을 주고받는 것은, 클라이언트들이 다른 사람에게서 느끼는 감정을 다루어야 하기 때문에 어려운 일이다. 어떤 클라이언트들은 부정적인 피드백으로 자신에게 상처를 준 과거의 인물을 다시 떠올리게 될까 봐 걱정한다. 이러한 걱정을 진정시키기 위하여 피드백의 목적은 클라이언트의 수행에 관한 판단을 하기보다는 오히려 생활지도, 지지 그리고 도전을 제공하는 것임을 강조해야 할 것이다.

피드백의 목적－피드백은 다음과 같은 3가지 목적이 있다(Egan, 1990 : 389).

- 확인적(confirmatory) 목적－클라이언트들에게 과정 중에 있다는 것, 즉 목표를 향하여 여러 단계의 행동프로그램을 거쳐 성공적으로 이동하고 있는 것을 알려줄 때
- 교정적(corrective) 목적－클라이언트들에게 그들이 옆길로 빗나간다면 과정으로 돌아올 필요가 있다는 정보를 제공할 때
- 동기부여적(motivating) 목적－적절하고 부적절한 프로그램의 결과를 지적할 때와 수행을 개선하기 위한 제안을 할 때

사회복지사가 주는 피드백이 부정적이거나 비판적일 수 있으므로 사회복지사도 역시 걱정하고 방어적으로 행동할 수 있다. 따라서 수퍼비전을 정기적으로 받는 것이 도움이 된다.

5. 핵심에 도달하는 기술

사회복지실천의 모든 과정에서 나타나는 공통적인 문제점은 면접이 엉뚱한 방향으로 흘러가도록 방치하거나, 클라이언트들이 적절하지 못한 화제를 두서없이 말하도록 내버려 둘 때다. 핵심에 도달하는 기술은 사정의 목적을 위해 정보를 얻거나 토의되어야 할 이슈를 탐색하는 것 등과 같은 구체적인 목적을 실현하기 위해 필요하며, 면접의 핵심과 목적을 유지할 수 있는 중요한 기술이다.

본서(本書)에서는 핵심과 목적에 초점두기, 격려하기, 검증하기, 침묵에 대처하기, 자기개방 이용하기 등을 살펴보았다(전재일 외, 2003 재구성).

1) 핵심과 목적에 초점두기

가끔 클라이언트들은 목적과 관계되는 이슈들로부터 이탈하는 경우가 있다. 이러한 경우에 현재 다루고 있는 주제에 주의를 집중하고 유지하기 위해 사용되는 핵심과 목적에 초점을 두는 기술을 사용할 수 있다. 또한 이 기술은 면접의 속도나 방향을 바꾸고 더 깊이 검증하는 질문이다. 특히 표현을 잘하지 않고, 혼돈되어 있고, 자신이 무엇을 왜 원하는가에 관한 명백한 상황을 제시할 수 없는 클라이언트들과 면접할 때 이용할 수 있는 중요한 기술이며, 클라이언트와의 Rapport형성에 방해 받지 않고 면접의 목적에 충실할 수 있게 한다.

다음과 같은 상황에서 면접의 목적과 핵심에 초점을 두는 기술을 사용하게 된다.

- 다른 이슈들을 제외하고 한 가지 이슈에 지나치게 초점을 두게 될 때
- 다룰 내용이 없어지고 의사소통이 반복되고 있을 때
- 토의가 주변적이거나 부적절한 이슈로 바뀔 때
- 다시 생각해 보기 위해 어려운 이슈나 욕구에서 벗어날 때
- 토론이 정서적으로 부담을 가지게 되어 침착함과 균형을 필요로 할 때

사회복지사가 이슈들을 제기하는 것은 어떤 클라이언트에게는 어려울 수도 있다. 이런 경우 그러한 이슈들이 명백한 경계가 있는 방식으로 토의될 수 있다는 것을 재보증해 주어야 한다.

재보증이란, 클라이언트의 능력에 대해 사회복지사가 신뢰를 표현함으로써 클라이언트의 자신감을 키우는 기법이다. 이 기법은 클라이언트가 실제로는 현실적이며 건전하게 그리고 사회적으로 수용될 수 있는 결정과 사고방식, 느낌을 가지고 있음에도 불구하고 자신을 믿지 못하는 클라이언트에게 효과적으로 적용된다. 그러나 재보증은 사회복지사 자신이 어려운 이슈를 토의할 수 있는 능력을 반드시 소유하고 있어야 한다.

2) 격려하기

격려하기(prompting)는 면접을 시작하거나 클라이언트를 지지하는 데 사용된다. 이것은 더 많은 대화를 격려하기 위하여 어떤 이야기와 다른 이야기를 연결시켜 주거나, 미완성의 문장이나 설명으로 직접적인 암시를 하여 더 많은 설명을 끌어내는 것 등과 같은 여러 가지 형태가 있다.

한 클라이언트를 격려하고 있을 때 다른 클라이언트의 이야기를 차단하기 쉽다. 클라이언트의 생각과 감정을 자신의 말로 설명한다는 것은 중요하기 때문에 이야기를 차단하는 것은 반드시 피해야 할 것이다. 또한 이야기를 계속하도록 어떤 사람을 격려하는 것은 강요로 경험할 수 있다. 그러므로 사회복지사는 격려하기 기술을 사용할 때에는 시기 맞추기, 민감성, 친절한 어조 그리고 관심을 보임으로써 그 사람이 억지로 강요받고 있다고 생각하지 않도록 접근하는 것이 중요하다.

3) 검증하기

일반적으로 **검증하기**(probing)는 더 구체적인 부가적 정보가 필요하거나 처음의 대답이 불충분하고, 부적당하고, 불분명하며 이전의 정보와 일치하지 않을 경우에 하는 것으로 주로 질문의 형태로 이루어진다.

클라이언트 상황이 전반적으로 잘 묘사되었더라도 중요한 세부항목들이 빠질 수 있다. 면접목적의 달성을 위한 중요 내용에 관련된 분명하고 완전한 정보를 얻지 못한다면, 사회복지사는 클라이언트의 생각과는 다르게 추정할 수도 있다. 따라서 클라이언트로부터 더욱 상세하고 구체적인 정보를 끌어내는 데 사용되며, 개인으로부터 정보를 수집할 때 유용한 기술이 될 수 있다. 또한 사회복지사가 사정을 하는 데 있어서도 중심이 되는 기술이다.

클라이언트가 검증에 응함으로써 질문에 대한 근본적인 대답으로서의 가치를 가진 대상임을 암시하게 된다. 또한 반대심문의 성격을 가진 것이 아니라 사회복지사와 클라이언트로 하여금 더 넓고 명확하게 구체적으로 그 상황을 알도록 하는 현명한 해설과정이다.

다음과 같은 상황에서 검증하기를 사용할 수 있다.

- 이전의 정보와 일치하지 않거나 내용의 관련성이 분명하지 않을 때
- 모호한 내용을 더 명확하게 할 필요가 있을 때
- 더 자세한 설명 혹은 부가적인 정보가 필요할 때
- 더 특정적인 것이 필요할 때

4) 침묵에 대처하기

면접 과정에서의 **침묵**은 클라이언트와 사회복지사 모두에게 어려운 감정을 초래할 수 있다. 이와 관련된 기본 가정은 이야기하는 것이 이야기하지 않는 것보다 좋다는 것과 침묵은 언제나 깨트릴 수 있으며, 침묵이 너무 길면 면접은 성공하지 못한다는 것이다.

경험이 적은 사회복지사들은 클라이언트의 침묵에 불안하여 의사소통을 잘하지 못하거나, 자신이 클라이언트를 다루는 데 있어서 실패했다는 신호로 침묵을 생각한다. 또한 침묵은 거절이나 불만의 신호로 사용될 수도 있지만 반드시 그렇지는 않다. 따라서 침묵으로 무엇이 의사소통되고 있는지, 즉 침묵이 어떻게 사용되고 있는가를 명백히 하는 것은 중요하다.

면접에서 침묵을 효과적으로 활용하는 것은 또 하나의 상담기술이 될 수 있다. 유능한 사회복지사는 클라이언트가 침묵을 필요로 할 때 존중해 준다. 클라이언트가 할 말을 찾지 못할 때가 아니라면 그 침묵을 깨뜨릴 필요가 없다. 잠시 기다리며 클라이언트에게 생각할 시간을 준다. 또한 사회복지사가 침묵을 지키며 경청하는 것은 클라이언트에게 말을 하도록 촉진하는 효과가 있다. 즉, 사회복지사의 침묵은 클라이언트에게 상담과정의 책임을 갖도록

해 주는 가치가 있다. 사회복지사의 침묵을 겸한 경청은 클라이언트가 자신의 중요한 느낌을 표현한 후에 거기에 대해 깊이 생각하고 통찰에 이를 수 있도록 시간적인 여유를 준다.

이러한 침묵들을 해석하고 처리하는 것이 사회복지사의 한 역할이라고 볼 수 있다. 우선 침묵이 부정적인지 긍정적인지를 판단할 필요가 있다. 이러한 판단을 하려면 클라이언트가 보이는 침묵의 의미를 생각해 보아야 할 것이다.

대표적인 침묵의 예는 다음과 같다.

- 클라이언트가 자신에 관한 긍정적인 생각이나 감정에 몰두하는 창조적 침묵
- 클라이언트가 자신이 말한 내용 중에서 중요한 부분, 즉 문제해결의 핵심이 되는 부분을 사회복지사가 확인해 주기를 바라거나 해석 등을 기대하는 침묵
- 상담관계가 제대로 이루어지기도 전에 일어난 침묵
- 클라이언트가 아무런 생각이 나지 않거나, 무슨 말을 해야 좋을지를 생각하는 경우
- 사회복지사에 대한 적대감에서 오는 저항이나 불안 등 전이에 의한 침묵
- 클라이언트가 자신의 느낌을 표현하려고 최대한의 노력을 하는데도 말이 잘 표현되지 않는 경우의 침묵
- 클라이언트가 방금 이야기했던 것에 관해서 생각을 계속하고 있는 경우의 침묵
- 클라이언트가 이전에 표현했던 감정 상태에서 벗어나기 위해서 일시적으로 생겨난 침묵

클라이언트의 침묵이 의미하는 내용을 판단한 다음, 사회복지사가 해야 할 일은 '침묵을 깨야 할까? 아니면 기다려 주어야 할까?'하는 결정이다.

5) 자기개방 이용하기

특수한 상황이나 면접의 효과성을 높이기 위하여 사회복지사가 자신의 개인적인 경험, 태도, 느낌, 생각과 과거 등을 클라이언트에게 드러내는 **자기개방**(self-disclosure)이 중요하다(Lishman, 1994 : 145). 또한 자기개방을 통해 과거 경험, 현재 상황 혹은 앞으로 생길 수 있는 일을 이야기할 수 있다. 그러나 현재 상황과 관련된 자기개방은 클라이언트가 특정 문제에 초점을 두면서 구체적으로 다루어갈 수 있도록 도울 수 있기 때문에 가장 효과적이다. 이러한 사회복지사의 자기개방은 자신에 관한 현재와 과거의 개인정보를 나타내는 것과 관련되기 때문에 '자기지식'과 '전문적 자기 활용'보다 한발 더 나아가는 것이다.

자기개방의 방법은 '**지금－여기**(here & now)'의 형태로 개방적으로 반응하며, 내용상 사회복지사가 자기의 경험과 비슷한 클라이언트의 경험에 대해서 감정을 나타내 보이는 것이 좋다. 그러나 자기개방을 부적절하게 사용된다면, 클라이언트가 사회복지사의 정서적 안정이나 전문적 능력에 의문을 가지고, 심지어는 조종당한다는 느낌을 가질 수도 있다. 따라서 자기개방은 클라이언트를 압도하지 않도록 가능한 한 조심스럽게 사용해야 한다.

약간의 심리적 거리감을 바라는 클라이언트의 욕구는 존중되어야 하기에, 자기개방의 시기도 중요하다. 시기적절하고, 초점을 잘 맞춘 자기개방은 클라이언트가 방해받는 일 없이 상담을 계속할 수 있게 한다. 가장 중요한 것은 자기개방이 누구의 욕구에 의한 것인지 판단하는 것이다.

제5장 | 정신분석모델

정신분석학(psychoanalysis)은 **정신역동**(정신역학, psychodynamics), **무의식의 심리학**(psychology of unconscious) 등으로 불리며 Freud와 그의 동료, 제자들의 학문적 업적에 기반을 두고 있어 **프로이드 심리학**이라고도 한다. 심리치료에 새로운 지평을 제공한 프로이드의 정신분석 이론은 성격발달에 대한 모형인 동시에 인간 본성에 대한 철학이며, 정신치료의 한 방법이다.

프로이드는 인간 행동을 동기화하는 요소를 정신역동적인 힘이라고 보았고, 정신역동적인 힘의 근원으로서 무의식의 역할에 관심을 두었으며, 무의식적 갈등이 부적응의 원인으로서 신경증 같은 정신장애의 근원이 된다고 보았다. 또한 그는 기본적인 성격의 구조를 분석하여, 이해하고 수정하는 치료 절차에 관심을 두었다.

정신분석 이론의 기본개념은 현대 심리학 및 정신의학의 여러 가지 이론의 기본개념이 형성되거나 발달하는 데 기초가 되었으며, 많은 이론들이 정신분석학의 원리나 기법을 빌려오거나 확장하였다(Corey, 1991). 즉, 어떤 상담·치료접근은 정신분석 이론을 확장한 것이고, 어떤 것은 정신분석 이론의 개념이나 절차를 수정하였으며, 또 어떤 것은 정신분석 이론에 대한 반발로 나타났다. 또한 프로이드의 사상과 생각은 교육학, 사회학, 문화인류학, 정치학, 예술, 사회복지, 미술, 문학, 영화 등 다양한 분야에 반영되었다.

초기 사회복지실천, 특히 개별사회사업의 이론적인 기초를 형성하는 데 있어서도 프로이드의 이론은 막대한 영향을 미쳤으며, 사회복지사가 전문직으로 발돋움하는 데 큰 역할을 하였다. 그러나 인간과 환경이라는 **사회복지실**

천의 이중(적) 초점(dual focus)과는 달리, 인간의 정신내적인 현상에 집중하게 하였고, 기계론적이며 결과론적인 인간관을 가지고 있어 사회복지사의 정체성에 대한 의문이 계속 제기되고 있다.

1. 기본개념

정신분석모델은 의식과 무의식의 구성요소로서 **사고**(thought), **소원**(wish), 혹은 **행위**(acts) 등과 같이 현재의 정신활동과 과거의 경험 사이에 원인적 관계가 있다는 이론적 기초 위에 형성된 심리과학이다(Schlossman, 1980).

인간에 대한 정신분석학의 관점은 인간이 행동하거나 생각하거나 느끼는 모든 것에는 의미와 목적이 있고, 결정되어 있다는 **정신결정론**(psychic determinism)이다. 즉, 실언(失言)이나 실수, 몸짓조차도 개인의 경험에 근거를 둔 의미와 특별한 기원이 있다는 것이다. 또한 프로이드는 인간의 행동이 비합리적이고 무의식적 힘, 생물학적 욕구나 충동, 생후 초기 6년 동안의 생활경험에 의해 결정된다고 하였다.

1) 지정학적 모형

지정학적 모형은 인간의 의식수준을 크게 **의식**(conscious), **선의식**(pre-conscious), **무의식**(un-conscious)으로 구분 지은 것이다. 인간의 정신세계는 대부분 무의식의 영역이며 극히 일부만이 의식의 영역에 올라와 있다. 마치 '빙산의 일각'이란 표현처럼 빙하의 대부분이 수면 아래에 잠겨 있고, 일부만이 수면 위로 떠올라 있는 것과 같다.

(1) 의식

의식이란 순간적이고 제한적인 개념으로 설명되고 있다(정우식, 1986). 즉, 주어진 시간제한 속에서 정신활동의 내용으로 의식의 개념을 파악해야 한다는 것이다. 자, 지금부터 눈을 감고 10초 동안 1에서 10까지의 숫자를 세어보자. 주어진 10초 동안의 당신의 의식은 정직하게 지시를 따랐다면 1에서 10까지의 숫자를 세는 것이다. 그 외의 정신활동이 있었다면 지시를 성실히 따르지 않은 것이다. 하지만 다른 내용의 정신활동 또한 그 개인에게는 의식의 내용이 된다.

(2) 선(先)의식

선의식 혹은 **전(前)의식**이란 흔히 이용 가능한 영역이라 불리기도 한다. 지금 갑자기 "오늘 아침식사로 무엇을 드셨습니까?"라는 질문을 받게 되면, 곧바로 아침식사를 기억해내고 대답을 할 수 있을 것이다. 그러나 분명한 것은 그 질문을 받기 전에는 아침식사에 대한 기억이나 정신활동(의식)이 없었다는 것이다. 이 경우에는 아침식사에 대한 기억이 선의식의 영역에 있다가 필요할 때 즉시 의식의 영역으로 올라와 정신활동이 가능한 경우이다. 따라서 의식의 전단계로서 언제든지 의식의 영역으로 불러 올려서 정신활동이 가능한 기억의 부분을 선의식이라고 할 수 있다.

(3) 무의식

무의식이란 의식과는 반대의 개념이며, 의식화되기가 상당히 힘들거나 불가능한 경우에 해당된다. 주로 의식세계에서 버림을 받은 쓰라린 기억, 경험 그리고 억압된 욕망들이 저장되어 있다(이현수, 1985). 물론 개인은 무의식의 세계에 저장된 기억들을 의식하지는 못하지만, 자아의 통제가 일시적으로 해이해지면 공상이나 꿈을 통해서 나타나게 된다. 무의식은 너무 오래되어 의식화되기가 힘들기 때문에 기억이 나지 않는 것, 오래되지 않았는데도 중요하지 않기 때문에 무의식의 영역에 자리 잡게 된 경우 등이 있다.

2) 구조적 모형

구조적 모형은 인간의 성격을 **원초아**(id), **자아**(ego), **초자아**(super ego)의 세 체계로 구성되어 있다고 본다. 원초아, 자아, 초자아는 각각 독자적으로 성격에 작용하는 분리된 요소로서가 아니라 전체로서 기능한다. 즉, 성격의 역동은 **심리적 에너지**(libido)가 원초아, 자아, 초자아에 분배되는 방식이다. 심적 에너지의 양은 제한되어 있고, 한 체계는 다른 두 체계의 희생으로 에너지를 이용할 수 있기 때문이다.

(1) 원초아

원초아는 심리적 에너지의 원천이자 타고난 **본능**(instinct)이 자리 잡고 있는 곳이다. 원초아의 존재 이유는 본능의 즉각적이고 방해 없는 충족이다. 원초아는 쾌락만이 좋은 것이고 다른 것은 아무것도 상관하지 않는다. 즉, 원초아는 본능적 욕구를 충족시키는 데 있어서 비논리적이고, 맹목적으로 작용하며 현실세계의 상황은 고려하지 않는다. "**쾌락의 원칙**(pleasure principle)" 또는 "**쾌락-고통의 원칙**(pleasure-pain principle)"에 따르며(Brenner, 1974), "**일차과정적 사고**(primary process thinking)"를 한다.

(2) 자아

자아는 성격의 실행자이자 경영자이다. 자아는 원초아와 초자아와 그리고 외부 현실세계를 중재 또는 통제하는 교통경찰관으로서 집행자의 역할(이정균, 1990)을 한다. 자아는 "**현실의 원칙**(reality principle)"에 따라서 현실적이고 논리적인 사고로 환경에 적응한다. 원초아가 맹목적으로 욕구의 충족을 꾀하는 데 비해 자아는 주관적 욕구와 외부의 현실을 구별할 줄 아는 "**현실검증**(reality testing)"의 능력이 있으며, "**이차과정적 사고**(secondary process thinking)"와 **방어기제**(defense mechanism)를 주관한다.

자아는 욕구를 만족시키기 위하여 행동에 대한 계획을 세운다. 원초아는 주관적 현실만을 알지만, 자아는 정신적 심상과 외부세계의 사물을 구별한다.

(3) 초자아

초자아는 쾌락보다 완벽을 추구하고 현실적인 것보다 이상적인 것을 추구한다. 초자아는 도덕에 위배되는 원초아의 충동을 억제하며 자아의 현실적 목표를 도덕적이며 이상적인 목표로 유도하려고 한다. 이것은 부모의 사회규범이 내면화되는 심리적 보상이나 처벌과 관련이 있으며, 그 개인이 속한 사회의 규범과 행동기준이 내재화된 것이라 볼 수 있다. 즉, 외부세계, 주로 부모로부터 현실거래방법에 대한 잘잘못의 평가를 받게 되며, 그것은 칭찬이라는 보상과 꾸짖음이란 벌의 형태로 나타난다. 이때, 칭찬받은 것들이 모여서 잘된 것, 해야 하는 것의 기준이 되면 **자아이상**(ego-ideal)이 되고, 벌 받은 것들이 모여서 잘못된 것, 해서는 안 되는 것의 기준이 되면 **양심**(conscience)이 되는 것이다.

다음 그림은 지정학적 모형과 구조학적 모형을 한 그림에 나타낸 것이며, 전제조건은 정신기능이 정상의 범위에 있는 성인이 깨어 있으면서, 정서적으로 평온한 상태일 때이다.

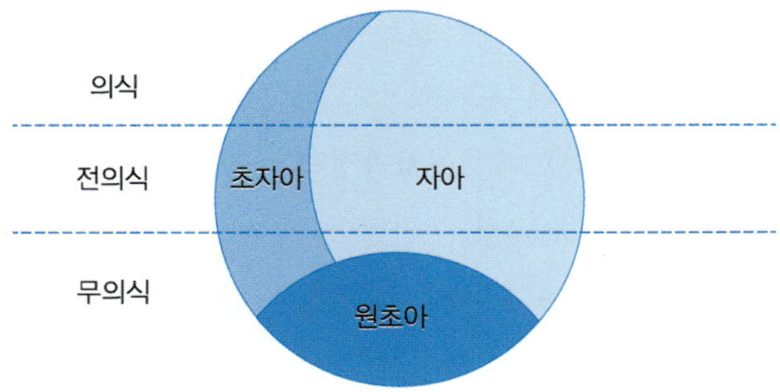

[그림 5-1] 의식수준과 성격구조와의 관계(이훈구 역, 1984)

3) 성격발달단계

초기의 정신분석학에서는 libido를 **성적 에너지**(sexual energy)로 보았다. 또한 한 인간이 세상에 태어나 성적 에너지인 libido가 발달해나감으로써 인간의 정신세계는 그 관심영역을 점차 확대시켜 나간다고 보았으며 그 순서는 구강(口腔), 항문(肛門), 성기(性器) 등으로 보았다. 이는 libido가 점차로 그 영역을 확대해 나가면서 그에 따라 인간의 성격이 형성되어 나간다고 본 것이다. 따라서 정신분석학에서는 이를 **심리-성욕발달**(psychosexual development) **단계**라고도 부르고 있다(Brenner, 1974).

(1) 구강기(oral stage : 0~1세)

구순기 또는 **구강성욕기**라고도 불리는 이 시기는 성적 에너지인 libido가 구강구조를 중심으로 집중되어 있어서 모든 생물학적 충동과 쾌락을 구강을 통해서만 충족시키는 것으로 알려져 있다. 이 시기의 아이들은 아직 사고력이나 판단력 그리고 청각, 시각까지도 미숙한 상태이기 때문에 모든 외부자극에 대한 인지는 모두 입으로 통하게 되는 것이다. 젖을 입으로 물고 빠는 행동뿐만 아니라 손에 잡히는 물건은 모조리 입으로 가져가려 한다(김동규, 1988).

이 시기가 지난 후에도 인간에게는 구강이 중요한 성감대로 남게 된다. 껌을 씹는 행위, 손톱을 물어뜯는 행위, 키스, 과식 등이 그 예이다. 또한 이 시기에 너무 과하거나 부족한 자극을 받았을 경우에는 매사에 지나치게 낙관적이고 대인관계에 있어서도 타인에게 어머니처럼 의존하려는 "**구강-수동적**(oral-passive) **성격**"이 되기가 쉽다고 보았다.

(2) 항문기(anal stage : 1~3세)

구강기가 지나고 나면 libido가 퍼져 있는 지역이 항문 주위로 퍼져 나가게 되며 따라서 아이도 대소변의 배출과 보유에서 상당한 쾌감을 얻게 된다. 이 시기에 있어서 **libido의 영역**(libidinal zone)은 구강과 항문 양쪽에 걸쳐 있다고 보아야 한다. 다만 우선순위에 있어서 항문쾌락이 우선할 뿐이다.

이 시기에는 부모로부터 **대소변가리기 훈련**(toilet train)을 받는다. 아이들은 대소변가리기 훈련에서 원초아의 욕구인 즉각적인 배출과 초자아의 제지인 배출욕구에 대한 자기조절을 배우고 구분하게 되는 것이다. 대소변가리기 훈련을 시킬 때 부모가 보이는 감정, 태도, 반응은 유아의 성격 형성에 큰 영향을 미친다. 이 시기에 아동은 분노, 적대감 등의 부정적 감정을 수용하는 것을 배우며, 실수를 해 보고 실수해도 괜찮다는 것을 알게 됨으로써 자신을 독립적이고 개별적인 존재로 여기게 된다.

정신분석학에서는 대소변가리기 훈련을 너무 강압적으로 받게 되면 고집이 세고 인색하며 복종적이고 지나치게 청결하거나 불결한 "**항문보유적**(anal-retentive) **성격**"이 되기 쉬우며, 반대로 부모가 아이를 달래고 과하게 칭찬과 상을 주어 대소변가리기를 시키면 아이는 잔인하고 파괴적이며 난폭한 "**항문공격적**(anal-aggressive) **성격**"이 되기가 쉽다고 보았다.

(3) 남근(男根)기(phallic stage : 3~6세)

전(前)성기기로도 불리는 이 시기는 libido의 관심이 성기로 집중되는 시기이다. 이 시기의 아동들은 자신의 신체에 대해 호기심을 갖게 되며 이성과 차이점을 발견하게 된다. 이 시기에 아동은 자신의 신체나 성적발견을 자연스럽고 긍정적인 것으로 받아들일 필요가 있다. 또한 이 시기에는 성에 관한 관심과 함께 출생에 대한 관심도 갖게 되며 남자아이의 경우 **Oedipus complex**, 여자아이의 경우 **Electra complex**를 겪게 된다.

이 시기의 중요한 과제는 동일시를 통해서 남성이나 여성으로서의 역할을 학습하고, 사회적 규범과 도덕 그리고 가치기준을 내면화하는 초자아를 형성, 발달하는 것이다. 외디푸스적 갈등을 충분히 해결하지 못한 채 이 시기를 넘기게 되면 성적 무기력, 불감증, 성도착 등의 결과를 낳게 된다고 한다.

Oedipus complex와 **Electra complex**를 구체적으로 살펴보면 다음과 같다.

① Oedipus Complex

소포클레스의 비극인 외디푸스왕의 신화에서 빌려온 용어이며 인간이 이성(異性)의 부모를 사랑하고 소유하려 하며 동시에 동성(同性)의 부모를 적대시하는 무의식적인 측면을 표현한 것이다. **외디푸스 콤플렉스**는 넓은 의미로는 **일렉트라 콤플렉스**를 포함하지만 좁은 의미로 쓰일 때는 남자의 경우만을 지칭하는 것이다.

갓난아이의 경우 최초로 인지한 외부의 대상은 어머니이다. 그래서 어머니와 아이라는 1대1의 관계, 즉 최초의 **대상관계**(object relationship)가 성립되는 것이다. 이때 아이는 생존을 전적으로 어머니에게 의존하고 있음을 알고 어머니를 독점하려 한다. **근친상간**(incest)의 욕구를 느끼는 것이다. 그러나 사랑하는 어머니의 곁에는 아버지가 있음을 알게 되고 강한 라이벌의식을 느끼게 되며 삼각관계가 형성된다.

또한 아이는 라이벌인 아버지를 유심히 관찰하게 되며 여러모로 열등감을 느끼고 아버지가 라이벌인 자신의 성기를 거세하지 않을까 하는 **거세불안**(castration anxiety)을 느끼게 된다. 이 거세불안으로 남자아이는 어머니를 독점하려는 욕망을 포기하게 되며 라이벌인 아버지의 행동을 **동일시**(identification)함으로써 거세불안과 외디푸스적 갈등을 해결하려 한다. 이때의 동일시를 '**공격자와의 동일시**(identification with aggressor)'라고 하며 이 동일시를 통해서 아이는 도덕, 규범, 가치관, 성에 관련된 행동 등 남자란 어떤 것인가 하는 것들, 즉 성역할을 배우게 된다. 즉, 전성기기에 있어서 가장 중요한 과제인 부모의 행동기준과 금기사항을 내면화하는 초자아의 형성을 본격적으로 시작하게 되는 것이다.

② Electra Complex

남자아이의 외디푸스 콤플렉스와 비교될 수 있는 여자아이의 심리현상이다. 갓난아이는 성(性)에 대한 구별 능력이 없기 때문에 여자아이도 남자아이들처럼 최초로 인지한 외부의 대상은 어머니이다. 그래서 어머니와의 **대상관계**가 성립된다. 이때 여자아이는 남자아이와 마찬가지로 생존을 전적으로 어머니에게 의존하고 있음을 알고 어머니를 독점하려 한다. **근친상간**(incest)의 욕구를 느끼는 것이다. 그러나 사랑하는 어머니의 곁에는 아버지가 있음을 알게 되고 강한 라이벌의식을 느끼게 되며 일차적인 삼각관계가 형성된다. 또한 아이는 라이벌인 아버지를 유심히 관찰하게 되며 여러모로 열등감을 느끼고 아버지가 라이벌인 자신의 성기를 거세하지 않을까 하는 **거세불안**(castration anxiety)을 느끼게 된다. 이 거세불안으로 아이는 어머니를 독점하려는 욕망을 포기하게 되며 라이벌인 아버지의 행동을 **동일시**(identification)함으로써 거세불안과 외디푸스적 갈등을 해결하려 한다. 하지만 남자아이와 동일한 지금까지의 과정은 상대적으로 짧고 일시적으로 경험하게 된다.

그러다 아버지의 존재를 인지하게 되고 성에 대한 구별 능력이 생기기 시작한다. 이 시기를 즈음하여 아버지와 비교해 볼 때 자신은 성기(남근)가 없다는 것을 알게 되며, 그 이유를 자신의 성기를 어머니가 태내(배 속)에서 이미 거세했다고 생각하고 미워하게 된다. 또한 이때 여자아이는 자신이 갖고 있지 않는 성기를 갖고 싶어 하는 **남근선망**(penis envy)을 가지게 되며 일시적으로 남자아이의 흉내를 많이 내게 되며 자신이 가지고 있지 않는 남근을 가진 아버지를 동경하고 사랑하게 된다. 그 결과 아버지를 사랑하고 어머니를 미워하는 이차적인 삼각관계를 형성하게 된다. 그 이후 여자아이는 아버지의 사랑을 차지하기 위해서 아버지가 사랑하고 있는 어머니의 모든 것을 모방하는 **동일시**(identification)를 시작하여 여자다움, 즉 성역할을 배운다.

(4) **잠재기**(latent stage : 6, 7~**사춘기**)

잠복기라고도 표현되며 그 이유는 이 시기에 성적 관심, 즉 libido적인 관심이 수면상태로 들어가 활동을 하지 않는다고 보았기 때문이다. 그러나 엄격히 말하면, 이 시기에 libido는 승화되어 무성(無性)적인 활동, 즉 지적(知的) 관심, 운동, 동성 간의 우정, 공부 등으로 표출된다.

그러면 지금까지 왕성하게 활동하던 libido가 왜 갑자기 잠재하게 된 것일까? 그 이유를 정신분석학에서는 지금까지 발달한 초자아가 더욱 강화되면서 도덕적 의식이 근친상간의 내용을 포함하는 외디푸스적 욕망을 제지시킨 것(Strachey, 1973)으로 설명하고 있다.

잠재기에는 성적 관심 또는 libido의 관심, 외디푸스 콤플렉스, 부모와의 삼각관계가 잠재되는 시기이며, 따라서 동성의 부모에 대한 동일시도 중단되는 시기라고 보아야 할 것이다. 그러므로 이 시기의 아이들은 동성의 또래 친구들과 어울리며 동성 간의 동일시, 자기주체성의 확립 등 사회화를 계속해 나간다.

(5) 성기기(genital stage : 사춘기 이후)

잠재기를 지내고 성기기 또는 **생식기기**라 불리는 시기에 들어서면 다시 성적 관심이나 libido적인 관심이 되살아난다. 그러나 이전까지의 이성의 부모에 대한 관심이 아니고 또래의 이성친구들에게 관심을 보이는 것이다. 그러나 사춘기 초기에는 잠시 동안이지만 누구나 동성의 친구에게 성적 관심을 보이는 **동성애**(homosexual)적 관심을 보이기도 하며, 이성에 관심을 보이지만 부모의 이미지를 쉽게 찾을 수 있는 연상의 이성을 사랑하기도 한다. 하지만 잠시일 뿐 다시 또래의 이성에게로 관심을 돌리게 된다. 이 시기가 사춘기에서 노인기에 이른다고 보았다. 또한 이 시기에는 남녀 모두에게 2차 성징이 나타나며 이전의 시기에 확립해 두었던 성적 주체성에 의해서 성인으로 성장하게 되는 것이다.

4) 방어기제

방어기제란 용어는 프로이드가 최초로 사용하였고, 그의 딸 Anna Freud가 체계적으로 정리하여 완성하였다. 인간은 신체적으로나 심리적으로 평정을 원하며 이 평정이 깨어졌을 때는 다시 평정을 되찾으려는 본능을 가지고 있다. 심리적으로도 인간은 평정이 깨어진 상태에서는 평정을 되찾으려는 심리적 작용, 즉 심리기제로서 평온함을 찾고 갈등이나 불안을 해결하려는 작용이 있고 이것을 방어기제라고 불렀다. 쉽게 말하면 방어기제란 인간 심리내부의 **평형**(형평, equilibrium)이 깨어졌을 때 개체보존을 위해서 다시 형평을 찾으려는 **항상성**(homeostasis)의 작용이라 할 수 있다.

또한 마음의 평정을 깨트리는 것들은 의식의 영역으로 올라오게 되면 불안을 야기하는 것으로서 주로 사회적, 도덕적으로 용납되지 못하는 원초아의 욕구나 욕망, 충동, 초자아의 압력, 과거의 기억이나 현실의 요구, 욕구불만,

내적 갈등, 죄책감 등 무의식 속에 억압되어 있던 받아들이기 어려운 충동 등이며, 이때 자아는 불안을 처리하여 마음의 평정을 회복시키려는 노력을 동원한다. 이것이 바로 **방어기제**이다(이형영, 1992).

따라서 방어기제는 갈등이나 불안을 처리하려는 자아의 노력이며 병리적이라기보다는 정상적인 반응이다. 또한 현실을 왜곡하는 측면도 있지만, 현실을 회피하는 삶의 양식이 되지 않는다면 적응상의 가치가 있는 것으로 볼 수 있다. 모든 과정을 자아가 주관하고 무의식의 영역에서 이루어지므로 본인은 인식하지 못한다. 또한 자동적으로 작동되며 한 번에 여러 가지의 방어기제가 동원되는 것이 대부분이다.

대표적인 방어기제는 다음과 같다.

(1) 억압(repression)

억압이란 현실세계에서 충족되기가 어렵거나 힘든 내용의 무의식의 본능이 의식화되는 것을 막기 위해서 더 깊은 무의식 속으로 눌러 버리는 것, 즉 **역부착**(counter-cathexis)하는 것을 말한다. 유의할 것은 일단 의식계로 올라온 본능의 내용을 무의식 속으로 눌러 버리는 **억제**(suppression)와는 달리 무의식적인 작업이기 때문에 자신이 그러한 본능을 가지고 있는지, 또 그 본능을 억압했는지를 본인조차도 모른다는 것이다.

(2) 취소(undoing)

자신의 언행을 무의식적으로 취소하려는 것을 말한다. 자신의 언행이 자신에게 불안감을 불러일으키기 때문이다. 예를 들어, 아주 바쁠 때 보채는 아이를 한 대 쥐어박은 어머니가 하던 일을 제쳐 두고 뛰어가 구석에서 서럽게 울고 있는 아이를 안아 주면서 "아가 내가 잘못했다! 울지 마."라고 말하며 달래주는 경우이다.

(3) 반동형성(reaction formation)

자신의 본래의 마음과는 반대되는 언행을 하여 자신의 본심을 숨기는 것을 말하며, 그 예로서 자기가 좋아하는 여학생을 애먹이거나 괴롭히는 경우를 들 수 있다.

(4) 상환(restitution)

잃어버린 대상을 대신할 만한 새로운 대상이 나타날 때까지 애처롭고 불쌍하게 동정심을 유발하며 살아가는 것을 말한다. 그 예로 상처(喪妻)한 남자가 홀아비 냄새를 풍기며 외롭고 쓸쓸하게 살아가는 경우가 이에 해당된다.

(5) 동일시(identification)

외부의 대상이 가지고 있는 어떤 점을 보고 흉내 내어, 내 것으로 만드는 것을 의미한다. 작은 개념으로써 **합일화**(incorporation), **함입**(introjection), **내면화**(내재화, internalization), **공감**(empathy), **동정**(sympathy) 등이 있다.

(6) 투사(projection)

자신이 가졌다고 인정하기에는 너무나 불안하기 때문에 상대방이 가졌다고 생각해 버리는 것을 의미한다. 또한 남의 탓을 하는 것을 말하기도 한다. 예로서 다른 이성에 대한 욕구가 강한 사람이 반대로 자신이 아닌 배우자가 바람을 피운다고 의심하는 의처증이나 자신의 실수를 인정치 않고 주위의 사람들을 비난하는 것 등이다.

(7) 전치(대치, displacement)

적절한 예로서 "종로에서 빰 맞고 한강에서 화풀이 한다."라는 우리 속담이 있다. 한 대상에게서 품었던 감정을 그 대상에게 풀었다가는 자신이 더 불안할 것이기 때문에 대상을 바꾸어 그 감정을 푸는 것을 말한다. 예를 들어, 아버지에게 혼이 난 뒤 동생을 쥐어박는 것이 좋은 예라고 할 수 있다.

(8) 대리형성(substitution)

'꿩 대신 닭'이란 속담이 좋은 예이다. 또 다른 예로서 오빠를 사랑하는 동생이 오빠와의 이루어질 수 없는 사랑 대신에 오빠와 가장 닮은 사람이나 오빠와 가장 친한 친구와 결혼한 경우를 들 수 있다.

(9) 부정(denial)

충격적인 무언가를 직면했을 때 "아니야!"하고 부정하는 것을 말한다. 예를 들어, 건강하게 잘 지내다 갑자기 배가 아파 병원에 갔더니 말기 암이며 1개월 정도밖에 살지 못한다는 말을 들으면, 모두가 아니라고 부정하게 된다.

(10) 합리화(rationalization)

이솝 우화의 '여우와 신포도'가 좋은 예이다. 자신의 못난 점을 인정하려니 불안하기 때문에 그 불안을 회피하기 위해서 자신도 모르게 변명 또는 거짓말을 하게 되는 경우를 말한다.

(11) 보상(compensation)

자신의 결점이나 열등한 부분을 다른 것으로 채우려는 것을 말한다. 나폴레옹 콤플렉스가 대표적인 예이며, 키가 작은 사람이 목소리가 크다는 것도 그 예이다.

(12) 유리(격리, isolation)

과거의 어떤 사건에 대한 모든 기억은 생생하나 그에 수반되었던 감정과 정서는 부분적으로 억압되어 있는 경우를 말한다. 그 예로 10년 전에 할아버지가 돌아가셨을 때 정말 슬프고 힘들었지만, 지금 와서 생각해 보면 모든 기억은 생생하나 그때만큼 슬프고 힘든 감정이나 정서가 강하게 생기지 않는다면 유리의 좋은 예일 것이다.

(13) 지성화(지식화, intellectualization)

모든 것을 아는 체하며 지적인 사람으로 보이려고 하는 경우를 말한다. 애인에게 바람맞고는 친구와 밤새 술을 마시며 "인생이 뭐냐?", "사랑이 뭐냐?" 하고 밤새 토론한다면 지성화의 예일 것이다.

(14) 퇴행(regression)

정상적인 발달단계를 거치다가 특정한 계기로 인해서 그 이전의 발달단계로 후퇴하는 것을 말한다. 착하고 똑똑하던 꼬마가 동생이 생기자 고집도 세어지고, 말도 안 하며, 대소변을 가리지 않는다면 퇴행이라 볼 수 있다.

(15) 해리(dissociation)

한 개체에 둘 이상의 인격체가 활동하는 것을 말하며 '지킬박사와 하이드'를 그 예로 들 수 있다. 또한 이러한 현상을 **이인화 현상**(depersonalization)이라고 한다.

(16) 승화(sublimation)

전치의 한 형태로 볼 수 있으며, 억압되어 있던 본능이 고도의 사회성・문화성・예술성을 지니고 표출되어 충족된다면, 승화라고 한다. 예로서 공격적인 본능을 격투기로 승화할 수 있을 것이다.

(17) **전이**(transference)

과거의 중요한 인물에게 품었던 감정을 현재의 다른 인물에게 투사시켜 내보인다면, 전이라고 한다. 특히 아버지에게 품었던 공격적인 본능을 현재의 사회복지사에게 나타내 보인다면 전이라 볼 수 있다. 반면, 클라이언트의 전이현상에 대해 사회복지사가 이성적으로 대처하지 못하고, 감정적으로 반응을 한다면, 예를 들어서 클라이언트가 아버지에게 품었던 공격적인 본능을 현재의 사회복지사에게 전이하는 장면에서 사회복지사 역시 공격적으로 반응을 한다면, **역전이**(counter transference)라고 한다.

(18) **증상형성**(symptom formation)

본능적 욕구가 좌절되면 불안이 생기고, 이러한 불안이 해소되지 않으면 방어기제를 동원하게 된다. 불안과 방어기제에 따라 다양한 증상이 형성된다. 증상형성은 다양한 종류의 비정상적인 언행, 신경증 또는 정신증을 선택함으로써 스트레스나 불안에 대항하려는 자아의 노력이다. 이 증상형성에는 일차적 이득과 이차적 이득이 따르기 때문에 가능한 것이다.

일차적 이득(primary gain)은 극적인 증상을 형성하여 내적 긴장을 풀고 불안을 초래한 갈등, 충동 또는 위협적 경험으로부터 해방되는 것을 말하며, **이차적 이득**(secondary gain)은 증상형성으로 주변 사람들의 관심을 끌고 자기의 욕구 성취에 유리하도록 혹은 체면을 회복하도록 주위 사람들을 조종하거나 불리한 상황을 피하는 계기가 되는 것을 말한다.

2. 실천목표와 과정

1) 실천목표

정신분석모델의 실천목표는 '무의식의 의식화'를 통한 **자기통찰**(self-insight) 즉, 클라이언트에게 행동의 패턴, 행동의 의미, 행동의 원인에 대하여 해석해 줌으로써, 과거의 경험에서 갖게 된 불안한 감정이나 무의식적 갈등을 의식화하여 이러한 것들이 어떻게 자신의 행동에 영향을 주고 있는지에 대한 통찰력을 갖도록 돕는 것이다.

정신분석모델은 클라이언트가 말을 하거나 **감정정화**(catharsis)나 통찰과 무의식적 자료를 **훈습**(working through)하는 것으로 이루어진다. 이러한 작업은 지적으로나 정서적으로 이해하고 재교육시켜서 성격 변화가 일어나게 한다.

2) 실천과정

사회복지실천에 있어서 정신분석모델의 실천과정을 4단계로 살펴보았다(장인협, 2005).

(1) 관계형성단계

본격적인 원조과정으로 들어가기 위해서 사회복지사와 클라이언트가 **Rapport(상호신뢰관계)**를 형성하는 시기이다. 원조과정의 초기에 발생하는 불안에 직면한 클라이언트에게 편안함을 제공하여 사회복지사와 원조에 대한 저항을 줄이고, 방어적이지 않게 만들어 주는 것이 중요하다.

(2) 동일시를 위한 자아구축 단계

클라이언트와 사회복지사 사이에 친밀한 관계가 형성되는 단계이다. 클라이언트는 사회복지사를 동일시하기 시작하여 사회복지사의 생각과 태도 중 많은 부분을 받아들이기도 하고, 자신의 갈등과 관련 있는 과거의 어떤 중요한 인물에 대한 정서적인 반응을 사회복지사에게 옮기게 되는 전이현상을 보이기도 한다. 이러한 동일시와 전이 등과 같은 심리기제들을 잘 분석·이해하여 클라이언트가 겪고 있는 갈등의 본질을 잘 파악하여야 한다. 또한 사회복지사는 클라이언트에게 현실감을 부여하여야 한다.

(3) 클라이언트가 독립된 자아정체감을 형성하도록 원조하는 단계

클라이언트가 자신의 문제에 대한 통찰이 깊어지는 단계로서, 사회복지사의 전문적인 원조를 받은 후에는 클라이언트가 독립된 하나의 인격체로서 세상을 향해 나아가야 하기 때문에 독립된 정체감을 확립하는 것이 필요하다. 그러나 그 과정이 어렵기 때문에 클라이언트가 퇴행을 나타낼 수도 있다. 이때 사회복지사는 강하고 공정하며 일관성 있는 부모의 모습으로 클라이언트가 독립된 인격체로 성장하는 도전을 이해하고 도와주어야 한다.

(4) 클라이언트의 자기이해를 원조하는 단계

클라이언트가 자신의 행동과 그 행동의 원인을 이해할 수 있도록 원조하는 단계로서 클라이언트의 무의식적 갈등과 미해결된 문제를 해결하는 단계이다. 사회복지사는 클라이언트가 자신의 방어기제에 대해 의식하며, 부적합한 정서적 행동에 빠지지 않으면서 좌절과 실패에 대응하는 방법을 찾을 수 있게 원조한다.

3. 실천기법

정신분석모델의 실천기법들은 자유연상과 저항에 대한 분석, 방어기제와 자아기능에 대한 이해, 꿈의 분석 등과 함께, 사회복지사와 클라이언트 간의 상호작용적인 관계에서 발생하는 전이의 분석, 해석, 직면, 훈습 등과 같은 기법들이 있다.

1) 자유연상(free association)과 저항(resistance)의 분석

정신분석모델은 무의식에 억압된 갈등이나 감정을 의식에 떠오르게 하는 방법을 기본적인 기법으로 사용한다. 그 중에서도 가장 대표적인 기법으로 자유연상이 있다. **자유연상**은 클라이언트를 **침상**(couch)에 편하게 눕게 한 다음, 의식에 떠오른 것은 무엇이든지 자유롭게 떠올리게 하고 그것을 숨김없이 말하도록 한다. 이때 클라이언트는 자기가 느끼고, 생각하고 있는 것을 꾸밈없이 말해야 함은 물론 이를 수치스럽게 생각하거나, 별로 도움이 되지 않을 것으로 생각하여 말할 내용을 취사선택해서도 안 된다. 이와 같은 자유연상을 통하여 무의식이 점차 의식세계로 떠오르게 되며 감정정화의 효과도 있다. 이때 클라이언트의 연상된 내용, 맥락, 어조, 흐름의 단절 등을 통해서 무의식의 내용과 소재를 분석하게 된다.

그러나 클라이언트의 자아는 무의식의 내용이 의식화되는 것에 대하여 불안을 느낄 수 있고, 이로 인해 억압이나 다른 자아방어기제를 사용하여 자유로운 연상을 방해할 수 있다. 이것을 저항이라 한다. **저항**은 억압되었던 무의식이 의식화하는 것을 주저하는 것이다. 무의식의 기억을 생각해 내는 것을 저지함으로써 치료 과정을 방해한다. 그래서 저항이 치료 과정을 방해하기 시작할 때는 분석하고 해석되어 해소되어야 한다. 일반적으로 저항은 클라이언트의 민감한 문제를 다루었다는 신호이므로 종종 긍정적으로 본다.

2) 꿈의 분석(dream analysis)

프로이드는 꿈의 내용이 종종 개인의 무의식과 관련된 일종의 단서들을 제공한다고 주장하고, 꿈의 3대 구성요소로서 **잠재몽**(latent dream)과 **현재몽**(manifest dream), **꿈의 작업**(dream work)을 들었다. **잠재몽**의 내용은 초자아의 기준에 맞지 않으며, 잠자는 사람을 깨우려고 위협하는 무의식적인 **관념**(thoughts)과 **소망**(wishes)을 말하며, **현재몽**은 잠재몽의 내용이 그대로 적나라하게 나타나면 괴로워지기 때문에 초자아의 검열을 받아 자아가 받아들일 수 있는 형태로 **상징화**(symbolization) 또는 변형시켜서 나타난 것을 말한다. 또한 잠재몽의 내용이 현재몽으로 전환되는 무의식적 정신작용(방어기제)을 **꿈의 작업**이라고 한다(Brenner, 1974). 따라서 **꿈의 분석**은 꿈의 작업과는 반대 방향으로 현재몽을 통해 잠재몽을 분석하는 것이다. 꿈의 분석에 있어서는 자유연상과 상징의 해석 등이 사용된다. 그러나 보편적 상징에 대한 분석보다는 자유연상을 토대로 분석하는 것이 꿈의 분석에 있어서는 더 중요하고 더 정확한 것으로 되어 있다. 즉, 자유연상으로부터 얻은 무의식의 갈등에 대한 지식 없이 꿈을 상징으로만 분석하는 것은 매우 위험하다는 것이다. 또한 꿈에 대한 분석도 클라이언트가 스스로 자신의 꿈을 분석하게 할 때 더욱 치료의 효과가 크다고 하였다.

프로이드는 자유연상이 어떤 저항에 부딪쳤을 때 꿈에 대해서 말하게 하여, 이를 분석하고 해석함으로써 자유연상을 돕게 된다는 점에서 꿈을 자유연상의 보조수단으로 삼았다. 이런 점에서 자유연상과 꿈의 분석은 무의식적인 일련의 소원, 욕구, 사고의 과정을 해명하는 데 있어서 기본적인 기법이다.

3) 전이의 분석

전이(transference)는 과거의 어떤 인물과 현재의 인물을 동일시하여 과거의 인물에게서 느꼈던 사랑이나 증오의 감정을 현재의 인물에게 전치하는 것을 말하며, 사회복지실천의 장면에서는 클라이언트가 과거의 중요한 인물에게서 느꼈던 감정을 현재의 사회복지사에게 전치하는 것을 말한다. 전이는 반복적이고 부적절하며, 무의식적으로 일어나고, 퇴행하는 특징을 갖고 있다. 클라이언트의 전이현상을 분석하고 해석함으로써 과거의 문제들을 이해하는 데 중요한 단서를 얻을 수 있고, 클라이언트의 과거 문제들을 해석해 줄 수 있게 된다. 또한 클라이언트가 자신의 기본적인 반응 형태를 통찰해 볼 수 있도록 돕고, 새로운 반응 형태를 학습할 수 있도록 돕는다.

4) 해석(interpretation)

클라이언트의 문제가 무엇인지 분명해지면, 해석 과정을 시작한다. **해석**을 통하여 클라이언트는 특정 생각, 행동, 소원의 무의식적 의미를 깨닫게 된다. 즉, 해석은 상담자가 자유연상, 꿈, 저항, 치료관계에서 나타나는 행동의 의미를 클라이언트에게 지적하고, 설명하며, 가르치는 것이다.

해석의 기능은 자아가 새로운 자료를 받아들이고, 더 많은 무의식 자료를 드러내도록 하는 것이다. 해석은 클라이언트가 깨닫지 못했던 것이 문제를 일으키고 있었다는 것을 인정하도록 하는, 즉 통찰력을 갖게 하는 효과가 있다.

5) 직면(confrontation)

클라이언트가 문제해결과정에 있어 저항과 비순응적인 태도를 보이거나, 클라이언트의 말과 행동 사이의 불일치나 모순이 있을 때, 그것을 직접적으로 지적하는 것(Cournoyer, 1996)으로서 클라이언트의 행동이 역기능적이 되거나 언어적 메시지와 비언어적 메시지가 일치하지 않을 때 사용한다. 이는 클라이언트가 특정 현상에 대해 주의를 기울이고 무엇을 회피하려 했는지를 인식하도록 하는 것을 의미한다.

6) 훈습(working through)

끊임없이 전이와 저항에 대한 분석과 해석을 해주어 클라이언트 자신에 대한 이해를 확대하고 반복함으로써 이해의 통합을 가져오게 하는 것이다. 한 번의 **통찰(insight)**만으로는 변화가 오지 않기 때문에 클라이언트 스스로 통찰할 수 있을 때까지 계속해야 한다. 훈습을 통해 클라이언트의 불안은 최소화되고 적합한 방법으로 자신의 문제를 이해할 수 있는 능력을 기르게 된다.

제6장 | 심리사회모델

정신역동학과 자아심리학, 생태체계이론, 역할이론, 의사소통이론 등 다양한 이론들을 사회복지실천에 적용한 **심리사회모델**(psycho-social model)은 Richmond의 연구에서 시작되어, Hamilton, Hollis 등에 의해 사회복지실천의 중요한 이론으로 체계화되었으며, 인간의 생리적·심리적 관점과 인간을 둘러싼 사회경제적 상황을 포함한 포괄적이고 전체적인 관점을 가지고 있다.

심리사회모델의 특성은 개인의 내적인 요인과 사회적 요인의 영향을 모두 중요시한다는 것이다. 따라서 클라이언트의 문제는 개인 내적인 심리적이고 생리적인 문제와 환경의 문제 또는 개인과 환경의 상호작용상의 문제로 보아야 한다. 인간의 문제를 심리적이고 사회적인 문제로 이해하면서 '**상황 속의 인간**(person in situation)'을 강조한다.

또한 클라이언트와 사회복지사의 관계를 중요하게 여기고, 관계를 형성하기 위해 클라이언트를 수용하고 개별화하며 '**클라이언트가 있는 곳에서 출발**(start where the client is)'하는 등의 실천원칙을 강조한다. 즉, 심리사회적 모델에서는 클라이언트가 자신의 행동과 감정에 대해 이해하고 통찰함으로써 자신의 문제를 해결하기 위한 능력을 고취하도록 원조하는 것을 강조한다.

하지만 심리사회모델의 주요 이론적 배경은 정신역동이론이며, 상황 속의 인간이라는 시각을 강조하는, 즉 **간접적인 실천**의 의미도 강조하지만 실천의 초점은 역시 **직접적인 실천**인 클라이언트의 심리 내적인 과정에 치중되어 있다는 한계가 있다(Woodrow, 1983).

1. 기본개념

심리사회모델의 목적은 개인을 사회에 잘 적응하게 하여, 그 결과 불만족스럽고 반항적인 개인들이 표현하는 사회적 위험을 제거하는 것이 아니라, 사회적 · 자연적 결핍과 불행에 맞서서 인간을 보호하려는 욕구에 대한 반응이다. 또한 심리사회모델의 기본적 가치는 수용과 자기결정이다.

Woods와 Robinson(1996)은 인간의 행동에 대해서 다음과 같은 기본 가정을 제시하고 있다. 첫째, 모든 인간의 근본은 선하다. 둘째, 인간의 행동은 단순히 이해될 수 있는 것이 아니며 예측 가능한 방법으로 영향을 받고 변화할 수 있다. 셋째, 인간의 현재 행동을 이해하기 위해서는 과거를 중요시한다. 따라서, 클라이언트의 문제나 상황을 이해하기 위해 클라이언트의 과거를 파악할 필요가 있다. 넷째, 인간의 무의식은 인간의 경험에 중요한 영향을 미치지만 행동을 결정짓는 유일한 요인은 아니다.

1) 수용

수용이란 사회복지사의 개인적인 선호도 여부에 상관없이 클라이언트에 대한 선의의 태도를 유지하는 것을 말하며, 원조 관계의 발전에 중요한 요소로서 사람들의 내적 감정이나 주관적 상태 속으로 들어가고 받아들이는 공감의 능력을 갖추어야 한다. 즉, 클라이언트에게 도움을 제공하기 위해서는 개인의 행동이나 상황에 대한 객관성, 관용 또는 지적인 이해를 뛰어넘어야 한다.

2) 자기지시/자기결정

자기지시와 자기결정은 스스로 선택할 권리 등의 개념으로써, 클라이언트 스스로 자신의 행동에 대한 결정을 내려야 하고, 사회복지사는 클라이언트의 자기결정을 최대한 존중해야 한다는 것이다. 따라서 사회복지사는 클라이언트를 책임지거나, 클라이언트의 선택을 직접적으로 제안하는 것이 아니라, 다양한 정보와 대안을 제공하고 생각을 분명히 할 수 있도록 하여 클라이언트의 자기결정을 도와야 한다.

그러나 클라이언트 자신이 결정을 내리고 자신의 삶에 주체적인 태도를 지닐 수 있으면 좋겠지만, 신체적 · 정신적 장애 또는 결정 선택의 폭이 제한되어 있는 등 클라이언트의 자기결정에는 많은 조건, 제약, 도덕적 딜레마가 뒤따른다.

따라서 클라이언트는 자기결정을 위한 다양한 정보가 필요하므로 사회복지사는 자기결정을 할 수 있는 클라이언트의 능력을 향상시키는 것이 중요하다.

3) 전문적인 관계형성

사회복지기관을 찾아온 클라이언트에게 그가 원하는 욕구가 무엇인지를 파악하기 위해서는 무엇보다도 클라이언트와의 **Rapport**를 성립해야 한다. 사회복지사와 클라이언트의 상호신뢰관계이자 긍정적인 전문적 관계인 Rapport는 사회복지사가 클라이언트에게 희망을 보여주고 전문적인 자신감을 전달할 수 있는 능력에서 시작된다.

Barker(1995)는 Rapport를 사회사업 면접에서 사회복지사와 클라이언트 사이에 상호이해와 일하는 관계를 허용하는 일관성 있고, 조화로운 공감적 상태로 정의하였다. 즉, 클라이언트가 자신의 두려움을 감소시키고, 사회복지사를 신뢰하며, 사회복지사가 진정으로 자신을 도우려는 사람임을 스스로 느낄 때, Rapport가 형성되는 것이다.

따라서 사회복지사가 공감, 긍정적인 고려, 개인적인 온화함, 진실성 등을 갖추어야 클라이언트가 심리적으로 안정되어 Rapport를 형성하게 되는 것이다(김형태, 2000).

2. 실천목표와 과정

1) 실천목표

심리사회적 모델에서는 클라이언트의 과거 경험이 현재의 심리적·사회적 기능에 영향을 미친다고 본다. 따라서 심리사회모델의 실천목표는 클라이언트가 경험한 과거의 사건이나 경험들 혹은 현재의 경험들과 관련된 심리 내적인 갈등과 어려움을 클라이언트가 스스로 이해하고 통찰할 수 있도록 원조하는 것이다.

또한 사회복지사가 클라이언트의 변화를 직접 이끌어가는 것이 아니라, 클라이언트 스스로가 자신과 환경을 변화시키는 노력을 하는 과정에 최대한 도움을 제공하고, 현실적 자원을 제공해 주는 것을 목표로 한다.

2) 실천과정

(1) 초기단계

초기단계 또는 **심리사회적 조사단계**에서는 클라이언트와 클라이언트의 상황에 대한 사실들을 관찰 및 조사하여 논리적으로 정리하는 과정인 심리사회적 조사가 강조된다. 심리사회적 조사에서는 클라이언트의 문제 상황, 그리고 그 문제 상황에 직접적으로 관여되어 있다고 생각되는 요소들과 관련된 사실들과 초기의 발달과정에 대한 정보, 원가족과 관련된 정보 등을 수집하는 과정으로서, 언어적인 정보 이외에 비언어적인 표현으로 이루어진 정보도 수집해야 한다. 클라이언트는 초기단계에서 자신의 문제에 대해 인식하게 되고 다시 생각해 보는 기회를 갖게 된다.

Hollis(1970)는 초기단계에서의 기본적인 과제로서 다음의 5가지를 제시하였다.

첫째, 클라이언트가 사회복지사와 왜 만나야 하는지를 이해하도록 돕는다.

둘째, 클라이언트가 사회복지사의 원조를 활용할 수 있도록 전문적인 관계를 확립한다.

셋째, 클라이언트를 원조과정에 참여시킨다.

넷째, **환기**(ventilation)와 지지를 제공하고 치료적 개입을 시작한다.

다섯째, 심리사회적 진단과 치료에 필요한 정보를 수집한다.

(2) 심리사회적 사정과 진단단계

심리사회적 사정은 심리사회 조사단계에서 수집된 정보에 대해 비판적으로 검토하는 것으로서 수집된 사실로부터 추론을 전개하는 과정이다. 따라서 심리사회적 **사정**(assessment)과 **진단**(diagnosis)단계에서는 상황 속의 클라이언트에 대한 사정평가를 한다. 즉, '클라이언트는 무엇을 알고 있는가?', '클라이언트는 어떠한 곤란을 느끼고 있는가?', '곤란한 이유는 무엇인가?', '어떠한 변화가 그의 곤란을 경감 내지 해소시킬 수 있는가?' 등을 이해하고 어떤 개입을 하는 것이 적합한가를 결정하기 위해 문제의 배경을 알고 적절한 자료 수집을 통해서 추론하는 노력을 하는 단계이다. 또한 이러한 사정 과정을 통해 사회복지사는 개인과 개인을 둘러싼 환경을 통합한 전체 틀 속에서 여러 체계들이 어떻게 상호작용하여 문제를 발생시켰는지 알아내야 한다.

초기의 심리사회모델을 **진단주의**라고 하는데, 이는 개별사회사업의 수행을 위해서는 진단이 기본이라고 보았기 때문이다(Hollis, 1970). 진단은 문제의 성격을 상세하고 엄밀하게 이해하기 위해 클라이언트와 상황의 복합체와 도움이 요청되는 문제에 대해서 비판적으로 검토하는 것이다. 클라이언트와 상황의 복합체는 클라이언트와 타인의 행동, 사회의 일반적 규범 등에 맞추어서 반복적으로 검토되어야 한다.

진단에는 다음 세 가지의 유형이 있다.

- **역동적 진단**–클라이언트가 충분히 기능하기 위해서는 그의 성격의 제 측면이 어떻게 상호작용하는가 하는 점에 초점을 맞춘 진단
- **원인론적 진단**–문제 요인이 현재의 상호작용 내에 있는지, 현재까지 영향을 미치는 과거의 사건에 있는지, 또는 클라이언트의 딜레마의 원인 속에 있는지를 찾아내는 것에 초점을 맞춘 진단
- **임상론적 진단**–클라이언트의 여러 가지 기능적 측면을 '분류하는' 노력을 하는 것 등에 초점을 맞춘 진단

또한 진단적 사정은 '문제가 무엇인가?', '문제의 유발요인은 무엇인가?', '변화되고 수정될 수 있는 것은 무엇인가?' 등의 의문에 대하여 인간–상황에 대해 알고 있는 것을 모두 종합하여 충분히 답을 찾으려 계속적으로 노력해야 한다.

(3) 실천단계

실천단계에서는 실천의 목표와 계획을 수립한다. 실천의 목표는 클라이언트가 스스로 이해하며 변화되기를 바라는 것과 사회복지사가 그것이 가능하며 도움이 된다고 생각하는 것, 사회복지사가 클라이언트를 위해서 활동할 수 있는 시간, 기관의 기능, 사회복지사의 능력 등으로부터 성립된다.

또한 사회복지사가 문제의 원인, 클라이언트가 가진 문제의 역동성, 수정 가능하다고 생각되는 사람과 상황의 상태 등, 제 측면을 이해하는 방법에 따라 구체화되며, 유동적인 것으로 생활의 과정이 변하거나 새로운 방법이 출현할 때에는 상황에 따라 변화하는 것이다.

실천의 과정에서는 사회복지사가 클라이언트의 심리 내적인 변화를 추구하는 **직접적인 실천**을 할 것인지, 클라이언트의 환경에 관련된 대인관계에 개입하거나 클라이언트와 사회환경의 변화를 추구하는 **간접적인 실천**을 할

것인지, 아니면 **통합적인 실천**을 할 것인지를 선택하여야 한다.

클라이언트의 정서적인 문제나 가족관계, 대인관계에서의 문제 등, **직접적인 실천**이 필요한 경우에는 개별면접, 집단면접, 합동면접 등의 실천방법들을 선택할 수 있고, 클라이언트의 사회환경에 개입해야 하는 **간접적인 실천**이 필요한 경우에는 사회복지사가 자원동원자, 자원개발자, 조정자, 옹호자 등의 다양한 역할을 할 수 있다.

(4) 종결단계

클라이언트의 문제 상황이 개선되어 개인 및 가족의 안녕 상태가 회복되고, 개인이나 가족의 사회적 기능이 회복되었으며, 대인관계가 향상되었거나, 실천의 목표가 어느 정도 달성되었다고 사회복지사와 클라이언트가 동의하게 되면 실천이 종료된다.

종결단계에는 지금까지 클라이언트와 사회복지사 사이에 형성된 관계의 단절로 발생할 수도 있는 정서적 충격, 즉 일종의 **분리불안**을 최소화할 수 있도록, 지금까지 형성된 관계 및 감정을 다루어주고 정리할 수 있도록 도와주는 등 모든 노력을 기울여야 한다.

또한 사회복지사 자신의 지식과 기술에 대한 객관적인 분석과 자기성찰 등이 필요하다. 종결 후에 일정기간 동안 **사후관리**(follow-up)를 통해 클라이언트의 적응상태를 점검하는 것도 좋은 방법이다.

3. 실천기법

심리사회모델에서의 실천기법은 클라이언트의 심리 내적인 변화를 추구하는 **직접적인 실천**기법과 클라이언트의 환경에 관련된 대인관계에 개입하거나 클라이언트와 사회환경의 변화를 추구하는 **간접적인 실천**기법으로 나누어서 살펴보았다(Hollis, 1970).

1) 직접적 실천기법

(1) 지지하기(sustainment)－클라이언트의 감정과 행동을 지지하기

- **목표**－클라이언트의 불안을 감소시키고 동기화를 촉진시켜 원조 관계를 수립한다.
- **내용**－사회복지사는 클라이언트를 수용하고 원조하고자 하는 의사를 표현한다. 그리고 문제해결 능력에 대해 확신을 표현해서 클라이언트가 갖고 있는 불안을 줄이고 자기 존중감을 증진시킨다. 지지는 언어적・비언어적인 의사소통으로 전달할 수 있다.
- **기법**－경청, 수용, 격려, 불안이나 죄책감에 대한 **재보증**(reassurance), 신뢰감의 표현, 선물주기 등이 있다.

(2) 직접적인 영향(direct influence) 주기－문제를 해결하기 위해 직접 영향을 주기

- **목표**－클라이언트의 사회생활기능에 있어 장애가 되는 요인을 제거한다.
- **내용**－클라이언트의 동기 및 행동을 강화하기 위해 사회복지사의 의사를 관철하면서, 클라이언트의 욕구에 따라 조언하거나 제안한다. 직접적인 조언과 옹호적인 행동은 클라이언트와 강한 신뢰관계가 수립되었을 때, 클라이언트에 대해 충분한 지식을 가지고 있을 때 사용한다.
- **기법**－클라이언트 자신의 제안을 격려하고 강화하기, 현실적인 제한을 설정하기, 직접적인 조언하기, 옹호적인 행동하기 등이 있다.

(3) 탐색(exploration)－기술(description)－환기(ventilation)－클라이언트가 자신의 감정을 탐색하고 기술할 수 있도록 도와주고, 환기법 사용하기

- **목표**－진단적인 이해와 함께 환기법을 사용하여 긴장완화를 시도한다.
- **내용**－클라이언트가 자신과 주변 환경과의 상호작용에 대한 사실과 그와 관련된 감정을 표출하여 감정정화를 경험하고 긴장이 완화되도록 도와주는 기법이다. 즉, 단순히 클라이언트 자신이 보는 그대로의 사실을 제공하게 하는 것이다. **환기**는 사실과 관련된 감정을 끌어내어 표출하게 하는 것, 즉 클라이언트가 **감정정화**(catharsis)를 할 수 있도록 도와주는 것이다. 클라이언트는 이러한 과정에서 자연히 자신의 감정을 표현하게 되는 환기를 경험하는 것만으로도 문제를 해결하는 경우도 있다. 탐색－기술－환기는 병행되어야 하며 사회복지사는 탐색－기술 과정에서 드러나지 않고 있는 감정에 대해 민감해야 한다.
- **기법**－하나의 주제로 초점 맞추기, 세분화하기, 화제 전환하기 등이 있다.

(4) 개인－상황과의 관계에 관한 반영하기－클라이언트를 상황 속의 인간이라는 관점에서 반영하기

- **목표**－문제를 더 잘 이해하기 위해 또는 행동에 변화를 초래하기 위해 클라이언트가 잘못 이해하고 있는 내용들을 현실적으로 파악하게 한다.
- **내용**－클라이언트를 둘러싼 현재 혹은 최근 사건에 대해 반영을 하는 것으로 심리사회모델의 핵심 기법이다. 사회복지사가 클라이언트를 도와 클라이언트 자신의 상황과 그 속에서 자신의 위치나 기능, 상황 속에서 경험한 생각이나 느낌, 감정 등에 관해 더 잘 이해할 수 있도록 해준다. 반영은 다른 사람, 건강, 상황, 사건 등에 대한 클라이언트의 지각방식을 알아보는 외부반영과 클라이언트 자신의 행위나 자신 또는 타인

에게 어떤 영향을 주는가를 생각해 보게 하는 내부반영, 자신의 행동이 자신 또는 타인에게 어떤 영향을 주는가를 생각해 보게 하는 중간정도의 반영으로 나누어 볼 수 있다.

- **기법**–논리적 토의 및 추론, 설명, 일반화, 행동시연, 역할극, 강화, 명확화, 직면, 요약, 옹호, 교육 등이 있다.

(5) 유형–역동성에 대한 반영–클라이언트의 성격과 행동, 심리 내적 역동에 대해 반영하기

- **목표**–변화의 동기를 촉진시키면서 자신의 성격유형, 특징, 행동유형, 방어기제, 초자아와 자아의 기능수행 정도 등 심리 내적 역동에 대해 이해하도록 한다.
- **내용**–지금까지 서술한 모든 기법과 함께 사용한다. 클라이언트의 행동경향, 클라이언트로 하여금 어떤 특정 행위에 이르게끔 하는 생각이나 감정의 유형, 또는 사건에 대한 생각들을 클라이언트 스스로 찾아낼 수 있도록 도와주는 기법이다.
- **기법**–해석, 통찰의 개발 등이 있다.

(6) 발달적 반영–클라이언트의 사회적 기능 수행에 영향을 주는 과거와 현재의 경험을 반영하기

- **목표**–변화를 위해 유년기의 문제와 현재 행동과의 인과관계를 클라이언트에게 자각하게 한다.
- **내용**–클라이언트의 현재의 성격이나 기능에 영향을 미친다고 생각되는 원가족의 경험 또는 유아기 때의 경험에 대해 생각해 보도록 하는 기법이다. 유년기의 문제와 현재 행동 간의 인과관계를 클라이언트가 깨닫게 함으로써 변화를 유도한다.

- **기법** – 해석, 통찰의 개발, 논리적 토의 및 추론, 설명, 일반화, 행동시연, 역할극, 강화, 명확화, 옹호, 직면, 요약, 교육 등이 있다.

2) 간접적 실천기법 – 환경을 조정하기

- **목표** – 클라이언트를 둘러싼 사회환경에 관련된 문제를 해결한다.
- **내용** – 클라이언트의 대인관계에 개입하거나 사회환경적인 변화를 추구하는 활동이다. 클라이언트가 필요로 하는 자원을 발굴하여 제공함으로써 클라이언트에 대한 옹호 및 중재 활동을 한다. 또한 클라이언트 스스로가 주변을 변화시킬 수 있도록 원조한다. 클라이언트의 문제해결과정에서 주변의 사회환경 자원을 최대한 활용하기 위해서 사회복지사는 기관의 정책, 기관이 갖고 있는 자원, 기관의 권력 구조, 타 전문직의 문화 또는 분위기 등에 대해 이해하고 있어야 한다. 또한 기관의 직원과도 지속적인 협력 관계를 유지해야 한다.

  간접적인 실천에 있어 사회복지사의 역할과 관련하여 강조되어야 할 두 가지 중요한 사항으로서 클라이언트의 신상에 대한 비밀보장과 클라이언트의 자기결정과 그에 따른 클라이언트의 책임성을 들 수 있다.
- **기법** – 심리사회모델은 개인의 정신 내적인 요인들에 초점을 맞추던 정신역동모델과는 달리 환경적인 요인들을 강조하기 시작했다는 점에서는 큰 의미가 있으나, 정신분석학이나 정신역동모델을 크게 벗어나지는 못했다는 한계도 있다. 따라서 심리사회모델에서는 환경의 변화나 조정을 목적으로 직접적 실천기법들이 활용되었다.

제7장 | 행동수정모델

행동수정모델(behavior modification model)은 현재 클라이언트의 문제행동을 변화시켜서 부정적인 행동은 감소·제거하고, 긍정적인 행동을 학습하고 유지하게 하려는 것이다. 행동주의자들은 인간의 문제를 정신내적과정, 인지, 의지, 동기와 같이 추상적인 개념들에 의해서가 아니라 눈으로 관찰할 수 있는 행동을 통해 해결해야 한다고 생각한다.

또한 행동변화의 핵심은 의지의 문제가 아니라 기술의 문제라고 보았다. 왜냐하면 기술은 학습 가능한 것이기 때문인데, 관찰 가능한 행동에 초점을 두고 행동을 자극과 반응이라는 도식에 의해 **선행조건-행동-결과의 관계**(Antecedent-Behavior-Consequence, A-B-C **관계**)로 이해하며 특정의 구체적인 문제행동에 초점을 둔다.

따라서 행동수정모델에서는 구체적이고 정확한 문제의 규정, 변화목표, 실천과정이 강조된다. 이런 구체성과 정확성, 관찰 가능한 것에 대한 강조는 사회복지사와 클라이언트 간의 이해를 도울 뿐만 아니라 실천에 대한 연구와 평가, 책무성을 증진하는 데에 기여한다.

1. 기본개념

행동수정모델의 초기에는 인간을 기계론적 입장으로 자극에 반응하는, 즉 환경에 수동적으로 반응하는 유기체로 보았다. 그러나 최근에는 인간이 환경을 만들기도 하고 동시에 환경의 영향을 받기도 한다는 인간의 능동적인 면도 인정한다. 또한 행동수정모델은 모든 자발적 행동이 호의적이거나 비호의적인 결과를 제공하는 환경에 근거하여 일어난다고 본다. 따라서 모든 행동들을 조작적 행동이라고 하며 거의 모든 클라이언트의 문제에 결정적인 조작적 요소가 관여되어 있는 것으로 보고 있다. 행동수정모델의 가장 큰 특징은 체계적이고 구조화된 접근과 인간 행동에 대한 과학적인 근거에 기초한다는 것이다.

사회복지실천에서 사용되는 행동수정모델은 Bandura(1977)에 의해 발전된 **사회학습이론**에서 발전된 것이며, 그는 행동수정의 기본원칙으로써 첫째, 정상적이든 비정상적이든 행동은 모두 같은 원칙하에 발달된다는 것이고, 둘째, 모든 행동은 학습 원리에 의해 수정되거나 변화될 수 있다고 하였다. 이러한 Bandura의 행동주의적 시각에서 본다면 클라이언트의 행동은 조작적 요인과 생물학적 요인 그리고 환경적 자극에 대한 반응적 요인의 세 가지 요인들이 상호작용한 결과인 것이다.

행동수정모델에서는 인간의 행동은 **학습이론**에 의해 형성된다고 보았으며, 학습을 과거경험의 결과로서 일어나는 행동의 비교적 영구적인 변화로 정의하였다(Jehu, 1967).

1) **고전적**(반응적) **조건**

고전적 조건이란, **무조건 반응**(unconditioned response)과 **연관**(contiguity)으로 이루어지며, 무조건적인 반응은 **자극**(stimulus)에 대한 선천적인 **반응**(response)이며, 연관은 두 가지 대상이 비슷한 시간과 장소에서 발생했을 때 동시에 학습되는 것을 말한다. 고전적 조건에 의해 학습된 **반응적 행동**(respondent behavior)은 선행자극에 대한 반응으로서 나타난 행동이다. 이런 경우 자극은 반응을 일으킨다는 것(S → R)이다.

Pavlov의 실험은 개의 타액반응을 조건화한 것이다. 일상적으로 개에게 '음식'이라는 자극을 주면 타액을 분비한다. 여기서 타액 분비는 **무조건 반응**이고, 음식은 **무조건 자극**(unconditioned stimulus)이다. Pavlov의 실험은 벨이 울리고 음식물이 제공되는 것이었다. 이 두 가지 과정이 연관되어 수차례 반복되어 학습이 이루어지고, 개는 음식물이 제공되지 않아도 타액을 분비하게 되었다. 여기서 벨은 **조건 자극**(conditioned stimulus)이고 타액 분비는 **조건 반응**(conditioned response)이다. 또한 벨이 울리면 타액 분비가 되는 것도 **연관**이다. 또한 일정기간 지속적으로 음식을 제공하지 않은 채 종소리만 계속 들려주면 침을 흘리는 반응이 더 이상 나타나지 않는다는 것을 관찰하였으며, 이를 **소거**(extinction)라 하였다. 반응적 행동 자체 혹은 행동의 강도, 속도 등은 자극의 영향을 받는다.

2) **조작적**(도구적) **조건**

Skinner는 선행사건 상황에서 행동이 발생하고 행동의 결과에 영향을 미치며, 결과는 다음의 유사상황에서 행동의 비율, 빈도, 형태 등을 결정하는 데 영향을 미친다고 보았다. 이때 행동은 결과를 조작한다. 즉, 결과에 영향을 미친다는 의미에서 **조작적 행동**(operant behavior)이라 하며, 선행사건－행동－결과(A → B → C)를 강화라 한다.

조작적 조건에는 **강화**(reinforcement)와 **강화스케줄**(reinforcement schedule)의 두 기법이 있다. 행동은 칭찬, 보상과 같은 강화와 함께 반복되면 습관으로 남게 된다. 또한 이것은 **행동성형**(shaping)의 시작이기도 하다.

조작적 조건의 한계는 일률적으로 조건화할 수 없는 보상과 반응을 말한다. 예를 들어, 대부분의 아이들에게는 사탕이 훌륭한 강화가 되어 행동의 변화를 유발할 수 있으나, 정도의 차이가 있고 객관적이지 못하다. 즉, 개인의 사회적 · 문화적 가치와 행동유형에 따라 반응이 다를 수도 있다는 것이다.

(1) 강화

강화는 다음과 같이 네 가지로 구분되며(Thyer & Myers, 1997), 강화에서 행동은 강화물 혹은 자극을 제공하는 사람의 의도가 아닌 효과에 의해 결정된다.

- **정적 강화**(positive reinforcement)－긍정적인 행동을 했을 때, 칭찬, 용돈 등과 같은 보상을 제시함으로써 긍정적 행동의 발생 가능성을 더욱 더 증대시키는 것
- **부적 강화**(negative reinforcement)－긍정적인 행동을 했을 때, 숙제, 청소 등과 같은 벌을 철회함으로써 긍정적 행동의 발생 가능성을 더욱 더 증대시키는 것
- **정적 처벌**(positive punishment)－부정적인 행동을 했을 때, 꾸지람, 체벌 등과 같은 처벌을 제시하여 부정적 행동의 발생 가능성을 더욱 더 감소시키는 것
- **부적 처벌**(negative punishment)－부정적인 행동을 했을 때, 관심, 상여금 등과 같은 보상을 철회함으로써 부정적 행동의 발생 가능성을 더욱 더 감소키는 것

(2) 강화스케줄

강화스케줄이란 강화가 전달되는 조건, 규칙을 말하며, 행동에 따라 결과가 뒤따르는 **연속적 계획**과 행동의 비율이나 행동 간의 간격이 어느 정도 되었을 때 결과가 뒤따르는 **간헐적 계획**이 있다. 간헐적 계획은 결과가 뒤따르는 비율 혹은 간격이 일정한 **고정비율계획**(**고정간격계획**)과 결과가 뒤따르는 비율 혹은 간격이 일정하지 않고 변동적인 **변동비율계획**(**변동간격계획**)으로 나뉜다. 연속적 강화로 유지된 행동이 강화물이 더 이상 제시되지 않을 때에는 특히 변동비율계획적인 강화에 의해 형성·유지된 행동보다 빨리 소거된다. 따라서 행동을 학습하기 위해서는 연속적 혹은 고정적으로 일정기간 동

안 강화가 제시되어야 한다(김혜란 외, 2006).

3) 대리적 조건, 모방 또는 관찰적 학습

인간은 자신이 직접 경험하지 않더라도 행동을 학습할 수 있는데, 이런 행동을 **대리적 행동**(vicarious behavior)이라 한다. 즉, 인간은 다른 사람들의 행동을 따라할 수 있고, 다른 사람들의 행동에 따른 결과를 관찰함으로써, 즉 그 타인이 상을 받느냐 벌을 받느냐에 따라서 자신의 행동이 강화될 수도 있고 금기될 수도 있는 것이다. 또한 학습과 수행을 구분하였는데, 학습은 대리적으로 일어날 수 있으나 학습된 행동의 수행은 강화에 의해 결정된다고 보았다. 모델링, 역할연습, 행동시연, 강화, 코칭, 문제해결기술에 대한 교육, 숙제부여 등 다양한 기법들이 실천의 현장에서 활용되고 있다.

2. 실천목표와 과정

1) 실천목표

행동수정모델은 부정적인 행동을 포함한 모든 행동은 학습된다고 가정하기 때문에, 새로운 행동을 학습하기 위한 새로운 조건들을 제공하고 새로운 행동을 학습하도록 클라이언트를 원조하는 것이 실천의 목표가 된다.

Krumboltz와 Thoresen(cited in Huber & Millan, 1972)은 행동수정모델에서의 기본적인 실천의 목표를 다음과 같이 설정하였다.

첫째, 클라이언트가 원하는 목표라야 한다.

둘째, 클라이언트가 목표를 달성할 수 있도록 도와야 한다.

셋째, 달성한 목표는 평가가 가능해야 한다.

또한 몇 가지 세부적인 목표를 제시하면, 첫째, 클라이언트가 자신의 생각과 요구들을 더 강하게 주장하고 표현할 수 있도록 돕는 것, 둘째, 비현실적인 공포들을 제거하도록 클라이언트를 돕는 것, 셋째, 클라이언트가 인생의 중요한 결정을 내리는 데 방해가 되는 내적인 갈등을 해소시켜주는 것 등이다.

2) 실천과정

행동수정모델의 실천과정도 클라이언트의 문제와 사회복지사의 접근 방법에 따라 다양하다. 여기서는 초기단계, 개입단계, 종결단계로 살펴보았다(엄명용 외, 2000).

(1) 초기단계

① 문제규정

클라이언트의 문제를 일단 관찰 가능한 구체적인 행동으로 표현하고, 이 행동을 조작적 행동의 원칙에 따라 행동이 일어나기 전에 전개된 선행자극과 행동, 그리고 행동의 결과로 나누어 그 관계를 분석하게 된다. 문제행동이 추상적으로 표현되어서는 곤란하고 구체적이며 확인이 가능한 언어로 표현되어야 한다. 이때 문제행동이 반드시 행동이어야만 하는 것은 아니다. 문제행동은 고치고 싶은 정서적 반응이나 사고가 될 수도 있기 때문이다.

② 기초선 자료수집

개입 이전의 문제행동의 수준을 알지 못하면 실천의 효과를 측정하기 어려우므로 반드시 정확한 기초선 자료를 수집할 필요가 있으며, 기초선 자료수집은 최소한 행동의 명확한 유형을 관찰할 수 있을 정도여야 한다. 수집된 자료는 대개 선행조건과 후속결과, 즉 A-B-C 관계로 표현하고 정확하게 수집된 기초선은 문제를 규정하고 A-B-C 관계를 사정할 수 있게 해 주며 어떻게 문제에 접근할 것인가를 보여 줄 수 있다.

③ 사정과 목적설정

기초선이 확보되면 분석을 통해 표적문제와 문제의 발생 유형을 파악해야 한다. 사회복지사는 클라이언트 스스로 자기 문제의 발생 유형을 이해할 수 있도록 도와주고 이를 선행조건과 후속결과의 형태로 나누어 볼 수 있도록 도와준다. 이 과정을 통해 사회복지사와 클라이언트는 표적문제를 확실히 하고 해결의 우선순위를 정한 후 목표를 명확히 한다.

④ 실천계획 수립

문제의 우선순위가 정해지면 표적문제의 발생 전후 관계를 분석한다. 행동수정모델을 적용할 때 중요한 것은 선행조건–행동–후속결과의 세 가지 영역 모두를 고려한 변화 계획을 수립해야 한다는 것이다. 실천계획 수립 시, 유의할 것은 행동수정의 목적이 "바람직하지 못한 행동을 감소시키거나 소거"하는 목표만이 아닌 "바람직한 행동의 발달"이 병행될 때 효과가 있다는 것이다.

⑤ 계약

사회복지사와 클라이언트의 계약은 표적문제, 장·단기 목표, 실천계획, 사회복지사와 클라이언트 각자의 역할, 기간, 장소, 참여자 등이 명시되어야 한다. 사회복지사는 클라이언트의 동기와 변화할 수 있는 능력을 사정하고 클라이언트가 제안된 변화를 기꺼이 시행하게 하는 변화의 힘이 무엇인지, 그리고 이를 약화시키는 저항의 힘은 어떤 것인지를 사정해야 한다. 사회복지사는 변화매개자로서 클라이언트가 적절한 변화목표를 선택하도록 돕고 적절한 역할을 선택하여 변화의 단계를 인식하도록 이끌어야 한다.

(2) 실천단계

실천계획을 실행하고 수행 여부를 점검하며 수정하는 과정으로 구체적 실천과정 A-B-C 관계로 나누어 적용되는 행동수정기술들을 살펴보면 다음과 같다.

① 선행조건에 대한 실천

선행조건 영역의 실천을 분류하면 실천 목적이 바람직하지 못한 행동의 감소 또는 제거일 때, 또는 기초선 자료에서 문제행동의 선행조건이 되는 상황을 변화시킴으로써 행동의 변화를 가져오기 위해서 사용하는 선행조건의 통제와 실천 목적이 바람직한 행동을 증가시키는 새로운 선행조건의 개발이 있다.

② 행동영역의 실천

어떤 행동의 변화를 계획하고 있을 때에는 바람직하지 않은 행동을 단순히 억압하기보다는 새로운 대체행동을 발달시키는 것이 더 효과적이지만, 이는 쉬운 것이 아니므로 사회복지사는 기술적인 관점에서 문제를 해결하려 노력해야 한다. 새로운 행동을 발달시키는 기술로는 긍정적 강화, 대체행동의 사용, 리허설, 모델링, 행동성형 등이 있다.

③ 후속결과에 대한 개입

행동수정에서 후속결과는 행동의 결과에 따라 그 행동이 지속될 것인지 중단될 것인지를 결정하는 중요한 요인이 된다. 그러므로 후속결과에 대한 개입은 바람직하지 못한 행동을 제거하는 것이 목적인지, 바람직한 행동을 증가시키는 것이 목적인지에 따라 나뉜다. 물론 어떤 때는 이 두 가지가 동시에 진행되기도 한다.

문제행동을 제거할 때에는 소거, 처벌 등의 기술이 사용되며, 바람직한 행동을 발달시키고자 할 때, 또는 바람직한 행동을 발달시키기 위해 후속결과를 변화시키고자 할 때 사용되는 기술은 긍정적 강화물을 일관되게 사용하는 것이다.

(3) 종결단계

우선 종결이 다가오면 종결을 예고하고, 초기단계에서 작성한 계약을 기준으로 그 동안의 진전과정을 클라이언트와 함께 평가한다. 계약상에 드러난 목적과 관련하여 성취 정도를 평가하고 얻어진 결과를 점검한다. 목적달성에 어려움이 있었거나 미진했다면 그 원인을 분석하고 필요한 과정을 논의한다. 종결의 결정이 내려지면 일정기간 사후관리(follow-up)를 통하여 행동의 변화가 계속되었는지를 점검한다.

3. 실천기법

1) 강화(reinforcement)

행동수정의 가장 고전적인 기술이면서 강한 기술이다. 긍정적 강화란 바람직한 행동을 할 때마다 보상을 함으로써 그 행동이 더 자주 일어나도록 하는 것이다. 그 예로서, 행동변화의 원칙과 관련된 교과 과정에서 학생들은 교실에서 교수의 행동을 제한하려고, 교실의 오른쪽 구석에서 교수가 강의를 할 때 흥미와 열중을 나타내 보이고, 그가 왼쪽으로 옮기면 냉담해하고 지루함을 나타내 보였다. 학생들의 관심이라는 보상을 받은 교수는 결국 오른쪽 구석에만 머무르게 되었다. 이 예에서 교수의 행동은 학생들의 반응(보상)에 응답한 것이며, 만약 교수가 학생들의 관심이라는 반응을 무시하였다면 학생들은 또 다른 보상조작을 찾았을 것이다.

2) 소거(extinction)

근절, 단절이라고도 하며, 어떤 행동에 대해 더 이상 강화를 해 주지 않음으로써 그 행동의 발생을 약화하는 기술이다. 예로서, 잠들기 전에 아주 심한 울화를 나타내는 21개월 된 소년이 있었다. 이 소년은 잠자기 전, 침대에 들어가면 고함지르고 야단법석을 떨었으며, 부모는 보통 1시간 30분에서 2시간 정도 아이가 잠들 때까지 침대 곁에서 지켜보아야 했다. 이 소년이 이런 행동을 계속하는 이유가 침대 옆에서의 부모들의 관심 때문이라고 결론 내린 뒤에 소거법을 결정했다.

치료 프로그램은 확고한 강화에 의해 행동이 계속되는 것이라는 조사결과에 의한 것이며 갑자기 끊어버림으로써 행동을 변화시키려는 것이다. 이렇게 결정 내리자 즐겁고 편안한 마음으로 침대로 가게하고, 일상적인 즐거움이 따른 뒤에 부모들은 문을 닫고 나가버렸다. 첫날은 45분 동안 고함을 질렀으며, 둘째 날은 소란을 피우지 않았고, 셋째 날은 10분 동안 고함을 질렀고, 넷째 날은 6분, 다섯째 날은 3분, 여섯째 날은 2분, 그리고 결국에는 소리를 지르지 않게 되었다. 계속해서 아이의 다른 측면 또는 이후의 영향에 대해서 살폈으나 소년은 친근해지고 표현적이며, 적극적인 성격을 갖게 되었다.

이 기법은 치료적 금기라고 불리는 기법으로써, 클라이언트의 부정적인 행동이 신체적 질병에 의한 것이거나, 공격적 성향이 있어 자해 등의 위험이 있다면 사용해서는 안 되는 기법이다.

3) 역조건화(counter conditioning)

역조건화는 치료적 금기로 불리는 기법이다. 이 기법은 상반되는 조건을 제공하고 체계적 둔감법이 수반되면서 클라이언트가 이겨낼 수 있도록 하는 것이다. 그 예로서는 토끼, 쥐 그리고 털(모피)이 있는 대상물에 대한 공포의 고전적 치료법의 예로서 Peter라는 3세 된 소년의 경우이다. 상반된 조건하에서 그에게 음식을 먹였다. 그러나 그는 토끼가 가까이 있자 공포심을 이기지 못해 도망가는 것조차 잊어버렸다. 이 어려움을 이겨내자 그는 음식을 먹을 수 있었다. 방의 한구석에 우리 속에 넣은 토끼를 놓아두었다. 세션이 진행될수록 안정을 찾았으며 우리에서 나와 그에게 다가와도 편안했다. 결국에는 토끼를 그의 무릎에 올려놓고, 토끼가 그의 손가락을 조금씩 깨물어도 기쁘기만 했다.

4) **행동성형**(행동형성, 순응, shaping)

Shaping은 '적응하게 하다'의 뜻을 가지고 있으며, 최종적인 목표행동에 도달하기 위해 점진적으로 이를 진행하는 것으로 익숙하지 않은 새로운 행동을 클라이언트에게 처음에는 행동의 일부분만을 수행하도록 하고 차차 그 범위를 넓혀가는, 즉 바람직한 행동을 여러 단계로 나누어 강화시킴으로써 점진적으로 바람직한 행동에 접근하도록 유도하는 방법이다. 이때 클라이언트가 동기를 상실하지 않도록 해야 한다. 유의해야 할 원칙은 첫째, 목표를 현재 클라이언트가 위치한 수준보다 조금 낮은 수준에서 설정하고, 둘째, 단계적으로 목표를 높여 나갈 때, 클라이언트가 위압되지 않도록 간격을 좁게 잡아야 한다는 것이다.

5) **체계적 둔감법**(탈감법, systematic desensitization)

이 기법은 Wolpe(1969)가 발전시킨 것으로 이완요법을 포함하는 개념이다. 모든 신경증적 행동은 불안의 표현이고 불안의 반응은 원래의 불안에 대치되는 반응을 발견해냄으로써 제거될 수 있다고 한다. 주로 공포증의 치료에 뛰어난 효과를 보인다.

그 과정을 간단하게 요약하면 다음과 같다. 첫째, 불안을 야기하는 상황을 구체적으로 계층화시켜 위계목록을 작성한다. 둘째, 근육이완훈련을 받는다. 물론 사회복지사는 이완훈련이 이 치료기법에 어떻게 활용되는가를 설명해 준다. 클라이언트는 사회복지사의 지시에 따라 안면근육의 이완에 강조를 두고 먼저 팔 근육, 머리, 목과 어깨, 등, 배, 가슴, 다리 근육의 순으로 이완해 나간다. 그리고 가장 편안하고 불안이 없는 장면을 상상하도록 하여 심리적인 평안의 상태를 이루도록 한다. 셋째, 클라이언트가 이완을 통해 완전히 평온한 상태에 들어간 후, 최초 또는 최소의 불안을 일으키는 장면을 상상하여 그 상황 속에서 자신이 유능하게 극복하도록 유도한다. 이렇게 하여 불안이 극복되면 더 높은 수준의 불안 장면으로 점차 높여 나가고, 최고의 불안장면까지 극복하게 되면, 실제 상황에 적용시켜, 결국 불안을 완전히 이겨내게 된다.

6) 주장훈련(assertive training)

사회기술훈련의 한 형태로 특히 대인관계에 어려움이 있거나, 옳고 그름의 판단에 어려움이 있는 사람, 불쾌한 감정이나 분노를 제대로 표현하지 못하는 사람, 거절을 잘 하지 못하는 사람, 애정이나 호감을 잘 표현하지 못하는 사람들에게 치료의 효과가 있다. 표현훈련이라고도 하는 이 기법은 사회복지사와 클라이언트가 문제가 되는 상황을 설정하고 서로 역할을 바꾸어 가며 자유롭게 자신의 감정과 의사를 표현하는 역할행동의 연습을 통해 이루어진다. 상대방의 입장에서 느낀 것을 서로 이야기하면서 클라이언트가 더 효과적으로 자기표현을 할 수 있도록 지도한다. 이 훈련을 집단상담 프로그램으로도 많이 실시하고 있다.

7) 혐오치료(aversion therapy)

특수한 행동의 불안을 제거하는 데 널리 이용되어 온 기법으로서 바람직하지 못한 행동이 없어질 때까지 고통스런 자극을 연관시켜 치료에 이르는 것이다. 대표적으로 전기 쇼크 혹은 구토를 일으키는 것 등이다. 이 기법은 혐오자극으로 문제행동을 '처벌'하면서, 동시에 문제행동을 대체할 수 있는 바람직한 다른 행동을 제시하고 강화해 줄 때 더욱 효과적이다. 혐오치료는 알코올중독이나 약물중독, 흡연, 강박증, 성도착증(性倒錯症), 도박 등에도 적용할 수 있다. 예를 들어, 알코올중독의 경우 구토제가 섞인 술을 마시게 하여 술병만 보아도 진저리가 나도록 하는 것이다.

8) 토큰경제(token economy)

토큰경제는 칭찬, 인정 등과 같은 무형의 강화물들이 효력이 없을 때 적용할 수 있다. 클라이언트가 미리 선택된 행동을 지키면 강화물인 토큰을 받게 하는 것으로 토큰의 예로는 담배, 사탕, 티켓, 선물용품, 장난감, 특정 프로그램에 참여할 수 있는 특권 등 여러 대체물이 사용된다.

제8장 | 인지행동모델

정신역동모델의 치료에 대한 거부감 및 그 효과성에 대한 의문을 갖게 되고, 다양한 클라이언트와 복잡한 문제에 모두 적용될 수 있는 통합이론의 필요성, 클라이언트와 환경 간의 상호작용에 대해 포괄적으로 이해할 수 있는 이론 및 모델에 대한 필요성이 제기되어 인지행동모델이 등장하였다. **인지행동모델**(cognitive behavior model)은 인지이론, 즉 생각하고 정보를 처리하는 과정인 인지과정의 연구로부터 도출된 개념과 행동주의이론에서 나온 개념들을 통합적으로 적용한 것으로서 문제를 일으키는 잘못된 가정과 사고의 유형을 확인, 점검하고 재평가하여 수정하도록 격려하고 원조하는 것이라 볼 수 있다(Gilliland & James, 1997).

인간과 환경이라는 **사회복지실천의 이중(적) 초점**을 모두 포괄하는 새로운 대안적 관점의 하나가 바로 인지-행동적 관점이다. 이 시각은 인간의 행동이 개인과 환경적 실재 간의 상호작용 결과이며 이론의 융통성 있는 사용만이 이 현상을 효과적으로 다룰 수 있음을 강조한다.

또한 인지행동모델은 사고나 인지로 불리는 개인의 내면에서 은밀하게 일어나는 과정이 행동변화를 중재한다는 이론적 입장을 취하는 모든 치료접근법을 의미한다.

따라서 그 강조점에 다소 차이가 있기는 하지만 개인의 행동과 정서의 변화를 유도하기 위해서 클라이언트의 사고와 사고과정을 변화시킨다는 목적을 가진 모든 치료절차는 인지행동모델의 범위에 속한다. 즉, 인지행동주의모델은 하나의 실천모델이 아니라 여러 모델들을 총칭하는 용어이다. 널리 알려진 모델로는 합리정서치료, 행동치료, 인지치료, 현실치료, 인지행동치료, 문제해결치료 등이 있다.

1. 기본개념

인지행동모델에서는 행동이 보상과 처벌에 의해 자동적으로 형성된다고 가정하기보다는 환경이 제공하는 정보과 개인의 인지적 과정의 상호작용의 결과로 이루어진다고 본다. 환경은 끊임없이 인간에게 경험과 정보를 제공하고 이러한 환경의 영향은 관심, 기대, 자극변형, 반응과 같은 개인의 인지적 과정에 의해 중재된다.

인지행동모델은 비록 인지적 중재과정이 역기능적이고, 그 결과 부적응적인 행위를 자극하더라도 그러한 과정은 모델링, 연습, 강화, 점진적인 과제할당과 같은 행동수정절차를 다양하게 결합하여 이용함으로써 수정될 수 있다고 전제한다. 이런 가정은 이 모델이 통합적인 관점임에도 불구하고 개인의 심리와 행동적인 문제에만 주로 초점을 맞출 뿐, 아직 환경적 개입을 구체적으로 제시하고 있지 못하다는 한계를 보여준다. 환경적인 개입의 결여는 기술적인 차원에서의 한계라고 할 수 있다(장인협, 1997).

1) **스키마**(도식, schema)

스키마란 기본적인 신념과 가정을 포함하여 사건에 대한 한 개인의 지각과 반응을 형성하는 **준거틀**(frame of reference), 판단기준 또는 이해의 틀이라 할 수 있으며, 특정 대상에 관한 과거의 경험, 그 대상에 관해 타인이 겪은 경험의 관찰, 그 대상에 대한 타인과의 대화 등 대개 과거의 경험과 다양한 경로를 통해 형성된다. 스키마는 한 개인에게 적응적이고 기능적인 기능과 부정적인 기능을 할 수 있다.

어린 아동이 소를 보고 "야! 큰 개다."라고 말했다면 그 아동은 '네발 달린 짐승은 개다'라는 개에 대한 도식만 있고 소에 대한 도식이 아직 없기 때문에 소의 특징을 개의 도식에 맞추어 표현한 것이다.

2) **동화**(assimilation)

새로운 사물이나 대상을 이미 자신이 가지고 있는, 즉 도식에 맞추어 이해하고 받아들이는 인지과정이다. 즉, 네발 달린 짐승은 개이기 때문에 소를 보고도 개라고 인지한다.

3) **조절**(accommodation)

대상들이 현존하는 도식에 맞지 않을 때 새로운 도식을 만드는 것을 말한다. 즉, 네발 달린 짐승이지만 크고, 뿔이 있으며 개가 아닌 새로운 사물, 즉 소에 대한 새로운 도식을 만드는 것을 말한다.

4) **적응**(adaption)

동화와 조절을 포함하는 개념, 또는 동화와 조절이 동시에 발생했을 때 적응이라 한다.

5) **조직화**(organization)

신체적 · 심리적 과정을 일관된 전체로 종합하는 식으로 배우는 것이 아니라 성숙해지면서 상이한 도식들을 서로 결합하며 발전시키는 것이다.

6) 믿음체계

(1) 핵심믿음(core belief) 또는 핵심믿음체계

자동적인 사고는 지속적인 인지현상인 믿음으로부터 나온다. 어린 시절부터 사람들은 자신과 다른 사람들, 그리고 세상에 대해 믿음을 형성해 나간다. 이렇게 자신도 인지하지 못하면서, 근원적으로 깊은 수준에서 형성된 믿음이 핵심믿음체계이다. 또한 "나는 너무 무능해."와 같이 핵심믿음이 정확한 근거 없이 부정확하고 역기능적일지라도 그것만을 맹목적으로 믿고 일반화하게 되어 반대되는 정보는 무시하거나 개의치 않게 된다.

(2) 중간믿음(intermediate belief) 또는 중간믿음체계

핵심믿음체계와 자동적 사고 사이에는 태도, 규칙, 가정들로 이루어진 중간믿음체계가 있어 어떤 상황을 보는 관점에 영향을 주어 그 사람이 어떻게 느끼고 행동하는가에 영향을 주고, 또다시 그 사람이 어떻게 생각하고 느끼고 행동하는지에 영향을 주지만 자신은 잘 인식하지 못한다.

7) 자동적 사고(automatic thinking)

순간순간 머리에 떠오르는 평가적인 사고나 이미지로서 당사자에게는 타당하며 현실적인 것처럼 생각되기도 하지만 심사숙고하거나 합리적으로 판단한 결과가 아니다. 대부분 자동적 사고에 뒤따라 일어나는 감정의 변화를 인식하는 경우가 더 많아 결과적으로 자동적 사고를 사실인 것처럼 무비판적으로 받아들이기 쉬우며, "이건 너무 어려워."와 같이 대부분 부정적인 내용이며 역기능적으로 작용한다.

8) 인지적 오류 또는 인지적 왜곡

스트레스성 생활 사건이나 환경적 자극의 의미를 해석하는 정보처리 과정에서 범하는 체계적인 잘못을 인지적 오류라고 하며 그 종류는 다음과 같다.

(1) 이분법적 사고

어떤 사건이든지 간에 흑 아니면 백으로 보는 극단적인 사고 경향을 말한다.

(2) 임의적 추론(자의적 유추)

자신들이 경험한 한두 번의 사건만 가지고 뚜렷한 증거 없이 부정적 결론을 내는 것을 말한다.

(3) 선택적 추론

주된 내용은 무시하고 특정한 일부의 정보에만 주의를 기울여 전체 의미를 해석하는 것으로 전체적인 상황이나 맥락을 무시한다.

(4) 과잉 일반화

일부 사건에 근거, 일반적인 법칙이나 결론을 내리고 무관한 상황에까지 적용하는 것으로, 연관되지 않은 사건에 대한 결론이나 법칙을 끌어내서 관련되는 상황에 광범위하게 적용하는 것이다.

(5) 과장과 축소

어떤 사건의 중요성이나 크기를 평가할 때, 지나치게 과장하거나 축소하는 것으로 사건의 의미나 크기를 왜곡하는 것이다.

(6) 개인화

자신과 관련지을 뚜렷한 증거가 없는데도 부정적인 사건이나 상황을 자신과 관련지어 해석하는 것이다.

9) 행동성형(행동형성, 순응, shaping)

기대하는 반응이나 행동을 학습할 수 있도록 기대에 부응하는 행동에 대해 강화를 함으로써 긍정적인 행동을 점진적으로 만들어나가는 것을 말한다. 클라이언트가 원하는 반응에 접근할 때마다 강화가 주어지는 점진적 접근 방법이다.

그 외에도, 규칙(rules), 의미(meaning), 부적응적 사고(maladaptive thoughts), 학습이론 등의 개념들이 있다.

2. 실천목표와 과정

1) 실천목표

인지행동모델은 인지치료적 방법으로 교육을 통해, 클라이언트 자신의 상황을 왜곡하여 해석하는 방식을 인지하게 함으로써 정서의 변화를 꾀하는 동시에 관찰학습을 통해 새로운 기능적 행동기술을 학습하게 하고, 실제 상황에 적용하도록 격려하면서, 행동주의적 강화를 통해 행동의 변화를 유지시키는 것을 실천의 목표로 한다.

구체적으로 표현하면, 첫째, 개인이 가지고 있는 비합리적 신념이나 인지적 오류, 자기패배적인 사고를 변화하게 함으로써 그의 감정이나 행동을 수정하게 한다. 둘째, 클라이언트가 자기 자신과 다른 사람들, 그리고 삶에 대해 정확하고 객관적인 평가를 내리게 함으로써 좀 더 긍정적인 인지들을 창출하거나 발전할 수 있도록 원조한다.

2) 실천과정

인지행동모델은 다양한 치료 모델들로 구성되어 있기 때문에 보편적이고 일반적인 내용을 중심으로 실천과정을 살펴보았다.

(1) 초기단계

① 접수

심신의 이완상태를 유도하는 대화 및 간단한 호흡을 시행하여 클라이언트가 편안한 상태에서 사회복지사와 대화할 수 있는 상태를 만든다. 이와 함께 인지체계의 재구성 원리 및 절차를 간략히 설명한다. 즉, 자기 자신에게 하는 말, 자신이 갖고 있는 가정, 믿음, 생각 등이 인생에서 경험하는 많은 것들에 대한 감정 및 행동반응들을 결정할 수도 있다는 것을 설명한다. 이 단계에서는 인간이 살아가면서 문제를 경험하는 것은 지극히 정상이며 또한 피할 수 없는 것이라는 것을 충분히 인식시키고, 클라이언트의 입장에서 문제를 이해하고 받아들이려고 노력해야 한다.

② 문제 청취

사회복지사와 클라이언트 사이에 충분한 Rapport가 형성되어야 클라이언트의 문제 또는 사고체계가 드러날 수 있으므로, 문제 청취단계에서는 클라이언트가 호소하는 어려움을 있는 그대로 받아들이면서 이해하도록 노력한다. 또한, 클라이언트의 사고와 논리체계에 문제가 있더라도 일단 받아들이면서 이해하도록 노력한다.

③ 문제의 우선순위 설정

클라이언트의 문제들은 복합적이고 상호 연결되어 있는 경우가 대부분이다. 이러한 복잡하고 다양한 문제들 가운데 우선적으로 개입할 문제를 찾아내야 한다. 문제의 우선순위를 정할 때는 클라이언트의 입장에서 쉽게 성취 가능한 작은 변화를 목표로 하는 문제를 선정하는 것이 좋다.

④ 부정적 인지・사고 체계 탐색

이 단계는 문제 속에 내재하는 역기능적 믿음, 사고체계, 인식체계 등을 찾아내도록 돕는 단계이다. 어떤 상황 속에서 클라이언트가 자신에게 하는 대화, 그로 인해 자신이 갖게 된 감정, 자신이 보인 행동, 그 행동에 대한 타인의 반응 등의 상호관계를 클라이언트 스스로 인식하도록 사회복지사의 도움이 제공된다.

잘못된 인식체계를 찾아내는 과정에서 사회복지사와 클라이언트는 클라이언트가 갖고 있는 인식 및 사고체계가 어떻게 작용하여 어떤 결과를 낳게 하였으며, 따라서 그 인식 및 사고체계를 변화시켜야 하는 이유는 무엇인가에 대해 충분히 토의한 후 동의해야 한다. 클라이언트가 자신의 잘못된 예전의 믿음체계를 버리고 새로운 믿음체계를 받아들이기 위해서는 주변의 주요 타인으로부터의 지속적인 지지와 격려가 필요하다.

클라이언트의 잘못된 믿음체계를 확인하는 하나의 전략으로서 첫째, 어떻게 해서 현재 자신이 갖고 있는 믿음에 이르게 되었는가를 질문하고, 둘째, 현재의 역기능적인 관점이나 믿음을 뒷받침할 수 있는 증거를 제시할 것을 요구하며, 셋째, 어떤 행위 뒤에 일어날 결과에 대해 지나친 걱정이나 두려움을 갖게 된 논리에 도전하는 방법을 들 수 있다.

⑤ 자료수집

사회복지사의 개입 후 클라이언트의 문제 상황이 해결되었는지를 사후에 평가하기 위해서는 개입 전의 문제 상황에 대한 자료수집이 필요하다. 문제 상황에 따라 자료의 성격이 달라지겠지만 대부분의 문제는 문제의 발생 빈도, 문제의 정도나 강도, 문제가 지속되는 기간 등의 형태로 측정될 수 있을 것이다.

(2) 실천단계

① 부정적 인지 · 사고 체계의 정황 분석

클라이언트로 하여금 부정확한 인식이나 잘못된 생각 등을 갖게 한 주변의 사건이나 상황을 클라이언트 스스로 분석하여 그 당시에 자신이 가졌던 생각이나 믿음의 합리성 정도를 평가하도록 한다. 클라이언트로 하여금 어떤 생각을 갖게 했던, 그래서 감정을 상하게 했던 구체적인 장소, 관련된 주요 인물, 구체적인 정황, 클라이언트의 행동 등으로 나누어 묘사하도록 한다.

② 순기능적 인지 · 사고체계로 전환

자기 파괴적인 인식체계를 자기구술로써 순기능적으로 바꾸도록 사회복지사가 **모델링**을 통해 도와준다. 이 과정에는 예전에 해보지 않았던 새로운 생각을 하게 됨으로써 갖게 되는 갈등, 불안 등으로 내키지 않아 하는 현상이 나타날 수 있으므로 시범을 보여준 후, 그것을 따라할 마음의 준비가 되어 있는지를 확인하면서 조심스럽게 진행한다.

처음에는 상황에 진입하기 전의 상황에서 자기구술로써 변화 연습을 하고 그것을 어느 정도 소화했을 때 진입 중 및 진입 후의 단계로 이전해 간다. 이때 제시되는 대안적 사고나 행동은 가능하면 구체적이어야 한다. 시범을 보여주고 따라 해보도록 하고, 따라 한 행동을 필요에 따라 수정 및 조정해 준 후, 계속해서 반복하도록 한다. 변화 노력과정에서 발생한 작은 성공에 대해 스스로 칭찬할 필요가 있다는 것을 클라이언트에게 설명해 주고 치료자가 시범적으로 칭찬을 해본다.

③ 변화를 지속시키기 위한 과제 내주기

실천과정에서의 변화가 지속되지 않으면 개입의 효과는 없다고 볼 수 있다. 따라서 변화된 인지체계가 현실생활 속에서 계속 유지될 수 있도록 클라이언트에게 과제를 내준다. 과제의 목적은 클라이언트가 일상생활에서 경험하는 사회・심리적 어려움 가운데서 자신에게 행하는 역기능적인 자기구술을 관찰하고 발견하여 그것을 순기능적인 자기구술로 바꾸는 훈련을 지속적으로 하도록 하는 데 있다. 치료자는 클라이언트의 과제 수행 여부를 수시로 점검하여 클라이언트의 변화 노력에 지속적인 관심과 지지를 제공한다.

(3) 종결(평가)단계

개입을 종결하면서, 실천의 효과성 및 목표달성의 정도를 평가하는 단계이다. 평소에 갖고 있던 역기능적인 인지체계나 사고체계가 어느 정도 합리적인 대안체계로 변화되었는가를 확인하는 단계이다. 앞서 역기능적 문제를 유발했던 상황 또는 그와 비슷한 상황 속에서 역기능적 사고의 빈도, 강도, 지속시기 등이 어느 정도 변화되었는가를 확인하고 평가한다. 또한, 이러한 인지・사고체계의 변화로 인해 전에 경험하던 사회심리적 문제가 현실생활 속에서 어느 정도 해결되었는지를 살펴본다.

3. 실천기법

대부분의 인지행동주의모델들은 문제에 초점을 둔 시간제한적인 접근으로서 클라이언트가 자신의 사고와 행동을 통제하기 위한 대처기제를 학습하는 교육적 접근을 강조한다. 또한 인지변화는 감정의 변화로 쉽게 이어지는 반면, 인지변화가 자동적으로 행동변화를 수반하는 것은 아니므로 인지변화를 행동변화로 이끌기 위한 다양한 행동주의 기술과 기법들을 적극 활용한다.

1) 치료관계의 적극적 이용

인지치료에서 클라이언트와 사회복지사의 관계는 잘못된 인지를 바꾸도록 원조하는 수단으로써 다음의 두 가지 방식이 효과적으로 사용되고 있다(Lantz, 1996).

(1) 관계에서의 지지적 요인을 활용하는 긍정적 배려(positive regard)를 하는 기법

클라이언트의 성장, 능력 등에 관해 사회복지사가 가지는 의견 혹은 견해는 지지의 형태로 클라이언트에게 전달될 수 있고, 이는 클라이언트의 자긍심 향상에 기여한다. 사회복지사가 치료 과정 동안 존중과 지지, 격려를 제공함으로써 클라이언트가 가치 있는 중요한 존재임을 나타낼 수 있고 이때 비로소 왜곡된 인지과정은 차단될 수 있다.

(2) 클라이언트와 사회복지사 사이의 관계에서 일어나는 왜곡에 초점을 두면서 검토하는 기법

이 과정을 통해 클라이언트는 자기 자신에 대한 잘못된 생각과 타인으로부터 어떠한 대우를 스스로 기대했었는지를 깨닫게 된다.

2) 내적 의사소통의 명확화(clarifying internal communication)

내적 의사소통의 명확화 기법은 클라이언트 스스로 자신에 대해 독백하고 생각하는 것으로, 이에 대해 사회복지사가 피드백을 제공하는 장점 때문에 효과적이며, 인지적 사회복지실천에서 흔히 사용되고 있다. 이를 통해 사회복지사는 클라이언트가 자기 자신 및 타인에게 한 말 속에 감춰져 있는 수많은 잘못된 생각 및 비합리적인 신념을 더 잘 이해하도록 돕게 된다.

3) 설명(explanation)

클라이언트가 잘못된 생각들을 변화시키도록 돕는 기법으로서, Ellis의 ABC 모델에서의 인지, 정서, 행동의 사이클을 이해시킴으로써 클라이언트 자신이 가지는 정서의 발생 경위를 더 확실히 이해시키고 또 이 정서의 파급효과에 대한 것을 인식하도록 하는 것에 초점을 둔다. 즉, 촉발사건(A, accident)이 있은 후에 클라이언트는 자신의 신념(B, belief), 사고 혹은 사건에 대해 스스로에게 이야기하며 이 신념, 인지, 자기대화로부터 야기된 감정적 결과(C, consequences)를 설명하는 것이다.

4) 서면과제물(숙제, written homework)의 할당

클라이언트가 읽고 쓰는 능력을 갖추었다면 비합리적인 자기대화 등을 확인하고 변화시키는 데 있어 유용한 도구가 될 수 있는 방법으로써, 클라이언트의 적극적인 참여와 협조를 기반으로 하고 있다. 클라이언트가 자신의 문제에 대한 인식을 향상시킬 수 있고, 새로운 행동을 획득하거나 과거의 반응을 제거할 수 있도록 돕는다(Cormier & Cormier, 1991).

5) 역설적 의도(paradoxical intention)

클라이언트가 어떤 불유쾌한 구체적 행동이 자꾸 발생할 것을 불안해하는 나머지 그 행동을 오히려 더욱 발전시킬 경우에 가장 적절하게 사용될 수 있다. 그러나 이 기법은 많은 유용성에도 불구하고 주의를 요한다. 이 기법은 클라이언트의 불안에 대한 인지적 오류에 도전하고 두려워하는 행동을 하도록 지시하는 것으로 **이중구속 메시지**(double bind message)를 전달하는 것이다. 예를 들어, "계속 우울하게 지내세요."라고 우울 증상을 가진 클라이언트에게 지시하면 클라이언트는 우울한 것을 유지하기 위해 노력하게 되고, 이는 자신의 우울에 대한 통제력을 지속적으로 유지함으로써 자신감이 생기게 되고, 반대로 우울해지기를 거부하면 증상으로부터 벗어나는 긍정적인 결과를 초래한다. 그러나 클라이언트의 우울이 신체적인 것이거나, 공격적인 성향이 있는 경우, 역설적 의도에 대한 충분한 이해가 없는 경우 등에는 사용할 수 없다.

6) 시연(행동시연, rehearsal)

클라이언트가 습득한 새로운 행동기술을 현실에서 직접 실행하기 이전에 사회복지사 앞에서 반복적으로 연습하는 것을 말한다(Lantz, 1996). 특히 집단의 장면에서 많은 사람들의 긍정적인 피드백을 동시에 받을 수 있다면 더욱 효과적이다.

이외에도 정적 강화, 부적 강화, 소거, 체계적 둔감법, 주장훈련, 모델링 등 많은 행동수정기법들이 활용된다.

제9장 | 과제중심모델

과제중심모델(task-centered model)은 대인관계와 사회적 관계의 어려움, 역할수행의 어려움, 정서적 고통 등 생활상의 문제들을 다루기 위해 1970년대 미국 시카고대학교의 Reid와 Epstein이 진행한 프로젝트의 결과물로서 제시되었으며, 프로젝트의 목표는 첫째, 효율적으로 학습할 수 있는 전문적인 원조기술을 개발하고, 둘째, 직접적 실천의 효과성을 증진하며, 셋째, 실천을 평가하는 능력을 증진할 수 있는 모델을 개발하는 것이었다(Epstein & Brown, 2002).

과제중심모델은 시간 제한적인 **단기개입**으로서 약 2~3개월 동안 8회기에서 12회기 전후로 이루어지며(Reid & Epstein, 1977), 대개 4개월 이내에 사례를 종료한다는 특징을 가지고 있다. 따라서 사회복지사의 역할은 클라이언트가 제한된 기간 내에 가능한 건설적으로 자신의 문제를 완화할 수 있는 활동을 할 수 있도록 원조하는 것이다.

과제중심모델에서는 클라이언트의 핵심적·구체적 문제에 초점을 두고 사회복지사의 능동적 개입이 요구되며, 간결하고 계획된 개입이 요구된다. 또한 다양한 접근 방법, 즉 문제해결, 인지적, 행동적, 구조적 접근 방법 등으로부터 경험적으로 이끌어진 이론과 방법들을 선택적으로 사용한다. 따라서 과제중심모델은 하나의 이론적 지향에 기초하기보다는 여러 이론을 절충하여 사용할 수 있는 실천의 틀을 제시한다고 볼 수 있다.

1. 기본개념

과제중심모델은 변화되어야 할 문제와 해야 할 과제에 대해 클라이언트와 사회복지사 간의 동의가 계약의 형태로 구체화되어야 하며, 조사에 근거한 경험적 자료에 의존하여 사회복지사가 직접 실천기법을 사용하여 이끌어가기보다는 클라이언트 스스로 수행가능한 과제로 대치하도록 하고 과제를 수행할 수 있도록 인도한다.

또한 사회복지사의 관점이 아니라, 클라이언트가 인식한 문제를 중심으로 클라이언트와 사회복지사가 표면적으로 계약한 구체적 문제의 해결에 초점을 둔다. 또한 클라이언트가 수행하기로 동의한 과제를 중심으로, 구체화되고 구조적인 문제해결과정을 조직하며 사회복지사는 클라이언트가 과제를 수행할 수 있게 원조한다.

1) 표적문제(target problem)

표적문제란 클라이언트가 직면하고 있는 문제 중 당장 해결해야 하는 문제, 즉 클라이언트가 자신의 문제를 인식하고 경감·해결하기를 원하며, 사회복지사도 전문적 판단에 의해 인정한 문제로써 클라이언트와 사회복지사가 변화시키기로 계약한 문제를 말한다(Epstein & Brown, 2002). 표적문제의 설정에는 클라이언트의 의견이 최대한 반영되어야 하며, 설정한 표적문제가 무엇인지를 사회복지사와 클라이언트가 분명하게 이해하고 있어야 한다.

대표적 표적문제로는 대인관계 갈등, 사회관계에서의 불만, 조직체와의 상호작용의 어려움, 사회적 역할 수행의 어려움, 사회적 지위·역할·상황의 변화에 따른 문제, 정서적 문제·스트레스 문제 그리고 자원부족 문제 등이 있다. **표적문제의 선정기준**은 첫째, 클라이언트가 인정하는 문제일 것, 둘째, 자신의 노력으로 해결 가능한 문제일 것, 셋째, 구체적인 문제일 것이다.

2) 과제(task)

과제란 사회복지사와 클라이언트가 클라이언트의 문제를 해결하기 위하여, 공동으로 목표를 달성하고자 하는 계획에 동의한 문제해결 활동이다. 따라서 과제는 클라이언트 자신의 문제해결 노력과 의지가 구체적으로 표현된 것으로, 클라이언트가 자신의 문제를 해결하기 위해 어떤 일을 수행하는 것을 의미하며, 문제를 완화, 해결하기 위해 클라이언트와 사회복지사 사이에 당장 수행하기로 합의한 활동 목표 및 과정이다. 또한 과제는 클라이언트가 추구하는 직접적인 이익뿐 아니라 더 큰 문제해결 목적을 달성하기 위한 수단이기도 하다. 구체적인 과제의 유형은 다음과 같다(Epstein & Brown, 2002).

(1) 일반과제와 조작적 과제

일반과제는 행동방향을 대략적으로 기술하는 과제로, 일반과제의 각 단계는 클라이언트와 사회복지사가 과제를 수행하면서 세부적인 사항을 변경할 수도 있는 하위과제로서의 위치를 차지하게 된다. 조작적 과제는 클라이언트가 취할 특정한 행동을 설명하는 과제, 즉 클라이언트가 수행해야 하는 구체적인 활동을 말하며, 일반과제에서 나온다. 그 예로서, 직업훈련센터에 등록해야 한다는 일반과제에서 직업훈련센터에 지원서를 작성하여 제출하기라는 조작적 과제가 나온다(신성자 외, 2007).

(2) 단일과제와 복수과제

단일과제는 가장 단순한 과제구성으로 하나의 표적문제에 하나의 과제를 부과하는 경우이다. 복수과제는 두 개 이상의 과제를 수행하는 것을 말하며, 두 개 이상의 과제가 동시에 수행되는 동시과제와 한 과제를 수행하고 나서 또 다른 과제를 수행하는 연속과제로 나뉜다.

(3) 개방적 과제와 폐쇄적 과제

개방적 과제는 종결이나 도달점이 없는 과제로, 예를 들면 '새로운 친구 사귀기'는 끊임없이 계속해야 할 개방적 과제를 말하고, 폐쇄적 과제는 종결점이 설정된 과제를 말한다.

(4) 공동과제와 상호과제

공동과제는 두 사람이 같은 목표를 성취하기 위해 함께 수행하는 과제이고, 상호과제는 상호 관련된 과제를 두 사람에게 나누어주고 이를 수행하게 하는 것을 말한다.

(5) 인지적 과제

사고 및 감정 활동과 관련된 과제로서 과제 수행의 어려움이 실패에 대한 두려움과 같은 클라이언트의 인지와 관련될 때 유용하게 활용된다.

2. 실천목표와 과정

1) 실천목표

과제중심모델의 실천목표는 클라이언트의 표적문제를 완화하는 것에 초점을 두고 있다. 따라서 사회복지사는 클라이언트가 자기문제를 구체화하는 것을 도와주며, 과제수행계획을 세우고 동기를 부여하여 과제 수행을 촉진시키는 과정에서 장애물을 예견하고 제거해 준다. 또한 클라이언트와 함께 문제해결의 수단인 과제의 구조, 수행, 검토에 힘을 기울임으로써 클라이언트가 문제해결 능력을 스스로 습득하고, 향후에도 유지해나갈 수 있도록 원조한다.

2) 실천과정

과제중심모델은 시작하기, 표적문제의 규명, 계약하기, 실행, 종결 등 모두 다섯 단계로 이루어지며(Epstein & Brown, 2002), 각 단계에서 사회복지사와 클라이언트가 다루어야 하는 구체적인 내용들이 자세하게 제시된다. 일반적으로 클라이언트가 가장 중요하다고 생각하는 표적문제 중 두세 가지의 문제만을 선택하여 개입한다. 대부분의 경우 위의 순서대로 이루어지지만 단계가 겹치거나 또는 필요에 따라 이전 단계로 돌아가는 등 실천의 과정을 매우 유연하게 변형하여 적용할 수 있다.

(1) 1단계 : 시작하기(starting up)

과제중심모델은 클라이언트가 독립적이고 자발적으로 기관을 찾아오는 경우와 다른 기관으로부터 의뢰된 경우로 시작하는데, 클라이언트가 다른 기관에서 의뢰된 경우 사회복지사는 먼저 의뢰기관에서 제시하는 클라이언트의 문제들과 실천의 목표들이 무엇인지를 파악하고, 클라이언트가 제시하는 문제, 목표와 서로 일치하는지 알아본다. 클라이언트와 의뢰기관의 문제와 목표가 서로 일치하지 않는 경우에는 사회복지사가 서로의 의견을 조정하거나 협상하여야 하며, 법정명령으로 위임된 목표와 클라이언트의 목표가 다른 경우에는 클라이언트의 이해를 구하여야 한다.

또한 사회복지사는 정서적 지지와 관심 등의 정서적 자원뿐 아니라 실제적 또는 물질적 자원을 포함하여, 의뢰기관에서 클라이언트에게 제공할 수 있는 자원이 있는지 알아보고 활용한다. 클라이언트가 자발적으로 지원한 경우에는 클라이언트의 문제와 우선순위 등을 확인하고 서비스 제공이 적합한 경우에는 다음 단계로 바로 넘어가고, 적합하지 않을 경우에는 다른 기관으로 **의뢰**(referral)한다.

(2) 2단계 : 표적문제 규명(target problem identification)

첫째, 클라이언트가 제시하는 문제에서 출발을 하지만 과제중심모델에서 강조하는 문제는 실천의 초점이 되는 표적문제를 규명한다. 즉, 클라이언트가 자신의 문제로 인식하고 실천의 초점으로 동의한 것을 표적문제로 규명하는 것이며, 문제를 구체적으로 규명하는 책임은 사회복지사에게 있다. 이 경우 사회복지사는 제안하거나 권유한 표적문제를 가능한 한 명확하게 설명해 주며, 클라이언트에게 질문하고 반응하고 생각할 수 있는 기회를 충분히 주어야 한다.

둘째, 표적문제가 규명되면 실천의 우선순위를 결정할 차례이다. 우선순위를 결정하기 위해서는 문제목록에서 출발하여 사회복지사의 제안을 소개하고 문제를 분류한다. 그 중에서 클라이언트가 가장 중요하게 생각하고 있으며 현실적으로 변화의 가능성이 높은 것부터 우선순위를 결정하게 된다.

셋째, 사회복지사는 면접을 통해 표적문제와 그들의 사회적 상황을 세밀하게 조사하고 문제에 영향을 미치는 클라이언트의 특성을 인식하는 초기 사정에 주력한다. 보통 클라이언트는 자발적으로 문제 구체화의 과정 동안 사회적 상황에 관한 많은 정보를 제공한다. 이러한 탐색과 사정은 동시에 이루어진다. 또한, 가능하면 빨리 고통을 덜어주기 위해서 초기 사정은 신속히 이루어지는 것이 좋다.

(3) 3단계 : 계약하기(contracting)

계약을 하는 것은 문제해결 방향에 대한 동의로서 클라이언트와 사회복지사 간의 목표달성을 명확히 하는 중요한 수단이다. 클라이언트의 자기결정권과 문제해결 의지를 최대한 반영하기 위해서 서면 또는 구두계약으로 이루어진다.

계약에서 다루어야 하는 내용들은 다음과 같다(Epstein & Brown, 2002).

- 우선순위가 되는 주요 문제, 최대 3가지 : 표적문제는 우선순위를 정하여 제한된 시간 안에 다룰 수 있도록 최대한 세 개까지로 제한한다.
- 구체적 목표
- 클라이언트의 과제 : 표적문제를 줄이기 위해 클라이언트가 수행해야 하는 활동
- 사회복지사의 과제 : 사회복지사가 수행해야 할 활동으로서 주로 클라이언트의 과제 수행을 지원하거나 다른 기관이나 클라이언트의 가족, 친지, 이웃 등과 협의하고 협상하는 활동에 초점을 맞춘다.
- 개입 스케줄
- 면접 스케줄
- 개입의 지속기간
- 참여자 : 누가 참여할 것인가?
- 면접장소

(4) 4단계 : 실행(implementation)

전체를 8회로 계획한 경우 2~7회 정도의 세션이 해당될 정도로 중심적인 단계이며, 클라이언트의 과제 수행을 원조하는 것이 중요한 목표이다. 즉, 표적문제를 집중적으로 사정하고 대안들을 생각한 후에 문제를 해결하기 위한 과제들을 수행하며, 과제 수행을 점검, 모니터하고 필요에 따라 과제를 수정한다.

① 실행단계에서의 사정

초기단계에서의 사정을 더욱 정교하게 만드는 과정으로 표적문제와 사회적 맥락, 클라이언트의 장점을 포함한 인지·정서적 상황에 대해 포괄적으로 이루어진다. 이 단계에서 사회복지사는 **기초선**을 설정한다. 사회적 맥락은 클

라이언트의 물리적 환경, 사회적 관계망, 사회·경제적 조건, 문화, 지역사회 등을 말하는 것으로 이런 사회적 맥락이 클라이언트의 문제를 촉진하고 유지시키는 역할을 할 수도 있기 때문에 중요하다.

효과적인 실천을 위해서는 클라이언트의 인지·정서적 상황에 대한 사정이 필요하다. 심리검사나 정신의학적 조사가 유용하며 이를 통해 사회복지사는 클라이언트의 성격, 특성, 생활방식, 대인관계 능력, 문제해결 능력, 인지능력 등이 문제 상황에 어떤 영향을 미치는지, 그리고 클라이언트의 잠재력과 한계는 어떠한지를 이해하는 데 도움을 얻게 된다.

② 문제해결과정

사회복지사와 클라이언트는 과제들을 수행해 가는 과정에서 문제가 해결되거나 감소되는 것을 경험하게 된다. 과제를 실천하는 것은 클라이언트이기 때문에 클라이언트가 과제를 잘 이해하도록 충분한 토의를 갖도록 하고 동기를 유발하여 과제 수행의 가능성을 증가시켜야 한다. 과제를 수행하는 데 직면하는 장애요인을 예견하여 미리 클라이언트와 토론함으로써 두려움을 경감시키는 작업도 필요하다.

과제 수행이 예상대로 진전되지 않을 때에는 첫째, 클라이언트의 사회적 환경, 둘째, 대인관계상의 상호작용, 셋째, 클라이언트의 심리적 상태 등의 세 가지 측면을 살펴볼 필요가 있으며, 그 외에도 돈, 의료적 서비스, 적절한 주거, 직장, 학교 등과 같은 클라이언트의 자원 부족, 스트레스, 적절한 강화의 결여, 클라이언트의 과제 수행에 대한 상반되는 신념, 클라이언트가 과제 수행의 방법을 모르거나 능력이 부족한 경우, 사회복지사의 클라이언트에 대한 편견 등을 검토해야 한다.

주기적인 **모니터링**을 실행하여 과제 수행이 잘 되고 있는지, 효과를 보이고 있는지를 점검해야 한다. 사회복지사는 개입으로 인한 성급한 변화의 기대를 가져서는 안 되고, 초조해 하지 말아야 한다. 실천과정 중에 문제를 재정의 하고 새로운 계약을 맺어야 할 만큼 문제의 양상이 변화한다면 실천 또는 개입의 전면적인 수정이 필요하다.

(5) 5단계 : 종결(termination)

사회복지사는 면접 때마다 현재 면접횟수가 몇 번째이고 종결 시까지 몇 회가 남았는가를 알려주어야 하며, 실천계획에 따라 종결하는 것이 중요하다. 종결할 때에는 표적문제로 선정한 문제들과 목표에 대하여 검토하고 달성된 목표를 점검할 뿐 아니라 문제 상황 전체에 대하여 검토를 한다.

목표를 달성하고 표적문제를 해결했을 때는 개입을 종결한다. 필요에 따라 개입을 연장하는 경우에는 클라이언트가 문제해결 의지를 가지고 있는지, 신중하게 고려하여 계약을 연장하거나 사후지도를 한다.

사회복지사는 달성된 목표를 강조하고 목표달성 과정에서 클라이언트가 습득한 문제해결 기술을 점검하며, 앞으로 클라이언트가 문제해결 기술을 유지·활용하여 혼자 수행해 나갈 수 있도록 돕는다. 또한 종결 시 해결되지 않은 문제들이 남은 경우는 이를 어떻게 할 것인가에 대한 논의가 있어야 한다(Reid, 1996).

3. 실천기법

1) 간접적으로 행동변화를 이끌어내는 기법

(1) 의사소통기술

과제중심모델은 단기간에 클라이언트가 선택한 명확한 목표를 성취할 수 있도록 원조하는 서비스이므로 클라이언트 스스로가 문제해결에 대한 인식을 명확히 하는 것이 중요하며, 클라이언트가 무엇을 추구하고 바라고 있는가를 클라이언트와 함께 언어화하는 것이 좋은 방법이다. 따라서 사회복지사는 클라이언트와의 면담과정에서 클라이언트가 자신의 의사를 분명히 밝힐 수 있게 도와주는 의사소통기술이 필요하다.

(2) 탐색(Exploration)

클라이언트로부터 자료 및 정보를 이끌어내려는 사회복지사들의 노력을 말하며, 이러한 탐색과정을 통해 클라이언트의 문제를 이끌어내고 명확하게 하며, 과제의 방향과 문제해결의 가능성을 검토한다. 클라이언트에 대한 정보를 얻어내는 것과 의사소통의 내용을 문제와 관련지어 초점화하는 두 가지의 목적이 있다.

(3) 구조화(Structuring)

클라이언트와의 상호작용 구조와 방향에 대한 사회복지사의 의사소통으로 구성된다. 구조화에는 3가지 단계가 있다.

- **1단계**－클라이언트에게 개입의 성격과 목적, 개입의 조직화와 관련된 문제, 과제, 시간제한 등 과제와 관련 있는 내용에 대한 명확한 의사소통 반응들에 대해 클라이언트에게 다시 들려주는 작업
- **2단계**－클라이언트를 위해 실천계획을 구체화하는 사회복지사의 노력
- **3단계**－조작적 과제들을 구조화하는 작업으로서 사회복지사가 클라이언트의 의사소통에 대한 명확한 지침을 제공하는 것 등의 활동들로 구성된다.

(4) 상황분석

문제의 상황은 문제를 유지시키는 원인, 즉 문제해결의 장애물과 문제를

다룰 때 동원될 수 있는 자원으로 구성된다. 상황요인은 물리적 요인, 인지적 요인, 가족, 지역사회 체계가 포함된 다차원적 틀 속에서 이루어지며 표적문제와 관련하여 검토된다. 사회복지사는 클라이언트의 왜곡된 지각, 비현실적 기대를 수정하도록 돕고 역기능적 상호작용이나 행동유형을 지적한다.

상황분석과 관련하여 사회복지사는 클라이언트가 스스로 문제해결에 동원할 수 있는 자원을 찾아내어 활용하고, 또 문제해결의 장애물을 확인하여 해결하도록 돕고, 클라이언트의 생활상에서 나타나는 문제의 변화를 확인한다. 일반적으로 자원은 클라이언트 개인의 능력과 힘, 가족 내의 충성과 애정의 유대, 외부세계에서 제공하는 유형·무형의 지지 등에서 찾아볼 수 있다.

2) 직접적으로 행동변화를 이끌어내는 기법

(1) 인식증진(awareness enhancement)

클라이언트의 과제성취에 장애가 되는 요인들을 제거하거나 극복할 수 있도록 클라이언트의 인식을 증진시키는 기술이며, 인지적 왜곡이 클라이언트의 과제 성취에 장애가 되고 있는 상황에서 특히 중요한 기술이다. 클라이언트의 인식증진을 원조하기 위해서는 개별화된 교육적 노력이 필요하며, 특수한 기능과 상황에서의 인식증진에 대한 사회복지사의 집중적 노력이 요구된다.

(2) 격려(encouragement)

격려는 클라이언트가 세운 계획이나 행동에 대해 긍정적 반응을 표하는 것으로, 클라이언트의 긍정적 행동을 강화하게 된다. 또한 과제 수행을 도울 것이라 기대되는 클라이언트의 행동을 강화하고 자극하기 위해 사회복지사가 클라이언트나 그 행동에 대해 선택적으로 사용해야 하며, 진솔하고 정성된 마음으로 표현해야 한다.

(3) 지시(direction)

사회복지사가 과제나 관련된 행동에 대해 클라이언트에게 조언·충고를 하는 것을 말한다. 격려와는 달리 클라이언트가 생각하지 못했던 행동을 제안하거나 클라이언트가 생각하고 있는 내용에 대한 조언으로 이루어진다. 그러나 클라이언트의 의존성을 조장할 우려가 있으므로 무차별적으로 이유 없이 제공해서는 안 된다.

제10장 | 해결중심모델

해결중심모델(solution focused model)은 1970년대 초반에 Stave de Shazer와 Insoo Kim Berg(김인수)가 중심이 되어, Milwaukee의 단기가족치료센터(Brief Family Therapy Center)에서 그의 동료들과 함께 만든 모델로서, 문제의 원인을 교정하거나 제거하려는 노력은 필요 없다고 하는 Erickson의 견해(Eron & Lund, 1996)를 바탕으로 하여 문제의 원인을 규명하기보다는 클라이언트의 자원을 활용하여 단기간에 실천의 목적을 달성하고자 한다(De Shazer, 1985).

해결중심모델은 클라이언트에게 이미 존재하고 있는 과거의 성공 경험이 내담자의 문제를 해결하기 위한 중요한 자원이며(Berg & Miller, 1992 ; 가족치료연구모임 역, 1995 재인용), 문제행동을 중지시키거나 변화시키는 것보다 클라이언트가 가지고 있는 성공적인 행동 패턴을 반복하는 것이 더 쉽고 긍정적이라고 보았다(De Jong & Berg, 1998 ; 허남순 · 노혜련 역, 2004 재인용). 따라서 클라이언트의 문제를 진단하고 처방하기보다는 내담자의 장점, 강점, 그리고 건강한 특성 등과 같은 클라이언트의 자원을 발견하여, 문제해결의 방안을 찾아 주는 방법을 선호한다.

De Shazer(1985)는 인간에 대한 긍정적인 가정과 가치를 전제로 해결방안을 클라이언트 스스로 구축할 수 있도록 돕는 것을 목표로 한다는 점에서 '**해결방안구축모델**(solution building model)'로 부르기도 한다.

1. 기본개념

해결중심모델은 클라이언트를 문제해결의 열쇠로서 문제의 원인규명에 관한 도움을 원한다고 믿는 지나친 문제해결적 사고방식을 지양하고, 문제보다는 해결을 더 강조함으로써 더 긍정적이고 실용성을 추구하는 인간을 존중하는 단기적인 모델이다.

또한 해결중심모델은 클라이언트의 강점을 찾아내어 문제를 해결하고, 과거보다는 현재와 미래를 강조하였다는 점에서 기존의 전통적인 치료 모델들과 차별성을 갖는다. 즉, 해결중심모델은 시간적 의미, 상담의 효과성 그리고 효율성이라는 세 가지 측면을 모두 강조하는 모델이라고 볼 수 있다(김인수, 1992).

1) 기본원리

해결중심모델에서 적용되는 8가지 기본적인 원리를 살펴보면 다음과 같다(De Shazer, et al., 1986).

(1) 병리적인 것 대신 건강한 것에 대한 초점을 둔다.

클라이언트가 자신의 문제를 다루는 데 있어서 성공하였던 경험에 초점을 두는 것으로서, 잘못된 것에 초점을 두는 대신 무엇이 잘 되었고, 그것을 어떻게 활용할 것인가를 찾고자 한다. 이는 클라이언트가 자신의 문제에 대한 해답을 갖고 있다는 점을 사회복지사가 믿는다는 것을 반영하는 것이다.

(2) 클라이언트가 지니고 있는 장점, 강점, 건강한 특성들을 최대한 찾아내어 실천에 활용한다.

클라이언트가 바라는 결과를 성취하기 위해서, 클라이언트의 자원, 기술,

믿음, 동기, 행동, 증상, 사회 관계망, 환경, 개인적 특성 등을 활용하는 것이다. 이는 클라이언트를 수용하고, 클라이언트가 지닌 긍정적인 자원을 활용하는 것이다.

(3) 변화는 불가피하다.

해결중심모델은 변화가 클라이언트 삶의 일부여서 내담자는 변화를 막을 수가 없다고 본다(De Shazer, 1985). 따라서 자연스럽게 일어나는 변화를 단지 확인하고, 그 변화를 해결책으로 활용하는 것이다. 즉, 문제가 되지 않는 시기를 찾아내어 문제일 때와 문제가 아닐 때의 차이점을 발견하여, 문제가 아닌 경우를 증진시키는 것이 전략이다.

(4) 작은 변화가 큰 변화로 이끈다.

해결중심모델에서는 단지 작은 변화만이 필요할 뿐이다. 클라이언트가 자신이 할 수 있는 한도 내에서 작은 문제를 해결한 성공경험을 기억한다면 다른 문제의 해결을 시도할 수 있기 때문이다.

(5) 클라이언트의 자율적인 협력을 중요시한다.

해결중심모델에서는 사회복지사와 클라이언트가 함께 해결방안을 발견하고 구축하는 과정에서의 협력을 중요시한다. 협력적인 관계란 클라이언트가 사회복지사에게 협력하여야 할 뿐만 아니라, 사회복지사도 클라이언트에게 협력하여야 하는 것이다.

(6) 현재와 미래를 지향한다.

과거에 대한 정보는 클라이언트가 현재 살아가는 방법을 반영하여 주는 것에 불과하다. 따라서 과거를 깊이 연구하기보다는 클라이언트가 현재와 미래에 적응하는 것을 돕는 데 일차적인 초점이 주어진다.

(7) 탈이론적 · 비규범적인 입장을 취하며, 내담자가 결정한 관점을 존중한다.

인간의 행동에 대한 다양한 이론의 틀에 맞추어 클라이언트를 평가하거나 사정하지 않는다. 이는 클라이언트가 표현하는 모든 것을 수용하고, 클라이언트의 관점을 그대로 수용하며, 개별성을 최대한 존중한다는 것이다. 사회복지사는 달라진 것, 좋아진 것, 차이점, 해결방안을 찾는 것에 관하여 질문하고 해답을 찾도록 돕는다.

(8) 해결중심모델은 다음의 철학을 중요시한다.

첫째, 클라이언트가 문제 삼지 않거나, 기능을 하고 있으면 고치지 말 것. 둘째, 일단 무엇이 효과가 있는지를 알게 되면 그것을 더 많이 실천하게 하라. 셋째, 하고 있는 그 어느 것도 효과가 없으면 다른 방법을 시도하라는 것이다.

2) 클라이언트의 유형과 관계

해결중심모델은 클라이언트가 이미 가지고 있는 자원들을 활용하여 해결방안을 구축하도록 돕는 것이다. 이러한 목표달성을 위해서는 긍정적인 사회복지사와 클라이언트의 관계를 형성하는 것이 우선이다. 따라서 사회복지사와 클라이언트의 관계를 파악하는 것은 효과적인 상담을 위해서 중요한 것이다.

해결중심모델에서는 클라이언트를 고객형 · 불평형 · 방문형 등의 3가지 유형으로 분류하고 각 유형별 관계를 제시하였다. 그러나 이러한 구분은 단지사회복지사와 클라이언트의 관계유형을 서술하기 위한 것이지 클라이언트의 개별적인 특성을 의미하거나, Stigma를 주려는 것은 더욱 아니다.

(1) 고객형 클라이언트와의 관계

고객형의 클라이언트는 자신의 문제를 객관적으로 인지하고 있으며, 문제해결을 위한 동기가 강하고, 진심으로 도움을 요청하는 클라이언트를 말한다. 고객형 클라이언트는 자신이 문제해결을 위해 취해야 할 행동과 해결책을 어느 정도 알고 있고, 해결에 대한 강한 의지를 표현하기 때문에 사회복지사와 고객형 클라이언트는 긍정적이고 협력적인 관계를 쉽게 형성할 수 있다. 가장 이상적인 클라이언트라고 볼 수 있으나, 실제 고객형 클라이언트의 비율은 낮으며, 대부분의 클라이언트들이 고객형 클라이언트가 되기에는 많은 과정이 필요하다.

(2) 불평형 클라이언트와의 관계

불평형의 클라이언트는 자신의 문제를 인식하고 있으나, 사회복지사에게 불평, 불만을 토로함으로써 해답을 얻기를 원하는 수동형이라도 할 수 있다. 또한 자신의 변화보다는 다른 요인이나 다른 사람의 변화를 통해서만 자신의 문제를 해결할 수 있다고 믿고 있다. 따라서 문제해결에 대한 욕구는 크지만 동기 수준은 낮아서 행동으로 옮기는 경우는 드물다. 사회복지사는 불평형 클라이언트와 불평이나 목표를 함께 살펴보기로 협의하고 의도적으로 해결책을 찾을 수 있는 새로운 관점을 찾아보도록 유도해야 한다.

(3) 방문형 클라이언트와의 관계

자신의 고민과 갈등, 문제만 있고, 변화와 해결에 대한 동기는 낮은 클라이언트를 말하며, 주로 타의에 의해서 사회복지사를 찾아온 비자발적인 클라이언트들에게서 많이 볼 수 있다. 자신은 문제가 없으므로 변화해야 할 필요성을 느끼지 못한다거나, 사회복지사의 도움이나 해결방안 등이 자신의 뜻과는 다르다고 느끼기 때문에 비협조적인 태도를 취한다. 사회복지사는 방문형 클라이언트가 더 긍정적인 유형의 클라이언트로 발전할 수 있도록 최대한 도움을 주어야 한다. 그러나 방문형 클라이언트가 다른 유형의 클라이언트로 발전하지 못한다면, 도움을 받아야 하는 문제가 없다는 것에 동의를 하고, 어떤 다른 것을 다루어야 한다면 기꺼이 도움을 주겠다는 입장을 취한다.

2. 실천목표와 과정

1) 실천목표

해결중심모델은 클라이언트가 이미 가지고 있는 자원들을 활용하여 해결방안을 구축하도록 돕는 것을 목표로 하고 있다. 따라서 실천의 효과를 얻기 위해 구체적이고 작은 목표설정을 이용한다.

해결중심모델에서의 목표설정은 다음의 7가지 원칙에 기초하고 있다(박재연, 1998; 김은영, 2012).

(1) 클라이언트에게 중요한 것을 목표로 한다.

이 원칙은 치료자가 설정한 목표보다는 클라이언트가 원하는 목표를 수용한다는 원칙에 근거하고 있다. 해결중심모델에 있어서 실천의 목표는 클라이언트에게 중요한 것이어야 하며, 직접 관찰 가능한 것이어야 한다.

클라이언트는 실천의 목표가 자신에게 중요한 것일 때, 목표달성을 위하여 더 노력하게 된다. 따라서 사회복지사의 목표나 프로그램의 목표를 주장하기보다는 클라이언트의 목표를 수용하여 실천과정을 진행하는 것이 더 효율적이며, 클라이언트의 적극적인 참여와 협조적인 관계를 형성하는 데 도움이 된다.

(2) 목표는 작은 것이어야 한다.

클라이언트가 성취 가능한 작은 목표를 설정하여 성공할 수 있는 가능성을 높일 때 클라이언트는 성공과 희망을 느낄 수 있으며, 변화하고자 하는 동기도 증가하게 된다. 또한 목표를 성취하고 나면, 클라이언트는 다음의 목표를 달성하고자하는 동기 수준이 더 높아져 더 높은 수준의 목표를 달성할 수 있다.

(3) 목표는 구체적이고 명확하며 행동적인 것으로 설정한다.

클라이언트의 목표가 분명하고 구체적일수록 목표의 진행 상태와 다음의 목표와 변화과정을 쉽게 예측할 수 있다는 이점이 있으며, 클라이언트의 성공을 인정할 수 있는 기회 또한 증가한다. 또한 목표달성에 실패를 했을 경우에도 실패감이나 좌절감보다는 객관적인 평가를 할 수 있으며, 그 이유를 파악하고 다른 방안을 모색하기가 용이하다.

(4) 클라이언트에게 없는 것보다는 있는 것에 관심을 둔다.

클라이언트가 할 수 있는 것에 관심을 두고 실생활 속에서 그러한 행동들을 찾아내어 목표를 설정하는 것이 좋다. 이는 클라이언트가 문제행동을 하지 않을 때, 할 수 있는 일에 대해서 알 수 있도록 하는 것이며, 과거에는 무의식적으로 하던 행동을 의식적으로 행동을 하게 하는 과정에서 클라이언트의 자기통제력이 발달되기 때문에 치료적인 효과도 크다.

(5) 목표달성을 종결이 아닌 시작으로 간주한다.

목표를 달성해야 한다는 결과보다는 변화를 위한 행동을 시작하는 것 그 자체에 많은 의미를 부여하면 성취할 가능성이 높다는 것을 의미한다. 따라서 사회복지사는 클라이언트의 목표를 수용하는 한편, 원하는 목표의 달성을 위해서 처음부터 필요한 것들을 구체적으로 설명하고 요구하여야 한다.

(6) 클라이언트의 생활에서 성취 가능한 것을 목표로 설정한다.

클라이언트는 자신의 목표를 이루기 위한 가장 중요한 자원으로서, 사회복지사는 달성 가능한 목표를 설정하도록 조정하여야 한다. 따라서 사회복지사는 실천의 목표를 설정하는 과정에서 어떤 것이 현실적이고 쉽게 달성이 가능한 것인지, 어떤 것이 비현실적이고 달성하기 어려운 것인지를 판단하고 결정하는 것이 중요하다.

(7) 클라이언트가 변화를 위해 노력하는 것이 힘든 일이라고 인식하는 것이다.

클라이언트들은 변화를 위해 노력하는 것이 힘든 일이라고 인식한다. 그러나 이러한 인식이 오히려 중요한 역할을 한다. 즉, 달성 가능한 작은 목표를 설정하고 그 목표를 달성했을 때, 클라이언트는 자신에 대한 가치와 존엄성의 감정을 높게 느낄 수 있으며, 성공에 대한 자신감과 확신을 가질 수 있기 때문이다. 따라서 사회복지사는 클라이언트의 작은 성공에도 인정과 칭찬을 아끼지 말아야 한다.

2) 실천과정

해결중심모델은 일반적으로 6~10회의 **세션(회기, session)**이 가장 많이 활용되며, 평균 1주에서 6주의 간격으로 진행(Dinkmeyer & Sperry, 2000 ; 강이화,

2002 재인용)되는 단기실천모형이며, 클라이언트가 해결방안을 구축해나가는 과정 그 자체가 실천과정이다.

일반적으로 해결중심모델의 실천과정은 8가지 기본 원리에 근거하여 4단계로 이루어져 있다(De Jong & Berg, 1998; 허남순·노혜련 역, 2004 재구성).

(1) 1단계: 해결방안 모색의 시작단계(Rapport형성 및 사회복지사와 클라이언트의 관계 맺기)

사회복지사는 클라이언트와의 긍정적인 Rapport형성과 사회복지사와 클라이언트의 관계유형을 사정하여 긍정적인 관계유형으로 발전시키는 것에 초점을 맞추어야 한다. 사회복지사는 클라이언트로 하여금 문제의 분석보다는 더 나아지는 상태, 더 나은 상태가 되기 위한 해결방안을 모색하도록 돕는다.

(2) 2단계: 해결중심적인 목표를 설정하는 단계

해결중심모델에서 실천의 효과를 위한 가장 중요한 요인은 클라이언트가 분명한 목표를 갖도록 돕는 것이다. 사회복지사는 목표설정을 위한 7가지 원칙을 준수해야 한다.

(3) 3단계: 해결방안을 찾는 실천단계

사회복지사와 클라이언트가 명확하고 간결한 **질문기법**을 통해 해결방안을 찾는 과정이다. 이러한 질문기법은 클라이언트가 문제를 보는 관점에 영향을 주고, 자신의 잠재능력과 자원을 활용할 수 있도록 하며, 성공적이었던 경험을 기억해내도록 돕는다.

해결중심모델에서 사용되는 다양한 질문기법들은 예외질문, 척도질문, 기적질문, 대처질문 등이 있다.

(4) 4단계 : 변화의 평가단계

이후의 단계에서는 실천효과의 평가, 확인, 유지, 강화 및 실천효과의 감소와 악화 등을 지속적으로 다루어 나가는 과정이 반복된다. 클라이언트가 생각하는 실천목표의 달성 또는 해결방안의 수행 정도를 척도형 질문을 통하여 스스로 파악할 수 있도록 하는 방법 등이 많이 사용된다.

3. 실천기법

1) 해결지향적 질문

해결지향적 질문은 클라이언트의 관점이 긍정적으로 변화하게 하고, 클라이언트의 건강한 측면과 강점, 문제가 발생하지 않는 예외상황을 발견하여, 클라이언트가 해결방안을 모색할 수 있도록 하는 효과적인 기법이다(Berg, 1994 ; 윤현숙 외, 2001 재구성).

(1) 첫 면담 이전의 변화에 관한 질문(pre-session change question)

해결중심모델에서는 변화란 불가피하며, 지속적으로 일어난다고 보기 때문에, 면담을 약속하고 난 후, 첫 번째 면담 이전까지 클라이언트가 경험한 변화에 관한 질문기법이다. 면담 전 질문은 내담자가 사회복지사의 도움 이전에 이미 보여준 해결능력을 인정하고 칭찬하며, 강화하고 확대할 수 있도록 격려하는 것이다.

(2) 예외질문(exception-finding question)

예외란 클라이언트의 과거 경험에서 어려움이 발생할 것이라고 예상했지만, 실제 어려움이 발생하지 않은 상황을 말한다(De Shazer, 1985). 예외질문은 의도적으로 문제를 해결하기 위해 우연히 성공했던 과거의 경험과 강점을 클라이언트가 스스로 찾아낼 수 있도록 돕는 질문으로써, 첫 면담에서 목표설정 후에 사용되는 경우가 많다. 따라서 사회복지사는 클라이언트가 찾아낸 성공한 경험들을 찾아내고, 이를 의도적으로 계속해보도록 지지하여, 스스로 해결방안을 구축하도록 도와야 한다.

(3) 기적질문(miracle question)

기적질문은 문제 자체를 감소하거나 제거하지 않고, 문제와 떨어져서 해결책을 상상하게 하는 질문기법으로서 실천목표를 현실적이며 구체적으로 설정하도록 하는 데 유용하다(Corcoran, 2001). 기적질문은 자기문제를 재인식하고, 해결된 상태를 상상하고, 작은 변화가 큰 변화의 시작인 것을 인식하고 점차로 확대해 나가도록 하는 것이며, 무조건 기적상황을 가정하도록 하는 것이 아니라, 작고 구체적이며, 행동으로 옮기기 쉬운 것이라야 한다. 기적질문은 특히 예외상황이 전혀 없다고 말하거나 희망이 없다고 말하는 클라이언트에게 유용하다.

(4) 척도질문(scaling question)

클라이언트의 과거 및 현재 상태와 변화의 정도, 느낌, 인식하고 있는 것 등을 좀 더 명확하고 구체적인 숫자로 표현하게 하는 질문기법이다. 척도질문은 0에서 10점 사이의 숫자를 사용하여 자신의 구체적 목표와 변화의 상태를 확인할 수 있도록 도와주는 것이며(Berg & Miller, 1992), 목표달성을 위한 지표로 삼기에 유용하다.

(5) 대처질문(coping question)

위기에 관련된 문제나 만성적인 어려움에 처해 있는 클라이언트에게 그 당시의 대처행동에 관해 질문하는 기법이다. 대처질문은 클라이언트가 성공적으로 대처한 상황을 발견하여 강조함으로써 클라이언트가 자신의 자원과 강점을 인식하도록 도와주는 것이다.

사회복지사는 대처질문을 통해 클라이언트가 위기와 어려운 상황에서도 잘 대처하면서 지금까지 견뎌왔다는 점, 살아왔다는 점 그리고 앞으로도 더 나은 삶을 살려는 희망을 잃지 않았다는 점 등을 찾아내고, 지지해야 한다. 또한 대처질문을 통해 클라이언트의 역량을 강화하고 지지하는 동시에, 이전의 어려움이 반복되지 않도록, 그리고 현재의 어려움이 더 이상 악화되지 않도록 도움을 줘야 한다.

(6) 관계성질문(relationship question)

클라이언트와 중요한 관계에 있는 사람들의 행동이나 생각, 반응 등에 대해 질문하는 것으로 클라이언트가 타인의 입장에서 문제를 객관적으로 판단하고 이해하도록 하는 질문기법이다. 관계성질문을 통하여 클라이언트는 자신에게 중요한 사람들을 연상하면서, 자신과의 상호작용 속에서 해결방안을 모색하고, 실제 생활에서 스스로 실천해보도록 하는 과정이 동시에 이루어지므로 클라이언트가 힘들어 하는 사회적 관계에 긍정적인 변화가 일어날 수 있다.

(7) 악몽질문(nightmare question)

다른 유형의 질문기법들이 효과가 없을 때, 사용할 수 있는 문제 중심적인 질문으로서 기적질문과 유사한 것이다. 클라이언트가 뭔가 더 나쁜 일이 일어나야만, 현재의 어려운 문제 상황에서 벗어나려는 노력을 시작할 것이라는 판단이 내려지면 사용하는 질문기법이다.

(8) 간접적 칭찬 : '어떻게 그렇게 할 수 있었습니까?'

'어떻게 그렇게 할 수 있었습니까?'라는 질문을 함으로써 클라이언트의 긍정적인 면과 강점을 지지하는 것이다. 이를 통해 클라이언트는 자신의 강점과 자원을 스스로 발견할 수 있게 되므로 직접적인 칭찬보다 오히려 더 큰 도움이 된다.

(9) '그 외에 또 어떤 것이 있습니까?'

예외를 더 많이 발견하고, 클라이언트의 강점, 자원, 성공적인 경험 등을 더 찾아내려는 질문기법이다.

2) 매 세션 종결 시, 피드백 제공

매 세션의 종결 시에 클라이언트의 강점, 긍정적인 변화를 위한 노력과 구체적인 행동 등에 대해서 긍정적인 피드백을 제공한다. 또한 사회복지사는 피드백의 제공과 함께 자신이 발견한 긍정적인 의미를 전달하거나, 제안을 할 수 있고, 과제를 줄 수도 있다. 즉, 고객형의 클라이언트에게는 행동과제를, 불평형의 클라이언트에게는 관찰과제 혹은 생각과제를 줄 수 있으며, 방문형의 클라이언트에게는 과제를 주기보다는 어려운 문제 상황에서도 도움을 받기 위해 참여한 것에 대해서 칭찬하고 지지함으로써 다음 세션에 참여할 수 있도록 한다.

제11장 | 동기강화모델

동기강화모델은 1980년대 초 W.R., Miller의 동기강화상담(Motivational Interviewing, MI)에 기초한 실천모델로서, 클라이언트의 내재된 변화동기를 찾아내어 강화함으로써, 행동변화를 이끌어내는 것을 목표로 한다. 고유의 이론이나 모델이라기보다는 기존 사회복지사의 자세와 기술의 복합적 모델이라고 할 수 있다(Miller & Rollnick, 1995).

주로 부정(denial)이 강한 알코올, 약물중독 등의 어려움을 가진 비자발적인 클라이언트들을 대상으로 시작되었고, 점차 긍정적인 행동변화가 필요한 다양한 유형의 중독자, 폭력가해자, 일상생활에서 규칙적인 관리가 필요한 만성질환자 등을 대상으로 다양한 영역에서 폭 넓게 적용되고 있다(신성만 외, 2017).

특히, C.R., Rogers의 인본주의 철학에 기반을 두고 있는 3개월 이내의 단기 개입으로서, 장기적인 개입에 제한이 많은 다양한 실천현장에서 적용되고 있으며(Lundahl et al., 2010), 단기개입으로 동기강화모델을 실시한 이후에, 다른 유형의 다양한 이론과 모델들과 연계하거나, 통합적으로도 활용할 수 있는 특성이 있다.

동기강화모델은 자신의 변화에 대한 클라이언트의 양가감정(ambivalence)을 탐색하고 해결함으로써 변화에 대한 클라이언트의 내적 동기를 이끌어 내고 강화시키는 클라이언트 중심적인 실천방법(신성만 외, 2015)이다. 또한 클라이언트를 자신의 어려움을 해결할 수 있는 역량과 자원이 있는 존재로 인정하는 강점관점으로 바라보며, 사회복지사와 클라이언트는 상호 협력하는 관계이다(김성철 외, 2020; 장수미 외, 2021).

1. 기본개념

Corcoran(2016)은 첫째, 사회복지실천에서 강조하는 개인의 가치와 존엄성, 자기결정권, 클라이언트 중심, 강점관점, 문화적 다양성의 수용 등이 동기강화모델의 가치와 철학에 부합하며, 둘째, 사회적으로 취약하고 억압받는 계층, 법원으로부터 사회봉사의 명령을 받은 클라이언트 및 다양한 유형의 중독으로 인해 어려움에 처해 있는 비자발적인 동기를 가진 클라이언트들을 대상으로 긍정적인 행동변화를 이끌어 내야 하는 사회복지실천현장에서 활용할 수 있다는 점 등을 이유로 사회복지사들에게도 유용한 실천방법이라고 하였다(신성만 외, 2017; 남미애 외, 2020).

1) 기본전제

동기강화모델에서는 클라이언트가 자신의 변화에 대한 자기결정권과 자율성을 스스로 존중하는 것에서부터 출발한다. 클라이언트의 양가감정을 찾아내고 해결함으로써 내면의 변화 동기를 강화하는 것을 목적으로 하는 클라이언트 중심적인 실천방법이다(Miller & Rolnick, 1995).

① **변화의 동기는 외부가 아닌 클라이언트의 내부로부터 나오는 것이다.** - 클라이언트의 문제 상황이 변화되기 위해서는 그 변화에 대한 동기를 클라이언트가 갖고 있다는 것을 인식하는 것이 중요하다.

② **양가감정을 인식하고 해결하는 주체는 클라이언트 자신이다.** - 실천과정에서 일어나는 변화에 대한 긍정적인 기대와 부정적인 불안과 같은 클라이언트의 양가감정을 객관적으로 인식하고 긍정적인 방향으로 나아가기 위해서는 클라이언트의 자발적인 노력이 가장 중요하다.

③ **특히 초기에는, 클라이언트의 양가감정을 해결하는 데 있어서 사회복지사의 설득, 조언, 충고 등은 효과적이지 않다.** - 사회복지사의 가치관과 기준이 항상 옳은 것이 아니기 때문에, 클라이언트의 문제 상황을 변화시키는 데 있어서는 클라이언트 자신이 중심이 되어야 한다.

④ **동기강화모델은 변화의 동기를 조용히 이끌어 내는 의사소통적 실천방법의 하나이다.**

⑤ **사회복지사는 클라이언트가 스스로 자신의 양가감정을 인식하고 해결할 수 있도록 도와주어야 한다.** - 클라이언트는 변화에 대한 불안과 두려움, 저항 등을 가질 수 있으며, 클라이언트가 이를 회피하지 않고 스스로 이해하고 해결할 수 있도록 도와주어야 한다.

⑥ **긍정적인 변화는 대인관계의 상호작용에서 시작되며, 그때부터는 의도적으로 지시적인 방법을 사용한다.** - 클라이언트의 변화는 대인관계의 상호작용에서 시작되며, 클라이언트가 대인관계의 상호작용에 의한 효과를 이해하고 두려움을 갖지 않도록 사회복지사가 도와주어야 한다.

⑦ **사회복지사와 클라이언트의 관계는 동반자의 관계이다.** - 동기강화모델은 클라이언트 중심의 실천방법으로서, 클라이언트의 강점을 활용한다는 점에서 사회복지사와 클라이언트는 위계적인 관계가 아닌 상호 협력하는 동반자의 관계로 인식해야 한다.

2) 기본원리

Miller & Rollnick(2013)은 동기강화모델의 4가지 원리로서 ① 공감표현하기, ② 불일치감(=모순) 인식하기, ③ 저항과 함께하기, ④ 자기효능감 지지하기 등을 제시하였다.

① **공감표현하기**(express empathy)−사회복지사는 문제 상황을 이해하고 있으며, 충분히 공감하고 있다는 것을 클라이언트에게 전달함으로써, Rapport가 제대로 형성되고, 실천이 원활하게 진행될 수 있도록 해야 한다. 사회복지사의 적극적인 공감적 표현에 클라이언트는 마음의 문을 열고, 변화를 위한 저항도 줄어들게 되어 실천과정이 원활하게 진행된다.

② **불일치감(=모순) 인식하기**(develop discrepancy)−사회복지사가 클라이언트의 불일치를 찾아내어 반영하는 직면(confrontation)과는 달리, 클라이언트의 가치 기준과 행동이 서로 맞지 않다는 것을 클라이언트 스스로가 인식할 수 있도록 도와줌으로서 변화의 필요성을 알게 해주는 것이다.

③ **저항과 함께하기**(roll with resistance)−'저항과 함께 구르기'라고도 하며, 변화에 대한 클라이언트의 저항, 주저함, 망설임, 불안감 등을 있는 그대로 인정하고 존중하라는 의미이다. 즉, 클라이언트의 양가감정에 의한 저항 등은 변화의 과정에서 나타나는 자연스러운 반응으로서 사회복지사는 회피하거나 직면하지 말고 있는 그대로 수용함으로서 클라이언트의 방어를 최소화해야 한다.

④ **자기효능감 지지하기**(support self-efficacy)−자기효능감은 스스로 어떤 일을 성공적으로 수행할 수 있는 역량이 있다고 자기 자신을 믿는 기대와 신념을 뜻한다.

변화의 동기는 사회복지사의 설득, 조언, 충고에 의해 나오는 것이 아니라, 클라이언트 내부로부터 나오는 것이기 때문에, 클라이언트가 문제 상황을 해결하는 변화의 주체는 자기 자신이며 변화를 위한 역량을 가지고 있다는 것을 스스로 확신할 수 있도록 지지해야 한다. 또한 사회복지사는 클라이언트가 자신의 문제 상황을 해결하고자 하는 의지를 존중하고, 지지하고, 긍정적으로 평가해야 한다.

2. 실천목표와 과정

동기강화모델은 클라이언트의 변화에 대한 양가감정을 탐색하고 변화의 동기를 강화시키는 상호 협력적인 실천모델이며, 실천목표는 긍정적인 행동변화에 있다(Corcoran, 2016).

사회복지사는 클라이언트가 변화를 위한 자신만의 이유를 탐색하도록 해서 변화할 수 있도록 지지하고 안내하는 역할을 수행한다. 또한 사회복지사는 클라이언트의 강점과 역량을 강조, 지지하고, 변화를 위한 협력적인 관계를 통해 클라이언트가 스스로 긍정적인 행동변화를 실천할 수 있도록 돕는다.

동기강화모델은 사회복지사의 판단을 통해 클라이언트의 행동변화를 요구하는 직면시키는 실천방법이 아니라, 클라이언트 자신이 자발적으로 변화할 수 있는 환경을 조성하고, 클라이언트의 생각, 느낌, 가치관, 인생목표, 관점 등의 변화를 위한 동기를 강화하여, 클라이언트가 스스로 자신의 변화를 선택, 결정할 수 있도록 도와주는 실천방법이다. 따라서 동기 수준이 낮고, 비자발적인 클라이언트들에게 효과적인 실천 모델이다(오봉옥 외, 2020).

1) 개입과정

동기강화모델은 일반적으로 관계형성하기, 초점 맞추기, 유발하기, 계획하기 등의 4단계의 과정으로 이루어지며, 순차적으로 이루어질 수도 있으며, 동시에 이루어질 수도 있고 순서에 상관없이 이루어질 수도 있다(남미애 외,

2020; 오봉옥 외, 2020).

(1) **관계형성하기**(engaging)

사회복지실천현장에서 가장 중요한 클라이언트와의 Rapport 형성과 같은 개념이라 할 수 있다. 사회복지사와 클라이언트와의 Rapport 형성은 실천의 효과에 직접적으로 영향을 미치는 중요한 요인이며, 과제이다. 클라이언트와의 Rapport 형성의 정도와 수준은 사회복지사의 클라이언트에 대한 이해 및 관심의 정도, 사회복지사의 전문성에 대한 클라이언트의 신뢰 등에 영향을 받는다.

(2) **초점 맞추기**(focusing)

'하나의 주제로 초점 맞추기'라고 볼 수 있다. 관계형성하기가 어느 정도 이루어지면, 클라이언트가 어떤 도움을 받고 싶은지, 다루었으면 하는 내용은 무엇인지, 어떤 변화를 원하는지 등을 파악하고, 초점을 맞춘다. 즉, 다루어야 할 주제의 선택을 의미한다. 또한 사회복지사가 실천과정에서 중요한 어떤 부분을 강조하거나 집중시킬 때 사용하는 표현적 의사소통기술이기도 하다. 즉 사회복지사와 클라이언트는 초점 맞추기를 통해 클라이언트의 문제에 대한 이해와 문제해결의 방향에서 중요한 내용을 선택하고, 그것을 중심으로 다루어 나가야 한다.

초점 맞추기에는, 첫째, 사회복지사가 클라이언트에게 초점과 주제를 결정하거나, 정보를 제공하고 가르치거나 조언하는 **지시하기**(directing), 둘째, 사회복지사가 클라이언트가 제기하는 초점과 주제에 대해서만 탐색하거나 클라이언트가 말하고자 하는 것에만 관심을 기울이고 이해하려고 하고 상대방을 존중하고 강요하지 않는 **따라가기**(following), 셋째, 사회복지사와 클라이언트가 서로 합의하는 형태로서, 지시하기와 따라가기의 중간 형태인 **안내하기**

(guiding) 등의 3가지 유형이 있다(오봉옥 외, 2020).

(3) 유발하기(evoking)

클라이언트와의 관계형성을 계속 유지하기 위해서 클라이언트의 변화를 위한 동기를 불러일으키도록 자극을 주는 것으로서 클라이언트로 하여금 변화의 이유를 자신의 언어로 표현할 수 있도록 하는 것이다.

클라이언트가 마음 속으로만 생각하는 것보다, 자기 스스로 어떻게 변화해야 하며, 어디서, 누구와, 무엇을, 어떻게 할 것인가를 자발적으로 언어적 표현을 할 수 있도록 도와준다면, 실천 가능성은 더 높아 질 것이다. 따라서 이 과정에서는 동기강화모델의 대표적인 OARS기술 즉, 개방형 질문하기(open question), 인정하기(affirming), 반영하기(reflection), 요약하기(summaries) 등을 잘 활용해야 한다.

(4) 계획하기(planning)

클라이언트가 변화를 위한 동기와 준비, 자신감의 수준이 어느 정도 높아지고 난 이후의 다음 단계가 구체적인 행동 계획을 수립하는 과정이다.

사회복지사는 클라이언트와 충분한 관계형성과 행동변화의 목표가 분명하게 공유되고, 클라이언트의 변화의지가 높으며, 변화를 위한 준비가 되었다고 판단 될 때, 계획하기 과정을 실행하는 것이 중요하다. 또한 클라이언트와의 대화를 통해, 가장 먼저 할 수 있는 활동이 무엇인지를 이끌어내고, 계획을 실천하는데 있어서 방해물은 무엇인지, 도움을 받을 수 있는 자원들은 무엇인지 등을 확인하는 것도 필요하다.

2) 클라이언트의 변화 단계

동기강화모델에 변화단계모델을 적용할 경우, 클라이언트가 변화 과정에서 어떠한 상황에 놓여 있는지를 파악하고, 클라이언트의 동기 수준에 따른 적합한 수준의 실천이 이루어져야 한다(강호엽 외, 2017; 조미숙 외, 2020).

① **숙고 전(前) 단계**(Pre-contemplation) – 클라이언트가 자신의 행동을 변화시키는 것을 전혀 고려하지 않고 있는 상태를 말한다. 자신의 잘못된 행동에 대한 통찰이나, 변화에 대한 의지, 동기가 없기 때문에 상담과 같은 도움을 거부하고, 화를 내는 단계를 말한다.

② **숙고단계**(contemplation) – 클라이언트가 자신의 행동에 문제가 있음을 인식하기 시작하고, 변화에 대한 필요성을 인식하기 시작하는 단계를 말한다. 동시에 이 단계에서는 변화에 대한 기대감과 불안감 등의 양가감정을 갖게 되며, 사회복지사가 적극 개입하여 긍정적인 방향으로 이끌어야 한다. 클라이언트가 변화를 고려할 때, 양가감정은 필수적으로 동반되며, 대부분의 경우 상반되는 두 가지의 감정을 동시에 표현한다. 동기강화모델이 다른 이론이나 모델들과 차별화되는 부분은 변화대화와 유지대화이다.

변화대화(change talk)는 클라이언트가 변화에 대해 이야기하는 것을 말하며, **유지대화**(sustain talk)는 현재 상태를 유지하겠다는 저항의 진술을 말한다. 클라이언트가 변화대화를 많이 할 경우 행동변화 가능성이 커지므로, 사회복지사는 클라이언트 진술이 변화대화인지 유지대화인지를 인식해야 하고, 클라이언트가 유지대화를 지속하면 변화대화를 유발시킬 수 있어야 하며, 클라이언트가 변화대화를 진술했을 때 적절하게 반응 할 수 있어야 한다.

③ **준비단계**(preparation) – 클라이언트가 자신의 행동 변화에 대한 결단을

내린 결심단계라고도 할 수 있다. 행동 변화를 위해 준비를 하고 실천에 옮기고자 하는 단계이다. 동기강화모델에서의 계획하기에 해당되는 단계로서 클라이언트의 욕구에 맞춰서 계획을 수립해야 하며, 충분한 정보를 제공해야 한다.

④ **실행단계**(action) – 준비단계에서 수립한 계획에 따라 클라이언트가 행동으로 실천하는 단계이다. 수많은 시행착오를 경험하면서 꾸준히 노력해야 한다는 것을 사회복지사와 클라이언트가 충분히 이해하고, 인정해야 한다. 또한 사회복지사는 적극적인 지지와 격려를 제공해야 한다.

⑤ **유지단계**(maintenance) – 새로운 행동 양식을 지속적으로 유지해 나가며, 재발하지 않도록, 스트레스를 잘 관리할 수 있도록 개인의 일상생활 속으로 통합하는 단계이다.

재발단계(relapse)가 추가되기도 한다. 재발을 부정적인 것이 아닌, 변화 과정의 정상적인 현상으로 이해하고, 사회복지사는 클라이언트를 더욱 지지해야 한다.

3. 실천기법

동기강화모델의 대표적인 실천기법으로서는 OARS 즉, **개방형 질문하기**(open question), **인정하기**(affirming), **반영하기**(reflection), **요약하기**(summaries) 등을 중심으로 살펴보았다.

1) 개방형 질문하기(open question)

다양한 이론과 모델들에서 제시한 개방형 질문하기와 동일한 기술로서, 클라이언트의 어려움에 대해 사회복지사의 관점이 아닌 클라이언트의 관점으로, 정보와 자료를 수집하기 위해서 사용되는 유용한 기술이다. 단순한 정보수집이 아니라 클라이언트를 보다 더 깊게 이해할 수 있으며, 클라이언트의 변화 동기를 유발하고 변화계획을 수립하는데 긍정적인 영향을 미치는 질문기법이다.

2) 인정하기(affirming)

클라이언트의 강점과 노력 등을 알아주고 지지하는 것으로서 한 인간으로서의 사회복지사가 클라이언트 개인의 내재된 가치를 알아보고 인정해주는 것이다(Miller & Rollnick, 2013). 막연한 칭찬과 지지가 아니라, 클라이언트가 실제로 가지고 있는 강점, 실제로 실천한 행동이나 노력에 대해 구체적으로 언급하고 인정하는 것으로서, 클라이언트의 자존감도 높아지고, 관계형성하기 및 Rapport형성에 긍정적인 영향을 미친다.

3) 반영하기(reflection)

반영하기 역시 알려져 있는 기술이며, 동기강화모델에서 가장 핵심이 되는 기술이다. 클라이언트의 언어적, 비언어적 의사표현들의 의미를 잘 찾아내어 거울에 비추듯이 보여주는 기술이다. 반영하기를 통해서 클라이언트의 말을 잘 경청하고 있으며, 공감하고 있고, 이해하고 있다는 것을 전달해주는 것이다. 반영하기를 통해서 클라이언트와의 Rapport가 더 단단해질 수 있으며, 더 깊은 수준의 상담이 이루어질 수 있다.

4) 요약하기(summaries)

요약하기는 클라이언트의 언어적, 비언어적 의사표현 즉, 클라이언트가 표현한 정보들을 잘 정리하고 종합해서 전달해주는 것이다. 피드백을 주고받을 때에도 요약하기는 유용하게 활용된다.

5) 나란히 가기(Siding with negative)

나란히 가기는 사회복지사가 클라이언트의 저항에 변화를 강요하지 않고, 오히려 변화하지 않았으면 하는 클라이언트의 주장을 지지해주는 역설적인 기술이다. 양가감정의 상태에서 대부분의 사람은 상대방이 한쪽을 강조하면, 심리적으로 그 반대쪽으로 관심을 기울이고 집중하는 심리적인 특성을 활용하는 것이다. 즉, 클라이언트의 저항에 적절히 대응하는 방법 중의 하나로서 클라이언트가 긍정적인 변화의 방향으로 나아갈 수 있도록 도와주는 기술이다.

그 외에도 동기강화모델에서는 **정보제공하기**, **조언하기**, **재구조화**, **초점 바꾸기**, **척도질문**, 악몽질문과 유사한 **극단적 질문하기**, 예외질문과 유사한 **과거 회상하기**, 기적질문과 유사한 **미래 예상해보기** 등의 기법들이 사용된다.

제12장 | 위기개입모델

위기개입모델(crisis intervention model)이란 위기에 처해 있는 사람들을 대상으로 즉각적인 개입을 통해 단기간 내에 전문적인 도움을 제공하는 실천모델이다. **위기**란 자연재해, 사랑하는 사람의 죽음, 갑작스러운 사고나 질병, 예상치 못한 폭력 등을 경험하고, 엄청난 정신적인 충격과 스트레스로 인해 스스로 해결할 수 없는 혼란스러운 상황에 빠지는 것을 의미한다. 또한 위기란 4~6주 정도 지속되는 시간 제한적인 개념이며, 위기 상황에 빠진 사람들은 전문적인 원조가 즉각적으로 제공되지 않는다면, 격심한 고통에 시달리게 되고, 결국에는 심각한 정신적인 문제까지 경험하게 된다.

따라서 **위기개입**이란 위기 상황에 처해 있는 클라이언트를 대상으로, 단기간 내에 집중적이고 전문적인 도움을 제공하여 위기로 인한 불균형 상태에서 벗어나고, 문제를 해결할 수 있도록 돕는 것을 말한다. 또한 위기개입모델에서는 현재 상황의 구체적인 사실과 이를 변화시키려는 클라이언트의 노력을 강조한다(Puryear, 1979; 김기태, 1998).

또한 위기개입은 위기에 처한 사람이 **외상**(trauma)적인 사건으로 인하여 발생된 정서적·행동적·인지적 왜곡을 인식하고 교정할 수 있도록 돕는 것을 강조하기 때문에 다른 유형의 실천모델들과는 차별된다.

1. 기본개념

위기개입모델에서 **위기**(危機)란, 위험과 기회의 양면적인 의미가 포함되어 있는 특성이 있으며, 단순히 원인과 결과로 설명할 수는 없는 복잡하고 어려운 것이다. 또한 위기에 처한 사람들의 환경은 위기를 극복하는 데 많은 영향을 미치며, 위기의 영향을 받을 때에는 즉각적이고 전문적인 도움이 필요한 것으로 보고 있다(Brammer, 1985).

반면 격심한 고통을 경험하고, 도움을 요청한다는 점에서 본다면, 위기는 또 다른 기회라고 할 수도 있다. 즉, 위기로 인한 기회를 잘 활용할 때 자기 성장과 자각의 기회를 마련할 수 있다(Brammer, 1985)는 것이다. 따라서 위기를 잘 해결하면 대처능력을 향상시키는 것과 같은 긍정적이면서도 건설적인 결과를 가져올 수 있으며, 자기패배감이나 역기능적 행동과 같은 부정적 측면은 감소될 수 있다(Janosik, 1984 ; 이소연, 2009 재인용).

1) 위기의 유형

위기를 유발하는 요인에 따라 위기의 유형을 상황적 위기, 발달적 위기, 실존적 위기 등으로 분류할 수 있다(Gilliland & James, 1997 ; 전남련 외, 2012).

(1) 상황적 위기

심각한 질병, 사랑하는 사람과의 사별, 자연재해(지진, 해일, 홍수, 화산 폭발 등), 인재(전쟁, 화재, 건물이나 교량 붕괴, 교통사고 등), 폭력범죄(성폭행, 강도 등), 이혼, 자살 등과 같이 갑작스럽게 발생하는 충격적인 외부사건에 의한 위기를 말한다.

(2) 발달적 위기

발달단계에서의 성숙과정(청소년기의 진입, 청소년기의 정체성 위기, 결혼, 자녀의 출생, 중년의 위기, 노인의 위기, 가족의 발달 주기에 따른 위기, 은퇴 등)에서 발생하는 생활사건이나 발달단계마다 요구되는 발달과업에 의한 새로운 대처자원이 필요한 위기를 말한다.

(3) 실존적 위기

목적, 책임, 독립성, 자유, 헌신 등 인간에게 중요한 이슈를 동반하는 내적 갈등이나 불안과 관련된 위기이다. 예를 들어, 개인이 특정 전문성이나 조직에서 중요한 역할을 해내지 못하거나, 영향을 주지 못한다는 불안이나 60대에 인생이 덧없다고 느끼는 허무감과 위기 등이 이에 해당한다.

2) 위기의 구성요소

Golan(1978)은 위기 또는 위기의 발달은 5가지의 구성요소로 이루어져 있다고 밝히고, 위기에 대한 이론적 가정을 제시하였다(김혜란, 2006 재인용).

(1) 위험 사건(hazardous event)

위기는 대부분 위험 사건에 의해 시작된다. 위험 사건은 외부적인 스트레스 사건일 수도 있고 혹은 내부적인 압력일 수도 있으며, 하나의 재앙 사건일 수도 있고 혹은 연속적으로 축적된 사건일 수도 있다. 하나의 위험 사건은 갑작스러운 배우자의 죽음, 교통사고로 인한 장애, 해고, 이혼, 성폭행, 이민 등을, 연속적인 위험 사건은 최근 직장에서 상사와 갈등이 있는 여성이 남편의 질환, 시집과의 갈등, 자녀의 성적부진 등을 연속적으로 경험하면서 위기에 빠지는 것을 예로 들 수 있다.

(2) 취약 상태(vulnerable state)

위험 사건으로 인해 **항상성**(homeostasis)을 잃게 되면 취약 상태가 된다. 일반적으로 이전의 **평형**(equilibrium) 상태를 회복하기 위해서 지금까지 사용해왔던 방어기제나 대처행동 등의 문제해결방법을 사용하게 되며, 이에 성공하지 못하면 위기 상황에 대처하기 위한 새로운 방법을 찾게 된다.

(3) 촉발 요인(precipitating factor)

긴장과 불안을 최고봉으로 올려놓음으로써 취약 상태를 불평형 상태로 만드는 요인이다. 어떤 위기 상황에서는 위험 사건이 압도적이어서 사건 발생 동시에 촉발 요인이 되기도 하지만 어떤 경우에 촉발 요인은 위험 사건과 직접 관련이 없을 수도 있다. 예를 들어, 최근 이혼한 여성이 별다른 위기 상황이 없는 듯이 일상생활을 유지하다가, 운전 중 접촉사고를 당하고 나서 지금까지 가까스로 유지하여 오던 평형상태가 깨어지면서 실제 위기를 맞는 경우이다.

(4) 실제 위기 상황(active crisis)

실제 위기 상황이 진행되는 것으로 위기에 대한 사람들의 인식의 차이가 나타나고, 인식의 차이에 따른 정서적 반응에도 차이가 나타난다. 즉, 위기를 위협으로 인식한 사람들은 높은 수준의 불안을 경험하고, 능력에 대한 상실로 인식한 사람들은 우울 · 결핍감 · 애도 등의 반응을 보이기도 하며, 도전으로 인식한 사람은 어느 정도의 불안은 경험하지만 희망과 기대를 갖는다.

또한 위기 상황은 과거에 해결되지 않았거나 부분적으로 해결된 갈등을 재활성함으로써 현재의 대처능력을 저하시키기도 한다. 그러므로 위기개입은 현재의 위기 상황뿐만 아니라 과거 갈등으로 인한 현재의 문제를 해결할 수 있는 기회도 갖게 되는 것이다. 실제 위기 상황은 일반적으로 4~6주 동안 지속된다. 따라서 위기개입은 4~6주 이내에 이루어진다.

위기 상황에서 사람들은 현재 자신의 문제해결 방법이 적절하지 못하다는 것을 경험하고 외부의 영향과 도움에 쉽게 반응하기 때문에, 위기개입에서 원조는 일반적인 상황에서의 집중적인 원조보다 효율적이다.

(5) **재통합**(reintergration)

재통합 단계에서는 지금까지 일어난 문제에 대해 인지적으로 이해하게 되고 위기에 관련된 감정을 해소하고 변화를 수용하며, 새로운 대처행동 유형을 개발한다. 위기 상황을 잘 극복했다면, 성취감과 높아진 자존감을 경험하게 되고, 미래의 다른 위기 상황에 효과적으로 대처할 수 있다. 그러나 위기 상황을 제대로 극복하지 못했다면, 전반적인 기능의 저하를 초래할 수도 있다.

3) 위기 상황에 처한 사람들의 특징

위기 상황에 처한 사람들은 일반적으로 다음과 같은 특징을 가지고 있다(Roberts, 2005 ; 장수미 외, 2010).

- 촉발 요인 또는 촉발사고를 위협적으로 인식한다.
- 두려움, 긴장, 혼란을 경험한다.
- 매우 높은 수준의 불편함을 경험한다.
- **불평형**(disequilibrium)의 상태로 급속하게 진행된다.
- 지금까지 사용해왔던 일상적인 방어기제나 대처방식으로는 상황을 조정하거나 대처할 수 없을 것이라 생각한다.

2. 실천목표와 과정

1) 실천목표

(1) 실천목표

위기개입모델은 집중적으로 이루어지는 단기개입으로서 위기 상황의 극복과 관련된 구체적인 문제의 해결에 초점을 두기 때문에 목표가 제한적이다.

Rapoport(1970)는 위기개입의 목표를 6가지로 제시하고, 처음의 4가지는 반드시 달성해야 할 1차적 목표이며, 다음의 2가지는 상황이나, 기회, 클라이언트의 특성 등을 고려하면서 달성해야 하는 2차적 목표라 했다.

첫째, 위기로 인한 증상을 제거한다.

둘째, 위기 이전의 기능 수준으로 회복한다.

셋째, 불평형의 상태로 만든 촉발 사건에 대해 이해한다.

넷째, 클라이언트나 가족이 사용하거나 지역사회 자원에서 활용할 수 있는 자원에 대해서 규명한다.

다섯째, 현재의 스트레스를 과거의 경험, 갈등 등과 연결하여 인식한다.

여섯째, 새로운 인식, 사고, 정서 양식을 개발하고 위기 상황 이후에도 사용할 수 있는 새로운 적응적 대처 기제를 개발한다.

(2) 실천의 원칙

위기개입모델에서는 효과적인 실천목표의 달성을 위하여 다음과 같은 8가지 원칙들을 제안하였다(Puryear, 1979 ; 김기태, 1998).

① 신속한 개입

위기 상황에 빠진 사람들은 오랫동안 견딜 수 없기 때문에, 일반적으로 위기상태에 들어간 때부터 6주 내에 어떤 형태로든 해결이 되어야 한다. 그러므로 신속한 개입은 위기에 처한 사람들의 적응에 매우 중요하다.

② 행동 지향성

위기개입의 기술은 적극적이며, 클라이언트의 행동에 초점을 둔다. 위기에 처한 사람은 고착되는 경향이 있고, 효과적이지 않는 행동을 하게 된다. 따라서 사회복지사는 클라이언트의 과거를 탐색하기보다는 실천 계획에 따라 적극적으로 돕고, 격려하며, 클라이언트를 이끌어가야 한다.

③ 제한된 목표

위기개입의 목표는 평형상태를 회복하는 것으로서, 그 최소한의 목표는 위급한 증상의 완화 또는 최악의 상황을 예방하는 것이다. 즉 자살, 타살, 만성 정신병, 가족해체 등을 예방하는 데 그 목표를 두는 것이지, 성격의 변화를 지향하지는 않는다.

④ 희망과 기대

위기에 처하여 절망하고 있는 사람들에게 모든 문제가 별 다른 노력 없이 다 해결될 것이라는 비현실적인 희망을 주는 것은 피해야 하지만 위기를 극복할 수 있다는 희망을 주는 것은 중요하며, 이는 사회복지사의 적극적이고 직접적인 역할 수행과 태도에 의해 영향을 받는다.

⑤ 지지

위기개입에 있어서 클라이언트를 지지하는 주요 원리는 초기에는 필요한 만큼 지지를 많이 제공하지만 가능한 빠른 시일 내에 지지를 감소시키나 지나치게 또는 장기적으로 의존하지 않도록 하는 것이 중요하다. 또한 사회복지사는 실질적인 정보를 제공하고, 정서적으로 지지하며, 클라이언트의 사회적 지지체계를 개발하고 형성하도록 도와주어야 한다.

⑥ 초점적 문제해결

사회복지사는 가능한 한 신속하게 위기 상황을 유발시킨 문제를 파악하고 해결하는 데 초점을 두어야 한다. 사회복지사의 전문적인 지식과 기술이 문제해결에 주요 도구가 된다. 그러므로 사회복지사는 클라이언트가 받아들일 수 있는 수준에서 현실을 직면할 수 있도록 해야 한다.

⑦ 건전한 자기상(self-image)의 확립

위기가 해결되지 않으면 클라이언트들은 자신을 실패자로 인식하는 경향이 있다. 따라서 사회복지사는 클라이언트의 **자기상**을 사정하고 이해해야 하며, 클라이언트의 낮아진 자기상을 보호해 주고, 건전한 자기상을 확립할 수 있도록 도와주어야 한다.

⑧ 자립

사회복지사는 상황을 사정하고 실천계획을 세우는 데 있어서 클라이언트가 함께 참여하고 결정할 기회를 제공해야 한다. 또한 클라이언트의 자신감 회복을 위해 최대한 지원한다. 클라이언트의 자립성을 촉진시키는 가장 기본적인 방법은 클라이언트가 할 수 있는 일은 스스로 하도록 지지해 주며, 대신 해주지 않는 것이다.

2) 실천과정

위기개입모델의 일반적인 실천과정은 초기, 중기 그리고 종결기로 나눌 수 있다(Golan, 1978; 김혜란 외, 2006 재인용).

(1) 초기단계

클라이언트를 처음 대면하는 단계로서, 사회복지사는 클라이언트의 위기 상황에 즉각적으로 초점을 맞추고, 현재 클라이언트의 어려움에 대해 평가하며, 앞으로의 활동에 대해 계약한다. 초기단계에서는 특히, 클라이언트의 주관적 반응을 이끌어내는 것이 중요하며, 해석이나 직면보다는 클라이언트가 감정을 자유롭게 표현하게 함으로써 더 합리적·이성적으로 위기 상황에 대처할 수 있도록 원조하는 것이 중요하다.

(2) 중기단계

전체 4~6회기에 걸쳐 이루어지는 위기개입모델에서, 중기단계는 빠르면 첫 회기부터 4회기까지 진행된다. 중기단계에서는 클라이언트의 어려움에 대해 깊이 탐색하고, 필요한 경우 과거에 대해서도 탐색한다. 사회복지사는 위험 사건 이후 자료를 조직화하고, 단기에 성취할 수 있는 목표와 목표를 달성하기 위한 과제들에 대해 작업함으로써 행동변화를 이끌어낸다.

클라이언트가 자율성을 회복하여 적극적으로 문제해결을 위한 행동을 하게 되면, 사회복지사는 한 걸음 물러나 클라이언트를 지지하는 역할로 전환할 필요가 있으며, 클라이언트의 일상생활에서 활용할 수 있는 자원과 지지체계를 찾아내어 클라이언트가 적극 활용할 수 있도록 지원한다.

(3) 종결단계

마지막 1~2회기로 이루어진다. 종결에 대한 사회복지사와 클라이언트의 저항을 다루고, 성취한 과제, 목표, 변화와 성취하지 못한 과제, 목표, 변화들에 대해 점검하며, 향후 클라이언트의 활동 계획에 대해서 논의한다. 클라이언트가 사회복지사에게 의존하지 않도록 지지함과 동시에 클라이언트가 언제든지 활용할 수 있는 지지 자원으로 사회복지사를 인식할 수 있도록 한다.

3. 실천기법

위기개입모델은 위기 상황에 처해 있는 클라이언트들을 위한 활동에서 사회복지사들이 사용해오던 전통적인 접근 방법들과 실천기법들을 활용하는 등, 공통점이 많기 때문에 다양한 사회복지실천의 현장에서 적용되고 있다. 그럼에도 불구하고 위기개입모델은 이론적 체계가 미흡하고, 그 효과성을 입증할 실증적 자료가 부족하며, 위기개입모델 고유의 구체적인 기법이 개발되지 못했다는 한계가 있다.

본서(本書)에서는 다양한 위기개입모델 중에서도 Roberts(2005)의 강점 관점에 근거한 모델에서, 각 단계별로 강조되는 실천기법들에 초점을 두고 살펴보았다(장수미 외, 2010).

1) 치명성과 정신건강 상태를 사정하는 단계

클라이언트에 대한 전반적이며 철저한 사정과 위기 사건에 대한 사정이 이루어지는 단계이다. 자살, 타살, 폭력의 위험성에 대한 사정이 신속하게 이루어지고, 의료적인 상황에도 관심을 가지며, 긍정적·부정적 대처 전략과 알코올 및 약물 사용에 대해서도 살펴본다. 초기의 사정에서는 **적용유연성(탄력성, resilience)**과 보호 요인, 내·외적 대처 방법 및 자원, 가족의 도움과 비공식적 관계망의 도움에 대해서도 알아본다.

위기개입의 도움이 필요로 한 클라이언트들은 사회적으로 고립되어 있는 경향이 있어 문제의 해결과 회복에 누가 가장 도움이 되는 사람인지 인식하지 못한다. 따라서 사회복지사는 클라이언트에게 가장 많은 도움을 줄 수 있는 사람을 실천의 과정에 동원함으로써 클라이언트의 적용유연성을 높일 수 있다.

2) 관계를 형성하고, 클라이언트를 참여시키는 단계

대체로 첫 번째 단계와 동시에 이루어지며, Rapport를 신속하게 형성하는 단계이다. 클라이언트에 대한 존중과 수용을 보여줌으로써 사회복지사가 진심으로 관심이 있고, 이해하고 있음을 전달하는 것이 중요하다. 비심판적인 태도를 유지하여 사회복지사의 개인적인 가치나 판단 기준이 드러나지 않게 주의해야 한다. 침착한 태도의 유지와 상황을 통제할 수 있는 능력이 요구된다.

3) 주요 문제를 확인하는 단계

개방형 질문을 사용하여, 클라이언트의 주요 문제가 무엇인지, 위기의 촉발 요인은 무엇인지 등과 같은 자신의 문제를 자신의 언어로 표현하도록 한다. 이러한 실천기법을 통해 나타난 문제의 본질에 대해 사회복지사와 클라이언트 모두 통찰력을 가질 수 있다.

또한 두 번째, 세 번째 단계에서는 해결중심모델의 **해결지향적 질문** 기법 즉, **예외질문**, **대처질문** 등을 사용하여, 과거에 효과적이었던 클라이언트의 강점과 자원 등과 같은, 대처기술을 확인할 수 있다. 클라이언트의 강점과 자원을 찾는 것은 사회복지사와의 Rapport형성에도 도움이 된다.

4) 감정을 다루는 단계

적절한 반응과 지지를 통해 적극적으로 **경청**하고 있다는 것을 보여줌으로써 감정을 효과적으로 다룰 수 있다. 감정을 다루는 또 다른 효과적인 실천기술에는 **반영**, **재진술** 등이 있다.

5) 대안적 대처기술을 찾는 단계

클라이언트가 갖고 있었던 위기 이전의 성공적인 대처기술을 찾고, 현재의 강점을 찾음으로써 현재의 문제를 해결하기 위한 대안적인 방법들을 찾을 수 있다. 또한 이러한 목표는 사회복지사와 클라이언트의 협력을 통해 이상적으로 달성할 수 있다.

6) 활동계획을 수립하는 단계

지금까지 발견한 대처기술을 실행할 구체적인 활동계획을 수립한다. 사회복지사는 클라이언트가 활동계획을 주도적으로 실행할 수 있도록 배려하고, 한 걸음 물러나 클라이언트를 지지하는 제한된 역할을 수행한다.

7) 종결 및 사후관리 단계

사회복지사는 클라이언트의 위기가 해결되었다는 확신이 들더라도, 위기상황이 재현되거나, 대처능력이 약화될 수 있는 가능성을 고려하여 지속적인 사후관리를 해야 하며, 필요에 따라서는 다른 지역사회 자원을 활용하여 지속적인 서비스를 제공해야 한다.

제13장 | 집단사회복지실천

인간은 가족이라는 최초의 집단에서 태어나서 성장·발달하게 되며, 일평생 다양한 집단과의 상호작용을 하게 된다. 즉 인간은 집단을 떠나서 생활할 수 없으며, 집단에서 소외된 삶은 건전한 생활양식으로 보기 어렵다. 이처럼 인간의 생활과정이 집단과 밀접한 관계를 가지기 때문에 인간의 문제, 인간의 복지를 집단적 차원에서 다루려는 집단사회복지실천이 발전하게 되었다.

집단사회복지실천(social group work)은 개인의 욕구충족과 기능강화, 개인이나 집단의 문제해결 등을 목적으로, 집단을 원조의 도구 또는 매개체로 활용하여 의도적인 집단경험을 제공함으로써, 원조하는 사회복지실천의 한 분야이다. 집단사회복지실천의 현장에서는 집단경험의 효과를 최대화하여 클라이언트의 문제해결을 위한 긍정적인 피드백을 제공하는 것을 최선의 목표로 하고 있다.

집단사회복지실천의 특징을 살펴보면 다음과 같다.

- 의도적인 집단경험을 통해 개인의 사회적 기능수행을 향상시켜 개인, 집단, 지역사회의 당면 문제들에 대해 효과적으로 대처해 나갈 수 있도록 도움을 주는 목표지향적 활동이다.
- 집단경험의 효과가 최대화되는 크기의 집단인 **소집단**을 주로 활용한다.
- 문제를 가진 개인과 건강한 개인들로 구성된 집단을 대상으로 한다.
- 전문가인 집단사회복지사의 지도와 원조가 제공된다.

1. 집단의 개념과 유형

1) 집단의 개념

집단은 인간의 집합체로서 지역사회나 사회가 형성될 수 있는 공식적·비공식적 구조를 제공하는 사회의 기본적 구성단위이다. 그리고 주요 타인과의 관계를 형성·유지할 수 있는 수단을 제공해 준다. 즉, 개인은 가족, 또래집단 등과 관계를 형성함으로써 바람직한 사회행동의 규범을 학습하고, 사회적 관계를 만족스럽게 유지할 수 있으며, 개인이 성취하고자 하는 목적을 확인할 수 있을 뿐 아니라, 고통스러운 시기에 지지를 받을 수 있는 기회를 갖게 되는 등 다양한 혜택을 얻을 수 있다. 그러므로 인간은 일생동안 집단을 떠나서는 생존해갈 수 없으며, 집단생활을 통하여 성장·발달해 나간다(김종옥 외, 2001).

일반적으로 집단이란 두 사람 혹은 그 이상의 사람들의 모임이라고 볼 수 있다. 그러나 우리 사회에는 실제로 매우 다양한 유형의 집단들이 존재한다. 그러므로 어떤 유형의 집단에 초점을 맞추는가에 따라서 집단의 정의가 달라질 수 있어서 공통되는 정의를 내리기가 쉽지 않다.

집단의 조건 및 특징을 살펴보면, 다음과 같다.

- 성원들이 소속감을 가져야 하며, 공통의 목적이나 관심사를 가져야 한다.
- 성원들끼리 정서적 결속과 함께 상호의존적이며 상호작용이 이루어져야 한다.
- 성원의 기능과 역할을 규제하는 규범을 가져야 한다.
- 집단은 다른 사회체계와 마찬가지로 구조를 가져야 한다.
- 집단은 집단성원들의 개별 목표와 집단공동의 목표 성취를 위해 상호작용하는 집단성원들을 지지하고 격려하는 힘을 가졌으며, 집단성원의 성장과 발달을 촉진하는 환경이 된다.

이러한 집단의 조건 및 특성을 고려하여, 한덕웅(2002)은 "집단이란 적어도 집단의 일부 성원들이 서로 타인의 존재를 알고 있으면서, 직접이든 간접이든 서로 영향을 미치고, 서로 상호작용하며, 성원들이 동일한 집단의 범주에 소속된다고 인식하는 두 사람 이상의 집합체를 말한다."고 정의하였으며, 최옥채 등(2004)은 "서로 관련되어 있는 사람들의 집합으로서 개인들의 단순한 집합이 아니라 그 안에 있는 사람들의 관계가 구조화되고 유형화되어 있는 조직된 체계"라고 정의하였다.

2) 집단의 목적

집단의 목적은 집단에 참여하는 개인 구성원들과 집단이 달성하고자 하는 지향점을 말하는 것으로 기관, 집단사회복지사, 집단 및 성원들의 욕구와 기대가 상호작용하여 설정된다. 집단의 목적은 집단이나 성원들이 나아가야 할 방향을 제시하고 집단 프로그램의 방향을 결정하는 지침이 된다. 따라서 집단의 목적이 분명하지 않거나, 의견이 일치하지 않는 경우 집단은 실패하게 된다. 또한 집단의 목적은 집단경험과 활동을 통하여 집단과 성원들이 발전하고 변화하기 때문에 사회복지사와 집단성원들의 요구와 토의에 의해 수정이 가능하다.

집단의 목적을 설정하기 위해서 고려해야 할 내용들은 다음과 같다(윤현숙 외, 2001 재인용).

- 집단목적에 대한 이해, 집단성원의 기대, 집단 내에서 성취될 것이라고 믿는 욕구나 목적 또는 표현되지 않은 목적까지 고려해야 한다.
- 집단에 대한 사회복지사의 가정과 기대, 각 성원의 욕구와 기능수준에 대한 사정, 실천방법에 대한 사회복지사의 기대 등을 고려해야 한다.
- 집단을 이끌어가는 기관의 논리와 집단 선정의 목적 및 실천방법이 일반적인 사회적 기대와 목적에 일치되어야 한다.

- 집단에 참여하는 모든 성원들은 개인적인 목적과 목표를 가지고 참여하기 때문에, 성원의 목적이 집단의 목적과 일치하여야만 집단에 헌신하고 적극적으로 참여하게 된다.

3) 집단의 유형

집단의 유형은 집단의 크기, 목적, 활동범위 등에 따라 다양하게 구분된다. 사회적 관계의 측면에서 1차집단과 2차집단, 자연적 집단과 형성집단, 성원의 가입과 탈퇴의 자율성에 따른 개방집단과 폐쇄집단이 있다.

Toseland와 Rivas(1995)는 집단의 목적에 따라 크게 치료집단과 과제집단으로 나누고 있다. **치료집단**은 집단성원의 교육, 성장, 행동변화, 또는 사회화에 대한 욕구의 충족을 주목적으로 두는 집단으로서 교육집단, 성장 집단, 치유집단, 사회화 집단으로 나뉘며, **과제집단**에는 과제의 달성을 목적으로 하는 집단으로 위원회, 행정집단, 협의체, 팀, 치료회의, 사회행동집단 등으로 나뉜다. 또한 Corey와 Corey(1992)는 치료집단의 예로서 치료, 상담, 개인성장, T－집단, 구조화된 집단 그리고 자조집단 등을 들고 있다.

본서(本書)에서는 집단의 유형에 따른 많은 학자들의 다양한 분류를 전체적으로 정리하여 살펴보았으며, 유의해야 할 점은 사회복지실천현장에서 하나의 목적을 가진 집단은 없으며 대개 한 집단은 여러 목적을 동시에 가지고 있다는 것이다.

(1) 1**차집단**(primary group)**과** 2**차집단**(secondary group)

집단을 분류하는 가장 일반적인 방법으로써, 1차집단 또는 원초집단은 친밀감이 있고, **면대면**(face-to-face)의 결합과 협동으로 특징지어지는 집단으로 혈연과 지연을 바탕으로 자연발생적으로 이루어진 집단이며, 자발적이고 무의식적으로 형성된 집단을 말한다.

1차집단은 첫째, 성원들이 상호 인접해 있고, 둘째, 집단의 규모가 비교적 작고, 셋째, 성원들의 관계가 지속적일 때 성립되며, 성원 간의 관계는 비공식적이고, 친밀하고, 개인적이다. 그 예로는 가족, 놀이집단, 이웃, 친지, 친구, 동료 등이 있다. **2차집단**은 특정한 목적달성을 위해 인위적으로 계약에 의해 만들어진 집단을 말하며, 예로는 종교모임, 노동조합, 동호회 모임, 학술 집단 등이 있다.

두 집단의 기본적인 차이를 살펴보면, 1차집단은 정서적이고 감정적인 측면이 강조되는 인간관계를 갖는 반면, 2차집단은 수단적이며 능률 위주의 합리성을 강조하여 성원 간의 관계가 공식적 · 비인격적 · 분절적 · 도구적인 집단이다.

(2) 자연집단(natural group)과 형성집단(formed group)

자연집단과 형성집단은 집단의 구성동기에 기초한 분류이다. **자연집단**은 자연발생적으로 만들어진 집단으로 공식적인 지원체계가 없는 것이 특징이다. 여기에는 또래집단과 갱집단 등이 포함된다.

형성집단은 보통 공식화된 규칙과 일련의 과제를 갖는다. 또한 설정된 목적을 달성하기 위해 역할에 의해 구조화되고 지위에 의해 계층화되며, 특정한 목적을 갖는 것이 특징이다. 형성집단은 집단이 추구하는 목적에 따라 **치료집단**과 **과제집단**으로 분류되기도 하는데, 치료집단의 경우에는 성원의 교육과 성장, 행동변화, 사회화에 대한 욕구를 충족시키기 위해 구성되는 반면에 과제집단은 특정한 과제들을 성취하기 위해 구성된다.

(3) 준거집단(reference group)

한 개인이 자신의 신념 · 태도 · 가치 및 행동방향을 결정하는 데 준거기준 또는 모델로 삼고 있는 집단을 말한다. **준거집단**은 개인에 대하여 두 가지 기능을 한다. 그 하나는 개인에 대하여 행위의 기준을 설정하는 기능이고, 또 하나는 개인이 자기 및 다른 사람을 평가할 때에 그 평가의 기준을 제공하는 기능이다.

(4) 소집단(small group)

소집단의 성원들은 서로 동료의식을 가지고 지속적인 상호작용을 통해, 조직 내의 최소행동단위에 의한 활동으로 공동의 목표를 가장 효율적으로 추구해 나아간다. 따라서 소집단은 사회조직과 집단 중에서 집단 상호작용이 가장 활발한 집단이라고 할 수 있다. 또한 이들 활동은 일정한 규범 속에서 개개의 성원들의 역할 분담에 따라 조직적이고 지속적이다. 집단성원의 정신기능의 정도, 자아의 강도 등에 따라 그 크기는 유동적이다.

집단사회복지실천에서도 **정상적인 정신기능을 가진 일반 성인을 기준으로 할 때 집단의 상호작용, 집단경험, 집단역동 등이 가장 활발한 크기인 8~10명으로 구성된 소집단**이 원조의 도구 또는 매개체로 활용되며, 집단성원의 숫자가 4명 이하인 경우는 집단의 상호작용, 집단경험, 집단역동 등과 같은 집단의 장점을 살릴 수가 없기 때문에(Zastrow, 1999) 집단을 종결하는 것이 바람직하다.

(5) 자발적 집단(voluntary group)과 비자발적 집단(involuntary group)

개인의 자유의지에 의하여 집단에 가입하고 탈퇴하는 것이 자유로운 집단이 **자발적 집단**이고, 개인의 의지나 선택에 의하지 않고 타의에 의해서 어떤 집단에 속하게 되는 경우를 **비자발적 집단**이라 분류한다.

(6) 자조집단(self-help groups)

자조집단은 집단성원들 간의 상호원조와 특정한 목적을 이루기 위해 조직된 자발적인 집단이다. 가장 오래되고, 알려진 자조집단은 **익명의 단주모임**(AA, Alcoholic Anonymous)이다. 일반적으로 자조집단의 리더십과 통제는 집단성원들에게 주어진다. 자조집단과 상호작용모델 간의 주요한 차이점은 자조집단에서 사회복지사는 상담자, 하나의 인적자원, 집단외부의 자원의뢰자이다. 자조집단은 또한 집단구조와 경계선 면에서 비공식적인 원조 관계망과 구별된다.

(7) 개방집단(open-ended group)과 폐쇄집단(close-ended group)

개방집단과 폐쇄집단은 성원의 가입과 탈퇴의 자율성 여부에 따른 구분이다. **개방집단**이란 집단이 진행되는 동안 언제든지 새로운 성원의 자유로운 입회가 가능한 집단이다. 이 집단에서는 성원들의 가입과 탈퇴가 자유로울 뿐 아니라 성원이 바뀌면서 새로운 생각과 신념, 가치관이 유입될 수 있는 장점이 있다. 그러나 성원의 유입과 탈퇴가 너무 자주 발생하면 새로운 성원이 유입될 때마다 오리엔테이션을 반복해야 하는 부담이 있으며, 지금까지 일정한 목표를 향해 노력해 온 성원들의 성장을 정체시키거나 불안을 유발할 수 있다. 또한 일정수준 이상의 심도 깊은 목적을 달성하거나 성원에 대한 개별화를 이루기에는 한계가 있다.

폐쇄집단은 성원의 자격을 먼저 분명하게 설정한 후, 집단성원들이 동시에 들어와 집단이 운영되는 기간 동안 새로운 성원의 유입 없이 처음부터 끝까지 일정하게 운영되는 집단을 말한다. 성원들이 동일하기 때문에 집단에 대한 응집력이 높고, 집단의 공동목표와 개별목표를 모두 효과적으로 달성할 수 있는 가능성이 높다. 그러나 집단성원의 선정이나 목표설정이 처음부터 잘못된 경우에는 이를 수정할 수 있는 여지가 적고, 집단을 운영하는 과정에서 성원들이 여러 가지 이유로 중도탈락을 하는 경우에는 집단이 소수화되어 집단역동을 기대할 수 없거나 아예 집단 운영이 어려워지는 경우도 발생할 수 있다.

(8) 지지집단(support group)

지지집단은 성원들이 스트레스를 주는 생활상의 사건에 잘 대처하고 효과적으로 적응할 수 있도록 원조하는 지지 개입전략을 사용하는 데 목적을 두고 성원들이 현재의 생활사건에 대처하고, 앞으로의 생활사건에 효과적으로 대처할 수 있는 대처능력을 향상시키기 위해 지지 개입전략을 사용하는 것이 특징적이다. 대부분의 성공적인 치료집단은 지지집단으로서의 특성을 가지고 있다.

지지집단의 성원은 대개 유사한 문제나 경험을 갖고 있고 때로는 지역사회의 편견과 낙인으로부터 벗어나 안정과 위로를 집단 안에서 찾을 수 있으므로 유대가 빨리 형성되며, **자기개방**(self-disclosure)의 정도가 매우 높다. 지지집단의 예는 이혼한 부모의 자녀집단, 암 환자와 그 가족으로 구성된 집단, 자녀양육의 어려움을 함께 나누는 한부모집단 등이다.

(9) 교육집단(educational group)

집단성원들이 지식을 습득하고 더 복잡한 기술을 배우는 데 초점을 두는 집단으로서, 주목적은 성원들의 지식, 정보 또는 기술의 향상에 있다. 정보의 제공은 주로 전문가에 의해서 강의 형태로 이루어지므로 집단의 크기가 작으면 일대일 의사소통의 기회는 상대적으로 많아진다. 그러나 교육집단 성원들의 자기개방은 비교적 낮은 편이기 때문에 집단사회복지사는 성원의 지식, 기술, 경험 등을 고려하여 모든 성원이 최상의 학습효과를 얻도록 해야 한다. 예로서는 성교육 집단, 예비부부교육 집단, 위탁가정 부모교육 집단, 특정 약물이나 질병에 대한 교육집단, 자원봉사자 교육집단 등이다.

(10) 성장집단(growth group)

성장집단은 심리사회적 병리를 치료하기보다는 심리사회적 건강을 향상시키는 데 초점을 두며, 집단을 자신의 성장기회로 활용하려는 사람들로 구성된다. 성장집단의 초점은 **인식**(awareness)을 증진시켜 행동과 태도의 변화를 일으킨다는 것이다. 따라서 집단은 성원들이 통찰력을 얻을 수 있고 새로운 행동을 시험해 볼 수 있으며, 피드백을 받아 올바른 인간으로 성장할 수 있는 지지적인 분위기여야 한다.

성장집단은 주로 성원들의 자기개발, 잠재력개발, 인간관계 개선 등을 목적으로 하므로 다른 집단에 비해 자기개방이 많은 편이며, 성장집단의 초점은 인식을 증진시켜 행동과 태도의 변화를 일으킨다는 데 있다. 예를 들면, **참만남집단**(encounter group), 가치명료화 집단, 퇴직준비집단 등이다.

(11) **치료집단**(therapy group)

치료집단의 목적은 성원들의 행동변화, 개인적인 문제의 개선, 또는 사회적 · 의학적 **외상**(trauma) 뒤에 상실된 기능의 회복(재활)을 원조하는 것이다. 심각한 문제들을 지닌 성원은 대부분의 경우, 집단사회복지사에 의해 치료집단이 적합한지를 사정한 후에 공통적인 문제를 겪고 있는 사람들로 구성한다.

이 집단에서의 사회복지사는 전문가, 권위적인 인물, 또는 변화매개인의 역할을 수행하며, 집단 내에서 일대일 치료적 관계를 맺게 되고, 집단의 공동목적 내에서 개별 성원의 목적을 구체적으로 수립하여 이를 달성하도록 원조한다. 예로는 사이코드라마 집단, 금연(禁煙) 집단, 보호관찰 처분을 받은 청소년집단, 약물중독 치료집단 등이 있다.

(12) **사회화집단**(socialization group)

사회화집단은 사회적 관계에 어려움을 가지고 있는 사람을 대상으로 사회생활에서 효과적으로 기능하기 위해 필요한 사회기술 또는 사회적으로 받아들여지는 행동을 학습하게 하는 데 목적을 두고 있다. 즉, 집단성원으로 하여금 사회에서 수용 가능한 태도와 행동을 습득하도록 돕는 것이다.

집단사회복지사는 사회화 과제를 달성하는 하나의 수단이고, 사회화 과정의 매개체로서 적극적으로 가르치고 시범을 보이며 참여를 유도하여 사회적 역할을 학습할 수 있도록 원조해야 한다. 따라서 집단성원들을 게임, 역할연습, 레크리에이션, 여가 활동 등의 특정 프로그램 활동에 참가하게 하여 결속력을 발전시키며, 대인관계 기술을 향상시키는 등, 행동함으로써 학습하는 접근 방법을 사용한다. 자치집단, 여가집단, 사교집단 등이 그 예이다.

(13) 레크리에이션 집단과 레크리에이션 기술 집단

레크리에이션 집단은 집단성원들에게 즐거움과 훈련을 제공하는 것이 목표인 집단이다. 또한 **레크리에이션 기술 집단**은 집단성원들에게 즐거움 외에 일련의 기술을 배우게 하는 집단으로서, 레크리에이션 지도자 자격증을 준비하는 집단, 수영을 배우는 집단 등이 예이다.

2. 집단의 규범과 집단성원의 지위와 역할

1) 집단규범

집단규범(group norm)은 집단 내에서 집단성원들의 행동의 표준을 일반화한 것으로 집단성원들이 공유하는 기대와 가치체계, 신념 등을 말하며, 집단성원들이 동의하여야 한다. 집단규범은 집단성원들 간의 논의를 통하여 정해질 수도 있지만, 다른 성원의 행동에 따르는 보상과 벌을 통한 사회화와 학습을 통하여 자연스럽게 형성될 수도 있다.

일반적으로 집단규범은 성원들의 집단 내의 행동을 통제하고 안정시키며, 행동에 대한 예측력을 증진시켜주는 기능과 역할을 한다.

2) 집단성원의 지위와 역할

지위란 집단에 속한 개인이 집단 내의 위계체계 안에서 다른 **집단성원**들과 관련하여 차지하고 있는 위치를 말한다. 또한 **역할**이란 집단 내에서 특정한 지위를 차지하고 있는 개인에게 기대되는 활동 및 행동의 양식 등을 말하며, 집단 내에서 수행해야 할 구체적인 과제나 기능과 관련된 행동을 규정한다. 한 집단성원이 자신에게 주어진 역할을 제대로 수행하지 못하면, 집단은 일반적으로 처벌의 형태로 제재를 가하는 경우가 많다.

집단은 과제 성취와 집단 유지가 성공적으로 수행되어야 하므로 집단성원들의 다양한 역할에 의존하게 된다. 집단성원들의 주요한 역할들로는 지도자의 역할, 과제중심 역할, 집단 유지의 역할, 자기만족 추구의 역할, 희생양의 역할, 고립자의 역할 등이 있다.

3. 집단의 역동성

집단 내에서 전문가인 사회복지사를 포함한 집단성원들 사이에서 발생하는 역동적 상호작용을 **집단과정**(group process)이라 하고, 이러한 집단과정이 전체 집단과 성원에게 미치는 힘을 **집단역동**(group dynamics)이라 한다. 또한 **집단역학**이란 집단역동을 연구하는 학문분야라는 뜻으로 **집단이론** 등과 함께 서로 혼용되는 용어들이다.

집단개입이 가능한 것은 바로 집단의 역동 때문이다. 집단역동성은 집단 상호작용의 성격과 집단의 발달에 대한 지식, 그리고 집단성원 간의 관계와 타 제도와 상호관련을 맺는 법칙에 대한 지식을 향상시키는 데 기여한다. 또한 집단의 역동은 전체로써 집단과 개별적인 집단성원들에게 강한 영향력을 미쳐 집단의 치료효과를 가져오게 한다. 집단역동은 상호작용을 통해 나오는 성원들의 힘, 그 이상이다. 즉, 개별적인 성원들로는 생각하기 어려운 힘이 그들의 상호작용을 통해 나온다는 것이다.

집단역동은 집단사회복지사에 의해 조절 가능하며, 집단성원들에게 이익이 되는 집단의 목적을 달성하기 위해 활용될 수 있다. 즉, 집단사회복지사가 집단역동을 적절히 활용하게 되면, 집단과 집단성원 모두에게 긍정적인 영향을 미치지만, 그 반대로 집단의 발달단계에 역기능적인 영향을 미칠 수도 있다. 따라서 집단사회복지사는 집단의 발달단계에 따라 다르게 나타나는 집단역동을 잘 이해하고 활용하여야 한다.

Northen과 Kurland는 사회적 상호작용－의사소통, 집단의 목적, 대인관계, 지위와 역할, 가치와 규범, 긴장과 갈등, 집단응집력, 집단발달단계 등을 집단역동의 구성요소로 들었으며(노충래, 2006 재인용), 그 외에도 집단의 크기와 물리적 환경, 집단문화, 피드백 등이 집단역동의 구성요소이다.

1) 집단성원의 상호작용

상호작용이론에서는 집단을 문제해결이라는 목적을 위해 상호작용하는 개인들의 체계로 보고, 집단 내에서 이루어지는 상호작용의 과정에 참여한 성원들 간의 접촉을 통하여 사고, 감정, 행동 그리고 태도를 변화시키는 결과를 낳는다고 하였다. 또한 이 이론의 초점은 집단성원들의 정보, 태도, 감정 그리고 메시지가 전달되고 받아들여지며 해석되고 반응하는 사회적 과정인 의사소통의 유형과 결과에 있다.

집단 내 상호작용을 좀 더 잘 알기 위해서는 집단과정에서 가장 흔히 접하게 되는 집단성원들 간의 신호나 강화물, 정서적 결속, 힘과 지위, 집단의 크기와 물리적 환경, 하위집단 등을 이해하고 활용할 줄 알아야 한다.

집단사회복지사는 첫째, 집단의 목적달성과 집단의 기능을 향상하기 위해서, 둘째, 집단 내의 효과적인 언어적·비언어적 의사소통을 위해서, 셋째, 집단 내의 상호작용의 한 방법으로서 집단 내에서 공통적으로 사용할 수 있는 상호작용의 유형을 발달시키고 익숙해지도록 집단성원과 함께 노력하여 통합적인 상호작용이 일어날 수 있도록 해야 한다.

(1) 집단 상호작용의 유형

Middleman(1978)은 집단 상호작용의 유형을 다음과 같이 4가지로 분류하였다.

- **기둥형**(maypole type) – 집단사회복지사가 중심적 지위를 차지하고 성원과 사회복지사 양자 간에만 의사소통이 활발히 이루어지는 유형
- **순번형**(round robin type) – 집단성원들이 서로 돌아가면서 이야기하는 유형
- **뜨거운 의자형**(hot-seat type) – 다른 성원이 지켜보는 가운데, 지도자와 한 성원만이 의사소통을 하는 유형
- **자유부동형**(free floating type) – 집단에서 이야기되고 있는 것이든 아니든 간에 모든 성원이 의사소통할 책임을 지고 자유롭게 이야기할 수 있는 유형

기둥형, 순번형, 뜨거운 의자형은 **집단사회복지사 중심의 유형**이며, 자유부동형은 **집단 중심의 유형**이다. 집단 중심의 상호작용 유형에서는, 집단성원들이 서로 자유롭게 상호작용 한다. 집단사회복지사 중심의 유형에서는 사회복지사에서 집단성원으로, 집단성원에서 사회복지사로 상호작용이 이루어지므로 성원들끼리의 상호 의사소통의 기회는 그 만큼 제한된다. 집단 중심의 상호작용 유형에서는 집단성원 간의 상호작용이 증가하고, 집단의 사기가 높고, 집단성원들의 목표달성을 위한 노력이 증대된다. 그러나 집단 중심의 유형은 의사소통의 내용이 피상적일 수 있으며, 효과적인 의사소통을 위해서는 많은 시간이 필요하다.

(2) 집단 상호작용 지도의 필요성

집단사회복지사가 집단의 상호작용을 지도해야 하는 이유는 하위집단의 역기능적인 측면을 수정하고, 과제 성취를 위해 노력할 수 있는 상호작용을 촉진하며, 의사소통의 방향을 재조정함으로써 개방적인 의사소통을 격려할 수 있기 때문이다.

(3) 집단 상호작용의 유형에 영향을 미치는 요인

집단에 적합한 상호작용의 유형을 정립하고 유지하기 위해서는 다음과 같은 집단 상호작용의 유형에 영향을 미치는 요인들을 고려해야 한다.

① 집단응집력(group cohesion)

집단이 집단성원들에게 소속감을 주는 감정적인 연대, 또는 집단성원들이 서로에게 끌리는 정도를 집단응집력(**집단결속력**)이라고 하며, 집단성원들로 하여금 집단에 머물도록 하는 데 영향을 미치는 요인들의 합이다. 즉, **집단응집력**은 집단 내에서 각자의 개성을 표현할 수 있고 충분한 친밀감을 허용하는 서로 간의 유대를 말하는 것이며, 집단성원들의 서로에 대한 매력, 집단이 함께 하는 행동이나 활동하는 목표에 대한 매력일 수 있으며, 함께 하는 외적 압력의 결과일 수도 있다. 이러한 집단응집력은 개개인, 집단 활동 내용, 집단목표, 집단에 참여해야 하는 필요성, 지도력과 집단 의사결정과정, 집단의 분위기, 집단의 크기 등에 영향을 받는다.

집단응집력으로 인해 집단에 대한 소속감이 생기고 자신을 더 잘 표현하며 타인과의 관계를 활발하게 할 수 있어 집단을 통한 효과가 더 커질 수 있다. 집단의 응집력이 강할수록 성원들이 서로에게 미치는 영향력 또한 커진다. 그러나 지나친 소속감과 응집력은 비효과적인 의사소통을 유발할 수 있는 **집단사고**(group thinking)를 야기할 수 있다. 집단사고가 우세한 상황에서는 개인의 다양한 의견들이 무시됨으로써 의사결정의 잘못이나 역기능적인 의사소통을 야기하게 된다.

집단응집력의 몇 가지 특징은 다음과 같다.

- 소속감과 집단의 흡인력이 집단성원들에게 나타나는 집단의 특성이다.
- 집단성원이 다른 성원에 갖는 매력과 집단 전체에 대해 갖는 매력이 강할 때, 집단응집력이 강하며, 집단의 과정에 집단성원들이 적극적으로 참여하게 된다.
- 집단성원들이 '우리'라는 의식을 갖게 되며, 서로 친밀감이 형성된다.
- 집단응집력이 강하면, 집단의 목표를 달성하는 데 있어서 훨씬 더 효과적이다.
- 집단응집력이 강하면, 친밀감, 만족감을 말로 표현하게 되고, 상호의존과 의사소통이 향상되며, 자기개방에 대한 저항감이 줄어든다.

② 집단의 크기

집단성원의 수를 말하는 것으로 집단의 목적과 유형, 집단성원의 성숙도와 속성 등에 의해 결정되며, 집단성원의 만족감, 상호작용, 개별성원의 목표달성, 집단 전체의 생산성 및 효과성 등에 영향을 미친다.

집단의 크기가 크면, 자원이 많아 과제의 성공적인 수행에 도움이 될 수도 있지만, 집단을 통제하기가 그만큼 어려워지므로, 집단성원들이 스트레스를 더 많이 느끼게 되고, 의사소통이 어려워지기도 하고, 개인적인 문제를 표현하거나 다루기 어려워지며, 익명성이 보장되어 집단 참여의 압박감이 적어질 수 있다. 반대로 집단의 크기가 작으면, 집단성원에 대한 사회복지사의 개별적인 접근이 용이하나, 집단성원에 대한 참여의 압박이 커지고, 풍부한 상호작용을 기대하기 어렵다.

따라서 적절한 규모의 집단 크기를 유지해야 한다. 즉, 집단의 크기는 집단의 목적을 달성할 수 있을 만큼 작아야 하지만, 또 집단성원을 만족시킬 수 있는 경험을 얻을 수 있을 만큼 충분히 커야 한다(Bertcher & Maple, 1985).

③ 집단문화(group culture)

집단성원들이 집단 내에서 공통적으로 가지는 가치, 신념, 관습, 전통, 규범, 활동 등을 의미하며, 다른 집단과 구별되는 독특성을 말한다. 집단문화는 집단성원의 규범에 일치하는 행동으로부터 형성되기도 하며 서로가 의사소통을 통해 이해하고 거기서 공통성을 찾아내어 형성된다. 또한 집단문화는 집단에 대한 매력과 집단 내의 상호 지지적인 분위기, 집단의 목적달성에 상당한 영향을 미치게 된다.

이러한 집단문화는 성원들이 동질적일수록 빠르게 형성되고 이질적일수록 느리게 형성된다. 대부분의 집단성원들은 자신의 경험과 가치관, 종교 등으로부터 고유한 문화를 집단으로 가져오지만 이러한 가치들은 의사소통과 상호작용하는 과정에서 서로 섞이게 되어 새로운 집단문화를 형성하게 된다. 집단문화는 또한 응집력과 연계되며 응집력의 척도로 간주된다.

집단문화는 일반적으로 서서히 형성되지만, 일단 형성되고 나면 바꾸기가 어렵다. 따라서 집단사회복지사는 집단목적의 성취에 도움이 되는 긍정적인 집단문화를 형성할 수 있도록 집단성원들이 공통적으로 가지고 있는 신념체계에 도전하거나, 집단에서 논의될 수 없는 금기사항과 관련된 문화를 지적해 주는 등의 기법으로 실천해야 한다.

④ 물리적 환경

집단의 모임이 이루어지는 물리적인 환경은 집단성원들에게 비밀보장과 친밀감, 편안함 그리고 집중력 등 집단역동에 상당한 영향을 미친다. 따라서 집단사회복지사는 집단의 모임이 이루어지는 공간의 크기와 밝기, 가구 및 집기의 배치, 자리의 배치 등 세심한 주의와 배려를 하여야 한다.

집단의 모임 장소는 외부인의 방해가 없어야 하며, 조용하면서도 필요한 활동을 하기에 충분한 크기여야 한다. 너무 큰 방은 집단의 집중력과 친밀감을 떨어뜨리며, 너무 작은 방은 집단성원이 공포감과 불안감을 느낄 수도 있다.

자리의 배치도 신중하게 고려되어야 한다. 대화 위주의 지지를 목적으로 하는 집단은 적당한 거리를 두고 원형으로 배치하면 의사소통이나 상호작용이 활발해져 효과적이지만, 활동을 위주로 하는 집단은 집기가 없거나, 사각 또는 원형 테이블에서 여유 있게 활동할 수 있도록 충분한 공간이 확보되어야 한다.

⑤ **피드백**(feedback)

피드백이란, 이전 단계에서 획득한 것에 대한 정보를 서로 교환하는 것을 말하며, 집단 내에서는 집단성원들이 그들의 역할 수행이나 서로를 어떻게 보는지에 대해서 명확한 정보를 서로 주고받는 것이다(Ivey, 1994). 솔직하고 명확한 피드백은 집단성원들이 자신의 행동이 다른 성원에게 미친 영향을 이해할 수 있게 하며, 긍정적인 변화를 이루는 좋은 계기가 된다.

효과적인 피드백을 위한 지침은 다음과 같다(엄명용 외, 2008).

- 클라이언트의 요청이 있을 때, 피드백을 제공하는 것이 가장 효과적이며, 클라이언트가 사용할 수 있을 만큼, 한 번에 한두 가지 정도의 피드백을 제공하는 것이 좋다.
- 클라이언트의 성장을 위해서 클라이언트의 장점 및 강점에 초점을 두는 것이 좋다.
- 특정 행동에 대한 구체적인 피드백을 제공함으로써, 제공된 피드백과 클라이언트 자신의 행동을 비교할 수 있는 기회를 제공한다.
- 피드백을 제공하는 사람과 피드백을 제공 받는 사람 간의 관계를 직접적으로 다루는 것이 가장 좋은 피드백이다.
- 효과적인 피드백을 위해서는 피드백을 제공 받는 사람이 제대로 이해했는지, 어떻게 받아들였는지를 확인하여야 한다.

4. 집단사회복지사의 유형과 실천기술

1) 집단사회복지사의 유형

집단사회복지사의 유형이 집단 지도력에 영향을 미친다는 전제에서 살펴본 고전적인 집단 지도력 이론의 하나이며, 집단사회복지사(집단 지도자)의 유형을 권위적 지도자, 민주적 지도자, 방임적 지도자의 3가지로 분류하였다(Lewin, Llippit & White, 1939).

(1) 권위적 지도자(authoritarian/autocratic leadership)

다른 유형의 지도자보다 훨씬 더 절대적인 힘을 소유한다. 사회복지사 혼자서 집단의 목표와 정책을 설정하고, 집단성원들의 활동과 주요한 계획을 세운다. 따라서 권위적 지도자의 지도력은 일반적으로 효과적이고 결정적이나 실패한 권위적 지도자는 집단 내의 분열주의를 낳고, 뒤돌아서서 집단성원들을 욕하고 속이며, 집단성원들을 서로 조종함으로써 사기가 저하될 수 있다.

또한 권위적 지도자가 이끄는 집단에서는 민주적 지도자가 이끄는 집단보다 공격성, 적대감, 희생양이 더 많이 표출되었다.

(2) 민주적 지도자(participative/democratic leadership)

집단에 영향을 주는 의사결정에 모든 성원들을 참여하게 하고, 지도자는 최소한으로 개입하고 참여한다. 민주적 지도자와 집단성원들은 권력보다는 책임을 추구하기 때문에, 의사결정이 늦고, 혼란되기도 하지만, 집단성원들이 직접 의사결정과정에 참여함으로써 얻어지는 강력한 협동으로 인해 훨씬 효과적이다.

(3) 방임적 지도자(delegative/laissez-fair leadership)

지도자에 의한 참여가 가장 적은 유형의 지도력을 말한다. 집단성원들은 극히 적은 지도자의 개입 하에서 기능하지만, 방임형 지도자의 유형 하에서 집단성원들이 아주 잘 기능하는 경우는 드물다.

2) 집단 지도력의 요소

집단 지도력은 집단사회복지사 또는 집단 지도자의 역량과 기관에서의 지위, 집단성원의 구성과 역량, 집단의 목표, 기관의 환경과 자원 등 다양한 요소들에 의해서 영향을 받는다(Nixon, 1979 ; Toseland & Rivas, 1995). 효과적인 지도력의 목표는 성원들의 정서적, 사회적 욕구를 충족시켜주고 사회복지실천의 가치 기준에 맞는 목표를 달성하도록 각 성원과 전체 집단을 돕는 데 있다. 집단 지도력에 영향을 미치는 다양한 변수들은 다음과 같다.

(1) 집단성원들이 생각하는 집단 지도력에 대한 기대

강력한 집단 지도력을 원하는 집단성원도 있지만, 허용적인 집단 지도력을 원하는 집단성원들도 있다.

(2) 지도력의 획득 방식

집단 지도자가 내부에서 선출되었는가, 외부에서 선출되었는가, 임시 지도자인가에 따라서 집단 지도력의 영향력은 다르다.

(3) 지명된 지도자와 집단발달에 따라 출현한 지도자 사이의 경쟁 여부

집단성원에 의해 내부적으로 인정받은 지도자의 집단 지도력이 강력하기 때문에, 집단의 외부에서 지명된 지도자가 내부의 지도자를 수용하지 못하고 경쟁하게 되면, 지명된 지도자의 집단 지도력은 영향력이 약해진다.

(4) 전체로서의 집단의 목표, 과제, 요구들

집단의 목표, 과제, 요구 등을 달성하기 위한 과제 수행에 필요한 전문적인 지식과 기술, 경험을 가진 사회복지사의 집단 지도력은 인정을 받게 된다.

(5) 성원들의 과제와 사회정서적 기술들

과제 수행에 필요한 전문적인 지식과 기술, 경험을 가지고 있고, 집단과정에서 집단성원들을 지지, 격려하고 함께 과제를 수행하려는 사회정서적인 기술을 가지고 있는 사회복지사의 집단 지도력은 인정을 받는다.

(6) 집단 내외에 존재하는 권위의 본질

사회복지사가 가지고 있는 역량과 기관에서의 지위는 집단 지도력에 영향을 미친다.

(7) 집단과 지도력에 대한 환경적 요구

기관에서 적극 지원하고 있는 중점사업의 하나인 집단을 지도하고 있는 집단 지도자는 자신의 에너지와 역량, 기관의 자원을 집단의 과정에 투입할 수 있는 여건이 충분하기 때문에 집단 지도력을 충분히 발휘할 수 있다.

그 외에도 집단 지도력에 영향을 미치는 상황적 요인으로 집단목적, 집단의 문제유형, 집단의 환경적 특성, 전체 집단의 특성, 집단성원의 특성, 집단 지도자의 특성 등이 있다.

3) 집단사회복지사의 실천기술

집단사회복지사의 실천기술은 집단성원들의 개별적인 목표달성을 돕고, 집단 과제를 수행하여 집단의 목적을 달성할 수 있도록 돕는 일련의 행동과 활동을 말한다.

집단사회복지사의 실천기술을 기능에 따라 세 가지로 분류하여 살펴보았다(Toseland & Rivas, 1995).

(1) 집단과정을 촉진하기 위한 실천기술

① 집단성원에 대한 관여 기술

집단 내에서 다른 성원들과 어울리고, 다른 성원의 문제에 관여하게 하는 기술로서, 집단응집력 및 서로 돕는 느낌과 의사결정을 공유하게 하는 데 필수적인 기술이다.

② 관심을 가져주고 표현하는 기술

집단성원의 수용과 응집력 강화, Rapport의 형성에 유용한 기술로서, 눈짓이나 몸짓과 같은 비언어적 기술 및 존경, 온정, 신뢰, 솔직함을 전달하는 언어적 기술을 통해 이루어진다.

③ 표현적 기술

집단성원들이 문제나 과제, 논제 등에 대해 생각이나 느낌을 자유롭게 표현하도록 하는 기술로서, 집단과정을 촉진시키는 데 매우 중요하며, 자기개방이 대표적인 표현적 기술이다.

④ 반응기술

향후의 집단과정에 영향을 줄 특별한 반응을 이끌어내기 위해 선택적으로 반응기술을 활용한다. 집단사회복지사가 집단성원들의 노력에 긍정적으로 지지하며 반응하게 되면, 집단성원들이 더욱 더 노력하게 된다.

⑤ 초점화기술

명확화, 의제를 제안한 성원에게 질문하기, 특정한 대화나 대화과정의 반복, 집단성원들로 하여금 특정화제로 토론을 제한하도록 하는 등의 방법을 활용하여 집단의 활동이 집단의 목적에서 벗어나지 않도록 하는 기술이다.

⑥ 명확한 집단과정의 수립

성원들로 하여금 상호작용하는 방법에 대해 인식할 수 있도록 돕는 기술로서, 집단성원들로 하여금 집단 상호작용의 유형을 관찰하게 한 후, 집단 상호작용 방식이 편안한지, 변화를 바라는지를 물어볼 수 있다.

⑦ 내용의 명확화

성원들이 의사소통을 효과적으로 할 수 있도록 돕는 기술이다. 사회복지사는 특정 언어가 집단성원들에 의해 잘 이해되고, 명확히 표현되고 있는지를 파악하고, 집단 상호작용이 주제의 초점에서 벗어나거나 부적절한 주제에 빠져있을 때 이를 지적하는 기술 등을 포함한다.

⑧ 집단 상호작용에 대한 지도

집단성원들의 대화를 이끌어내거나 차단하는 기술, 다른 성원이 말하도록 장려하는 기술, 한 집단성원이 대화에 다른 집단성원의 대화를 연결하는 기술 등을 활용하여 집단 상호작용의 유형을 지도할 수 있으며, 집단의 목표달성에 많은 도움이 된다.

(2) 자료수집과 사정을 위한 실천기술

① 명확화와 설명기술

문제의 속성을 가능한 한 명확하고 구체적으로 기술하고 표현하도록 노력해야 한다. 문제를 정확히 이해하기 위해 문제의 현재와 과거에 대해 구체적으로 묘사하고 규명하는 것도 유용하다.

② 정보요구, 질문, 조사

집단성원들에 대한 기본적인 자료를 모으기 위한 기술로서, 유익한 정부 수집과 집단 활동의 폭을 넓히고, 집단성원들의 문제와 관심을 명확히 할 수 있다.

③ 요약과 세분화

요약은 사회복지사로 하여금 집단 내에서 이야기되고 있는 핵심을 표현하고 되돌아 볼 기회를 갖게 하며, 성원과 함께 다음 단계의 과제에 대해 생각할 기회를 제공한다. 또한 세분화는 다루기 어려운 문제나 논제를 다루기 쉽게 작은 단위로 분류하는 기술로서 집단성원들에게 동기를 부여하는 효과가 있다.

④ 종합

집단성원들의 생각, 감정, 행동, 즉 언어적·비언어적 의사소통을 표현하게 하고 분석하는 등 종합하는 기술로서, 집단성원들이 다른 사람들에게 어떻게 인식되는지에 대한 피드백을 제공하는 데 매우 유용하다.

⑤ 분석기술

확보된 자료의 유형을 밝혀내고, 자료의 차이를 규명하여 구조화하고 사정하기 위한 자료의 확보 등을 포함하는 기술이다.

(3) 행동기술

집단이 과제를 수행하도록 돕기 위해 자주 활용되는 기술이다.

① 집단성원에 대한 지지

집단성원들이 집단의 주제에 적합한 느낌과 생각을 표현하도록 격려하고 환기시켜주고, 자신의 견해를 표현하게 하고, 요구와 평가에 반응함으로써 성원들을 지지하는 기술이다. 집단성원들은 집단을 자신의 생각과 느낌을 받아주는 안전한 장소로 인식하게 된다.

② 재구조화와 재규정

집단성원들이 문제를 새로운 관점에서 볼 수 있게 하는 기술이다.

③ 집단성원들 간 의사소통의 연결

초기단계에서 집단성원들은 성원들끼리의 대화보다는 집단사회복지사와의 대화를 더 많이 하게 된다. 집단사회복지사는 이러한 의사소통에 대한 성원들의 반응을 묻거나, 다른 성원을 지목하여 답하게 함으로써 성원들끼리 의사소통하는 유형을 만들 수 있다.

④ 지시, 감독

집단성원들의 참여와 투입을 증대시키기 위한 노력을 기울일 때 효과적인 기술이다. 집단의 목표에 대한 성원들의 승인이 있어야 가능하며, 집단성원 개개인의 특성을 집단사회복지사가 잘 파악하고 있어야 한다.

⑤ 조언, 제안, 교습

집단 내에서 새로운 행동이 요구되거나 문제를 이해할 때, 문제 상황을 바꾸려 할 때 사용되며, 집단성원과 집단사회복지사가 모두 사용하는 기술이다.

⑥ 자원의 제공

집단성원들이 필요로 할 때, 정확한 사정과 의뢰를 통하여 의료, 건강, 재정지원, 직업 및 재활 상담, 재정 자문 등과 같은 다양한 후원 집단이나 자원을 활용하고 제공하는 기술이다.

⑦ 모델링, 역할연습, 시연, 코치

과제집단이나 치료집단 모두에게 유용하게 사용되는 기술이다.

⑧ 직면기술

집단성원들의 행동, 사고, 감정 사이의 왜곡과 불일치를 극복할 수 있도록 도와주는 도전적인 행동이나 명확화 그리고 수행능력을 말하는 것으로써, 집단성원들을 동기화하고 집단성원들의 저항을 극복하는 데 매우 유용한 기술이다.

⑨ 갈등 해결의 기술

집단 상황에서의 갈등은 필수적이며, 피할 수 없는 상황이다. 집단사회복지사는 이러한 갈등이 부정적인 방향으로 흘러가기 전에 집단 규칙, 조정, 협상, 중재 등의 기술을 발휘하여 갈등이 공유되고 논의되어 긍정적인 방향으로 해결됨으로써, 집단성원들의 결속력을 강화하는 계기로 활용해야 할 것이다.

제14장 | 집단사회복지실천 II

1. 집단발달단계별 실천기술

집단발달단계란 시간의 흐름에 따라 집단에서 나타나는 변화와 성장의 과정을 말하는 것으로서, 집단발달단계에 따라 집단의 내부구조, 집단성원의 역할과 지위, 의사소통과 상호작용의 형태, 집단의 과제와 집단운영의 절차, 집단응집력, 사회적 통제, 집단문화 등이 형성되고 변화되어 간다.

집단발달단계에 대한 구분은 이론과 학자에 따라 다양하나, 본서(本書)에서는 시작단계, 초기단계, 중기단계, 종결단계로 구분하여 살펴보았다.

1) 시작단계

준비단계라고도 하는 시작단계는 집단성원의 문제해결을 목적으로 집단을 효과적으로 활용하기 위해 예비적 개입이 이루어지며, 집단의 형성과 탐색이 이루어지는 단계이다. 전문적인 집단의 구성 및 준비가 집단의 효과에 큰 영향을 주기 때문에 집단사회복지사는 시작단계의 중요성을 간과하여서는 안 된다.

(1) 집단을 준비할 때 고려해야 할 사항

집단을 준비할 때 고려해야 할 사항으로는 집단의 목적, 잠재적 성원의 모집과 사정, 집단의 물리적 환경, 집단의 구성, 집단모임의 시간과 횟수, 기관의 승인 등(Reid, 1997 ; Toseland & Rivas, 1995 ; 김혜란 외, 2006 재인용)이며, 구체적인 내용은 다음과 같다.

① 집단의 목적

집단이 도움이 될지, 안 될지를 잠재적 성원들이 결정할 수 있도록 집단모임의 이유, 집단 활동의 내용 및 참여자들에게 요구되는 기대 등을 포함한 집단목적에 대한 진술이 필요하다.

집단의 목적은 상대적인 개념으로써 집단사회복지사와 집단성원들의 토론을 통해 타협, 수정될 수 있다. 이는 초기의 목적이 무시되는 것이 아니라 집단 활동을 통해 변화할 수 있다는 것이다. 또한 집단에 참여하는 집단성원의 개인적인 목적과 집단의 목적이 일치하면, 집단성원이 집단에 적극적으로 헌신하고 참여할 수 있다.

② 잠재적 성원의 모집과 사정

집단사회복지사는 모집절차를 통하여 적절한 수의 잠재적 성원을 확보하여야 하며, 모집과정에서 잠재적 성원을 확인하고 집단에 관심이 있는지를 파악할 수 있는 모든 자원을 활용하여야 한다. 잠재적 성원은 기관내부, 다른 조직, 또는 지역사회에서 모집할 수 있다.

집단사회복지사는 클라이언트와의 면접, 클라이언트에 대한 관찰, 가족이나 클라이언트를 아는 사람들과의 면접 등을 통하여 클라이언트가 집단을 통하여 도움을 받을 수 있는지를 확인하는 사정을 하여야 한다. 또한 그들의 관심사, 욕구, 문제 등에 대해서 구체적인 정보를 수집하고 이를 집단의 목표와 연결시켜야 한다.

집단성원의 모집과 사정에 있어서 주요한 내용은 다음과 같다.

- 집단이 직면한 과제나 관심사라고 생각하는 것을 공유하고 있는지의 여부
- 잠재적 성원의 현실검증 능력, 의사소통 능력, 인식 능력, 타인과의 감정

공유 등 사회·정서적 능력(Corey, 1981).

- 비자발적인 잠재적 성원이 있을 경우, 그들의 이야기를 들어주고, 그들의 고통과 생각과 감정에 대해 관심을 보여주고, 이해해주고, 집단 내에서 그들이 시간을 최대한 이용할 수 있는 다양한 방법에 대한 논의 등을 통하여 클라이언트의 태도를 변화시킬 수 있도록 노력하고 집단에 대한 저항감을 완화시키도록 해야 한다.

③ 집단의 물리적 환경

집단의 모임이 열리는 장소의 물리적 환경은 집단성원들에게 비밀성, 친밀감, 편안함, 그리고 집중도의 측면에 상당한 영향을 미친다. 모임장소는 집단성원이 아닌 사람이 그 모임에서 토의되는 것을 들을 수 없으며, 참여하거나 방해할 수 없도록 해야 한다. 주의 집중을 방해할 수 있는 소음은 없어야 하고 방의 온도는 적정 수준으로 유지되어야 한다. 녹화하거나 일방경을 통해 관찰할 예정이면 반드시 집단성원의 허락을 구해야 한다.

또한 집단 내 좌석 배열도 누가 누구에게 말을 하고 누가 지도적인 역할을 수행할 수 있는지에 영향을 미칠 수 있으며, 집단응집력과 상호작용에 중요한 영향을 미치게 된다.

④ 집단의 구성

가. 집단의 크기

집단의 크기는 집단목적, 유형과 더불어 집단성원들의 만족감, 상호작용, 집단성원의 목표달성 등 집단의 생산성과 효율성에 영향을 주며, 집단성원의 상호작용과 만족도에 영향을 미치기 때문에 일반적으로 집단의 목적과 집단성원의 성숙도에 의해 적당한 집단성원의 수로 결정된다.

나. 집단성원의 동질성과 이질성

집단사회복지사는 집단을 구성하는 데 있어서, 집단성원의 성, 연령, 결혼 여부, 지적 능력, 교육수준, 사회경제적 지위, 집단성원이 겪고 있는 문제의 유형, 문제에 대한 대처능력 등을 고려하여 집단의 동질성과 이질성을 결정하여야 한다.

집단성원의 동질성은 집단성원 간의 관계를 증진시키며, 집단의 응집력을 높이는 반면, 집단성원들이 서로를 너무 잘 알고 있어 서로 자극하거나 반론을 제기하지 않아 침체되고, 현실검증의 기회가 적을 수 있다.

반면, 집단성원의 이질성은 집단성원에게 다양한 관점과 견해를 제공해 개인의 문제를 해결하는 데 자극이 될 수 있으나, 너무 이질적인 경우 집단성원들은 서로의 공통점이 적어 자신의 문제를 표출하고 유대를 형성하는 데 시간이 오래 걸리고 특히 초기에는 방어와 저항이 있을 수 있어 집단성원이 탈락할 수도 있다.

집단이 유지되기 위해서는 집단은 동질적이면서 또한 이질적이어야 하며, 집단사회복지사는 다양성과 공통성 사이에 균형을 이루도록 노력해야 한다.

다. 개방집단과 폐쇄집단

집단사회복지사는 집단이 집단성원들에게 폐쇄적일지 개방적일지를 정해야 한다.

⑤ 집단모임의 시간과 횟수

집단모임의 횟수는 집단성원과의 친밀감과 동일시, 집단정체성의 형성에 도움을 주기 때문에 초기단계에서 더 자주 만날 필요가 있으며, 집단모임의 시간은 원조과정의 구조에도 영향을 줄 뿐 아니라, 집단성원과의 집단경험에 대한 수행 및 실행 수준에도 영향을 준다. 제한된 시간 내에 목표를 달성해야 한다는 압박감이 오히려 집단을 효과적으로 만들 수도 있다(Reid & Epstein,

1977).

일반적으로, 집단모임은 일주일에 한 번, 80분 내지 90분으로 정한다. 보통 2시간이 지나면 효과가 감소하게 되어 집단이 지치고, 반복적이고, 비효과적이 된다. 집단모임의 시간과 횟수를 정할 때 집단성원들의 주의집중 능력, 집단성원들의 상황, 기관의 환경, 집단의 목적 등을 고려해야 한다.

또한 집단은 종료일자가 정해져 있는 시간제한 집단과 정해진 종료일자가 없는 지속적인 집단이 있다. **시간제한 집단**은 정해진 기간 내에 목표를 달성하기 위하여 노력하므로 생산적일 수 있다는 장점이 있다. **지속적인 집단**은 각 집단성원들에게 문제를 깊이 다루고 변화를 야기할 수 있는 충분한 시간을 제공한다. 그러나 의존성이 증가하고 시간제한 집단에 비해 덜 생산적이다. 더 많은 모임을 갖는 것만이 꼭 좋은 것은 아니다.

⑥ 기관의 승인

기관으로부터의 승인은 수직적일 뿐만 아니라 수평적이어야 한다. **수직적 승인**은 기관장이나 합법적인 권한을 가진 사람으로부터 나오는 승인과 지원을 말한다. **수평적 승인**은 동료 및 다른 분야 직원들의 승인 및 지지를 의미한다. 기관의 직원들이 승인을 하지 않는다면 집단성원을 모으는 것 자체가 어려워지거나 집단을 운영하는 과정에서 갈등이 초래될 수 있다.

(2) 시작단계에서의 집단사회복지사의 과제

시작단계에서, 중요한 것으로서 집단의 첫 모임을 갖기 전, 집단사회복지사의 과제는 다음과 같다(윤현숙 외, 2001 ; 김정진 외, 2007).

① 집단지도의 지침을 준비한다.

그 내용으로는 지도력의 분담, 의사결정의 절차의 사용, 경쟁적 집단 분위기보다는 협력적 집단 분위기 만들기, 승자－승자(win-win) 접근을 통한 문제해결 접근법 활용, 개방적이고 솔직한 의사소통 분위기 만들기, 종결에 대한 관심 갖기 등이다.

② 집단의 시작에 대한 고지

집단모임의 일시, 장소, 시간 등을 집단성원들에게 알려 준다.

③ 첫 모임 전의 편안함 찾기

집단사회복지사의 불안은 집단의 효과성을 감소시킬 수 있으므로 집단의 첫 모임 이전에 집단사회복지사는 자신만의 방식으로 자신을 편안하게 하고, 정서적으로 안정된 모습을 보여야 한다.

④ 첫 모임의 의제(agenda) 준비

미리 준비한 논리적 순서에 따라 의제를 요약하여 표현하고, 시간 계획을 고려하여 한 세션에서 다룰 수 있는 의제의 수를 결정하여 약속된 시간 내에 진행한다. 다양한 의제의 진행 방식을 준비해야 하며, 의제가 계획대로 진행되지 않을 수도 있고, 변화될 가능성도 있다는 것을 고려하여 미리 대비해야 한다.

⑤ 자신의 역할에 대한 명확화

집단 내에서 집단사회복지사 자신의 역할에 대해서 스스로 분명히 해야 하며, 집단성원들에게 자신의 역할을 명확하게 설명해야 한다.

⑥ 모임장소에 도착

집단사회복지사는 정해진 모임의 시간보다 조금 일찍 모임 장소에 도착하여 계획한대로 모든 것이 준비되어 있는지 점검하고 확인한다.

2) 초기단계

초기단계에서 집단성원들은 낯선 사람과 새로운 환경, 즉 집단에 대한 불안과 불신감, 두려움과 저항감을 갖는다. 또한 집단성원들은 각자의 행동규범을 집단에 가지고 오며, 자신들이 집단에서 무엇을 할 것인지, 다른 집단성원과 집단사회복지사는 어떤 사람인지, 그리고 집단이 자신들에게 기대하는 바는 무엇인지에 대해서 의문을 제기한다. 따라서 새로운 사람과 접촉하기보다는 안면이 있는 사회복지사와 대화를 시도하려고 하여 사회복지사에게 주로 질문을 많이 한다. 집단성원들은 이 과정에서 다른 집단성원들을 탐색해 보기도 하지만 이때의 대화는 피상적인 내용이 많으며, 다른 집단성원과 거리를 유지하려고 한다. 또한 집단에서 도움을 받을 수 있을지, 이 집단에서 자신의 문제나 어려움 혹은 관심사에 대한 궁금증을 해결할 수 있을지 등의 의구심을 갖기도 한다.

집단의 목적 및 목표가 뚜렷해지고 목표지향적인 활동이 시작되면서 집단성원들은 새로운 상황에 적응하고 자신의 역할을 수행하면서 성취감도 경험하게 되고, 집단의 가치와 규범이 발달하기 시작하며, 집단의 목적과 활동과제를 설정하는 과정에서 공통적 가치와 태도에 기초한 집단에서의 규범과 행동방식 등을 형성한다.

초기단계에서 집단성원의 특성은 '**저항**'이다. 특히 비자발적인 집단성원일 경우 저항의 강도가 더욱 심할 수 있다. 저항은 집단과 좀 떨어져 앉거나, 말을 지나치게 많이 하고, 질문이나 조언을 지나치게 많이 함으로써 집단과정을 방해하기도 하며, 상대방을 비꼬거나 관심을 끄는 행동으로 집단을 지배하려고 하는 갈등으로 표현되기도 한다(엄명용 외, 2008). 이러한 갈등은 다른 단계보다 초기단계에서 뚜렷하게 나타나며, 불신감과 관련이 있다.

집단 초기단계에서 사회복지사의 주된 노력은 개방적이고 솔직한 의사소통을 촉진시키며, 집단과정을 민주적으로 하여 신뢰할 수 있는 분위기를 형성하는 것이다.

(1) 초기단계에서의 집단사회복지사의 과제

초기단계에서 집단사회복지사가 달성해야 할 과제를 살펴보면 다음과 같다(Reid, 1997 ; Toseland & Rivas, 1995 ; 김혜란 외, 2006 재인용).

① 집단성원의 소개

첫 모임에서의 소개는 집단성원들 간의 상호관심사와 흥미를 공유하게 하고 상호신뢰를 발전시키는 계기가 된다. 집단사회복지사는 집단성원의 소개에서 동질성을 부각시켜 집단에 대한 관심을 증대시켜야 한다.

집단성원을 소개하는 가장 일반적인 방법은 순번대로 차례로 돌아가면서 자신을 소개하는 것(**사발통문, round robin**)이다. 이때 집단사회복지사가 먼저 자기소개를 하여 집단성원들에게 자신들이 어떻게 행동하고 어느 정도까지 자신을 소개하는지에 대한 실마리를 제공할 수 있다. Round robin의 변형방식으로, 집단성원들 간에 상호작용을 촉진하기 위하여 계획적인 짝짓기로 소개하는 방법이 있다. 짝을 지어서 5~10분간 미리 준비한 질문을 가지고 상대방을 면접하고 자신이 면접한 상대방에 대해서 집단에 소개하는 방식이다. 이러한 방식은 집단성원들이 집단 전체를 상대하는 경우보다 개인적인 관계 속에서 자신을 소개하고 개방하는 것으로 불안하지도 않고, 더 쉽기 때문에 첫 번째 방식보다 더욱 효과적일 수 있다.

집단성원의 자기소개의 방법과 내용은 앞으로의 집단 운영방식과 논의과정에 많은 영향을 줄 수 있다. 따라서 집단사회복지사는 첫 모임에서 집단성원들의 긴장감과 불안, 불신을 감소시킬 수 있는 다양한 방법과 활동을 준비해 두어야 할 필요가 있다.

② 집단의 목적에 관한 설명과 피드백

집단성원들의 소개가 끝나면 집단의 목적에 관해서 다시 설명해야 한다. 집단성원들이 동일한 문제와 관심사를 가지고 있다고 하더라도 사회복지사는 집단의 목적에 관해 명확하고 간결하게 설명을 해야 한다.

집단의 목적에 관한 설명이 없다면 집단성원들은 앞으로 전개될 집단과정에 대한 이해가 부족하기 때문에 불안해할 수도 있다. 반대로 집단의 목적을 분명히 알게 되면 집단이 자신에게 필요한지 아닌지를 결정할 수 있으며 심리적 불안감도 줄어들 것이다. 집단의 목적을 소개하는 것과 더불어 사회복지사는 집단에서 자신의 역할과 집단성원들의 역할, 집단 규범 등에 대해 설명해야 한다.

집단의 목적은 긍정적 측면을 강조하는 것이 좋으며 후원하는 기관에 관해서 간단히 언급하여 집단성원들이 기대할 수 있는 서비스의 한계를 명확히 해야 한다. 사회복지사는 목적이나 목표에 관해서 집단성원들이 자신들의 의견이나 관심사를 표현하도록 촉구해야 하며, 그들의 의견을 반영해야 한다.

③ 집단성원의 개별적인 목적설정

집단성원 모두에게 적절한 공동의 목적이 수립되는 정도는 집단에 따라 다르기 때문에, 효과적인 집단목적달성을 위해 개인의 목적은 구체적이고 명확한 용어로 규정되어야 하고, 집단 활동기간 동안 성취할 수 있으며, 측정 가능한 것이어야 좋다.

④ 계약

집단의 초기에는 집단성원들이 집단사회복지사의 역할, 집단성원들의 역할, 그리고 자신들에게 기대되는 것 등에 관해서 잘 알지 못한다. 따라서 계약을 통해 상호 간의 기대, 의무, 책임을 명백히 하는 것이 필요하다. 일반적으로 계약은 집단성원과 집단사회복지사 사이에서 이루어진다. **계약 내용**에는 시간, 장소, 비용 등의 실질적인 내용과 구체적인 일정, 변화가 필요한 행동 등이 포함된다.

⑤ 집단 활동에 대한 동기와 능력의 고취

집단의 목적과 집단성원의 개별적인 목적이 성공적으로 달성되기 위해서는 개인의 동기가 중요한 역할을 한다. 집단성원의 개인적 동기는 집단성원들이 갖고 있는 집단사회복지사의 역할에 대한 기대, 집단과정에 대한 기대, 집단을 통하여 이루어질 수 있는 것에 대한 기대에 의해 결정된다.

집단성원들은 자신들의 목적달성을 위한 능력이나 집단에서의 주어진 역할을 잘 해낼 수 있을지에 대해 양가감정을 가질 수도 있으며, 이러한 양가감정을 극복하도록 도와주는 방법 중의 하나는 목적달성을 방해하거나 촉진시키는 심리적·사회적·환경적 요인이 무엇인지를 설명하고 이에 대해서 집단성원들이 토론하게 하는 것이다. 집단성원들이 동기저하에 영향을 미치는 요인들을 변화시키도록 도와주는 과정을 통하여 집단성원들은 개별적인 두려움, 양가감정, 불안 등을 극복하면서 자신의 목적을 달성하려는 동기를 유지하게 된다.

(2) 집단의 첫 모임에 대한 구상

초기단계에서 집단사회복지사는 초기단계의 목적을 달성하기 위해 첫 번째 모임의 구조를 다음과 같이 구상하여야 한다(Shulman, 1984).

- 집단성원들이 서로 소개하기
- 집단성원들이 느끼는 이슈와 관심사와 사회복지기관과 시설에 대한 이해관계를 명확하게 하기 위하여 간단하고 단순한 개방적인 진술하기
- 집단성원들의 욕구와 그들에게 제공될 수 있는 기관의 관점에 관해 집단성원들로부터 피드백 얻기
- 집단성원들의 활동을 돕기 위해 집단사회복지사의 역할과 수행방법을 명확하게 하기
- 효과적으로 기능하기 위해서 집단의 발전을 방해할 수 있는 특정 장애물들을 직접적으로 다루기

- 집단사회복지사와 집단성원 간의 개별적인 토의가 아니라 집단성원들 간의 의사소통 및 상호작용을 격려하기
- 집단성원들이 안전하다고 느낄 수 있는 지지적인 분위기를 발달시키기
- 집단성원들의 활동과 앞으로의 집단 활동 계획을 수립하도록 도와주기
- 기관과 집단성원들의 상호기대를 명확하게 하기
- 다음의 세션에서 다루고자 하는 주제나 문제를 결정하여, 다음 구체적인 단계들에 대한 집단성원들의 합의를 끌어내기
- 집단성원들의 효과에 관한 솔직한 피드백을 격려하기

(3) 집단 사정

집단 사정은 원조과정에 기초하는 과정이자 산물이다. 과정으로서의 사정은 정보를 수집·조직하고 판단을 내리는 것을 말하며, 산물로서의 사정은 실천계획을 수립하는 데 유용하게 사용되는 집단과 집단성원의 기능에 관한 진술문을 말한다. 집단사회복지실천에서는 집단성원 개개인에 대한 사정뿐만 아니라 집단전체에 대한 사정을 하는 것이 필요하기 때문에 개인을 대상으로 하는 사회복지실천에서의 사정보다 복잡하다.

집단사회복지사는 집단성원 개개인, 집단 그리고 집단 환경 등 3가지 각도에서 집단에 대한 사정을 하게 된다(윤현숙 외, 2001).

① 집단성원 개개인에 대한 사정

가. 집단성원의 특성에 대한 사정

집단성원의 성장 발달 과정에서 일어난 일, 현재의 건강상태, 심리상태, 정신건강, 교육정도, 직업, 수입, 취미, 신념, 기대, 동기 등에 대한 사정으로서, 의사, 사회복지사의 평가와 관찰 그리고 집단성원 자신의 자기보고 등에 대한 정보를 기반으로 하여 사정이 이루어진다.

나. 대인관계와 집단성원 간 상호작용

집단성원의 가족과의 관계, 친구와의 관계, 어떤 문제가 발생했을 때 이야기를 들어주고 정신적으로 의지할 수 있는 인간관계의 유무 등에 관하여 사정한다.

다. 집단성원의 환경에 대한 사정

집단사회복지사는 집단성원의 환경이 각자의 목표와 집단 목표달성을 지지하는 환경인지 아닌지를 평가할 필요가 있다. 이때 사회복지사는 반드시 한 번 이상은 집단성원의 가정을 방문하여 실제적인 정보를 확인할 필요가 있다.

② 집단에 대한 사정

집단은 집단과정을 통해 개별성원뿐 아니라 전체로서의 집단에 영향을 미치는 독특한 힘을 만들어낸다. 집단과정에서 만들어진 이러한 힘을 집단역동이라 하며 집단역동을 활용하는 것은 집단사회복지사의 중요한 과제 중의 하나가 된다.

집단역동을 이해하는 데 필수적인 영역으로는 집단구조, 집단 내 의사소통과 상호작용 유형, 집단에 대한 매력과 응집력, 집단의 사회적 통제, 집단문화, 집단발달단계에 대한 지식 등을 들 수 있다.

③ 집단 환경에 대한 사정

집단 환경에 대한 사정으로는 집단사회복지사가 소속된 기관이나 시설을 비롯하여 이들 시설 간 환경 및 지역사회 환경에 관해 사정하게 된다.

가. 복지기관, 시설의 환경에 대한 사정

복지기관, 시설 내에서 집단을 결성할 경우 집단의 목적이 기관 및 시설의 목적과 맞는지, 집단 활동의 장소는 있는지, 협력은 제공되는지, 집단에서 다루고자 하는 접근 방법이 기관이나 시설의 방침에 적합한지 등을 사정하게 된다.

나. 시설 간 환경에 대한 사정

다른 복지기관, 시설에서 새로운 프로그램이나 실천방법에 대한 연구회 등 특별사업이 행해지고 있는지 등 다른 기관에서 계획하고 있는 사업과 행해지고 있는 사업 등에 대한 정보를 수집하여 시설 간 환경에 대한 사정을 해야 한다.

다. 지역사회 환경에 대한 사정

지역에는 어떤 사람이 살고 있으며, 어떤 직업, 수입, 종교를 가지고 있는지, 지역 내에는 어떠한 공공자원이 있으며, 부족한 자원은 무엇인지, 지역사회 관심사는 무엇인지 등에 대해서도 사정하도록 한다.

(4) 집단성원의 불안과 저항을 다룰 수 있는 실천기술

집단의 초기단계에서 집단사회복지사는 집단성원들의 불안과 저항을 다룰 수 있는 기술이 있어야 한다(엄명용 외, 2008).

① 집단성원의 불안과 저항을 다룰 수 있는 실천기술

- 집단성원들의 불안은 특히 초기단계에서 자연스럽게 나타나는 현상임을 인식하고 이를 집단성원들에게 설명하여 준다.
- 집단성원들 간의 갈등 또는 집단성원과 사회복지사 간의 갈등이 잘 다루어지지 않는다면 상호 신뢰감이 저하될 뿐만 아니라 앞으로 전개될 집단과정에 부정적인 영향을 줄 것이다. 따라서 갈등은 반드시 인식되어야 하고 긍정적이고, 건설적인 방식으로 다루어져야 하며, 갈등이 성공적으로 해결된다면 집단성원들 사이의 신뢰감과 집단성원과 사회복지사

간의 신뢰감 형성에 긍정적인 영향을 줄 것이다.

- 집단성원이 보이는 저항은 집단사회복지사의 태도와도 관계가 있다. 예를 들어, 사회복지사가 집단을 위한 준비를 소홀히 했다거나 혹은 클라이언트를 대하는 사회복지사의 태도가 공격적이고 심판적이라면 대부분의 클라이언트는 사회복지사를 신뢰하지 못할 뿐만 아니라 저항할 수도 있다. 따라서 집단사회복지사가 세션을 철저하게 준비하고 집단 내에서 자신의 행동에 관해 주의하는 것이 집단성원의 저항을 줄이는 좋은 방법 중의 하나이다.

② 집단에서 저항을 다룰 때 보이는 사회복지사의 실수

- 사회복지사가 클라이언트의 감정을 너무 집중적으로 탐색하는 경우
- 집단에 참여하여 얻을 수 있는 혜택을 설명함으로써 저항감을 줄이려는 경우
- 집단성원들에게 죄책감을 유발하여 집단참여를 종용하는 경우
- 한 성원의 저항을 집단 전체의 저항인 것처럼 다루는 경우

집단사회복지사는 집단이나 집단성원이 저항을 보일 때 자기결정권을 강조할 필요가 있다. 즉 집단성원들이 이야기하고 싶지 않거나 집단에 참여하고 싶지 않을 때, 이에 대한 최종 결정권은 클라이언트 혹은 집단성원 자신들에게 있음을 알려줄 필요가 있다.

3) 중기단계

초기단계가 성공적으로 이루어졌다면 집단은 더 생산적인 단계인 중기단계로 이동한다. 집단의 중기단계는 집단성원 간의 친밀감과 상호공유가 증가하고 집단응집력이 증가하는 시기이다. 집단의 생산성은 높아지고 집단성원

들은 자신이 계획한 목표를 달성하기 위하여 이전보다 더 집단 활동에 전념하게 된다.

또한 집단성원들은 집단에 대한 소속감이 증가하고 다른 집단성원과 사회복지사에 대한 신뢰감도 증가하게 된다. 집단성원들 간에 신뢰감이 있다는 것은 자신의 생각과 감정을 집단 내에서 자유롭게 표현할 수 있다는 의미이며, 자신의 이야기를 털어놓기 시작함에 따라 감정의 정화작용이 일어난다. 자신의 문제에 대한 통찰력, 더 활발한 상호작용, 솔직한 피드백이 증가하면서 집단응집력의 강화라는 집단성원들의 변화가 일어난다.

이 단계에서 집단사회복지사는 집단과 집단성원이 목표를 잘 달성할 수 있도록 격려하고, 목표달성에 필요한 집단의 문화와 규범을 발전시키고 유지하며, 목표달성에 방해가 되는 장애를 극복할 수 있도록 원조해야 한다.

(1) 중기단계에서의 집단사회복지사의 과제

중기단계에서 주요 과제는 집단의 형태와 지도자의 지도력 유형에 따라 다르지만, 공통적으로 집단모임의 준비, 집단의 구조화, 집단성원의 참여와 권한부여, 집단성원의 목적달성 원조, 저항적인 집단성원의 독려, 모니터링 등의 과제를 수행해야 한다(Toseland & Rivas, 1995; 김혜란 외, 2006 재인용).

① 집단모임의 준비

집단사회복지사가 효과적으로 집단을 이끌어나가기 위해서는 다음 모임을 위한 의제를 준비하고, 집단성원들의 토론을 자극하고 흥미를 유발할 수 있는 다양한 재료를 준비하며 적절한 시간배분을 해야 한다. 집단에 흥미롭게 참여할 수 있는 프로그램 활동을 준비하는 것도 포함된다.

② 집단의 구조화

집단의 구조화란 집단성원들이 바람직한 방향으로 변화해 가도록 원조하기 위하여 계획적이고 체계적이며 시간제한적인 개입을 한다는 것을 의미한다. 집단구조화를 위한 활동으로는 각 모임의 시작과 종료시간을 정확하게 집단성원들이 알게 하거나 이번 모임에서 다룰 것이 무엇인지를 명확히 하는 것이다. 또한 집단의 의사소통 및 상호작용의 유형을 설정하여 모든 집단성원이 참여할 수 있는 기회를 부여하도록 토론 과정을 구조화할 수 있다. 집단의 초점을 유지하는 활동, 지금까지의 일을 요약하는 활동 등도 구조화의 방법이다. 집단을 구조화하는 경우의 장점으로는 집단의 목적 성취를 촉진시키며, 집단사회복지사가 계획적이고 체계적으로 실천을 할 수 있도록 한다는 점이다.

③ 집단성원의 참여와 권한부여

집단성원의 참여를 촉진하고 권한을 부여하는 것은 집단사회복지사가 지도와 안내를 하지 않는다는 것이 아니며 집단을 지도하는 데 있어서 집단성원들의 투입과 피드백을 진지하게 고려해야 한다는 의미이다.

④ 집단성원의 목적달성 원조

집단성원의 목적달성을 원조하기 위한 활동에는 첫째, 집단성원들이 자신의 목적을 인식하고, 둘째, 구체적인 실천 계획을 발전시키며, 셋째, 그들이 문제를 극복하고 실천계획을 실행에 옮기려는 의지를 증진시키고, 넷째, 실천계획을 실행에 옮길 수 있도록 원조하는 것을 포함한다. 집단성원의 목적달성을 위한 개입은 개별성원, 전체집단, 그리고 집단 환경 등의 세 가지 차원에 걸쳐 이루어져야 한다.

⑤ 저항적인 집단성원의 독려

집단사회복지사는 집단의 성원이 되기를 원치 않는 사람과 같이 일을 해야 하는 경우도 있다. 저항하는 집단성원에게는 자신의 문제에 대처하지 않음으로써 발생하는 결과에 대해 초점을 맞추어서 직면을 하게 하는 것이 도움이 된다. 또한 신념체계를 변화시키는 방법과 외부환경을 이용하는 방법을 활용할 수 있다.

⑥ 모니터링

집단과정을 점검하고 평가하는 모니터링을 통하여 집단성원과 집단사회복지사는 피드백을 얻을 수 있다. 모니터링은 서면이나 구두로 집단의 전 과정에서 수행되어야 한다. 평가횟수는 집단에 대한 피드백을 어느 정도 받아야 하는가 하는 필요성에 달려 있으며, 각 집단회기마다 모임이 끝났을 때 집단성원들이 그 모임에 대한 평가를 하거나 아니면 2~3번의 모임마다 한 번 정도 평가를 할 수 있다.

(2) 집단응집력 향상을 위한 지침

집단응집력은 집단의 기능을 향상시키는 긍정적인 효과를 가지고 있기 때문에 집단사회복지사는 집단응집력을 향상할 수 있는 다양한 실천기술을 고려해야 할 것이다. Corey와 Corey(1992)는 **집단응집력 향상을 위한 지침**을 다음과 같이 제시하였다(엄명용 외, 2008 재인용).

- 집단토의와 프로그램 활동 등을 적극 활용하여 집단성원들 간의 상호작용을 촉진시킨다.
- 집단성원들이 목표를 달성하고 변화를 이루어낼 수 있는 유능한 존재라는 것을 인식할 수 있도록 돕는다.
- 집단성원들의 욕구가 집단 내에서 충족된 방법을 파악할 수 있도록 원조한다.
- 집단성원들이 목표에 초점을 두고 목표를 달성할 수 있도록 원조한다.
- 집단성원들끼리 협력하는 관계를 형성하도록 원조한다.

- 모든 집단성원들이 완전히 참여할 수 있는 규모의 집단을 형성한다.
- 집단성원의 기대치를 명확히 하고, 그것을 집단의 목적과 일치하도록 한다.
- 보상의 제공과 같이 집단참여에 대한 자극제를 제공한다.
- 집단성원들에게 현재 참여하고 있는 집단에 자부심을 느끼도록 한다.
- 집단성원도 집단사회복지사와 마찬가지로 집단의 내용과 방향에 책임이 있다는 것을 인식하도록 한다.

(3) 중기단계에서의 집단사회복지사의 실천기술

중기단계에서는 집단의 응집력과 생산성을 최대화시키기 위하여 다음과 같은 실천기술이 요구된다(윤현숙 외, 2001).

① 집단을 이끄는 기술

집단을 이끄는 기술은 집단을 통제, 관리하는 기술뿐 아니라 충고, 조언, 상담하는 기술 등으로 이루어진다. 집단사회복지사에 대한 집단성원들의 관심이 집단에 대한 관심으로 옮겨가도록 끊임없이 격려하고 집단토의가 소수의 집단성원에 의해 이루어지고 있다면, 참가자 전원이 참여할 수 있도록 지도해야 한다.

② 지지기술

집단사회복지사는 집단 스스로가 집단을 유지할 수 있도록 지지하고 가능한 한 집단성원들에게 지도력을 발휘할 수 있는 기회를 주도록 노력해야 한다. 집단과정의 발달에 따라 집단사회복지사는 앞에서 집단을 이끌어가던 위치에서 뒤에서 지원하는 위치로 자신의 위치를 바꾸어야 하며, 칭찬, 지지, 격려 등이 집단을 지지하는 기술이다.

③ 집단유지에 도움이 되는 프로그램 사용기술

집단유지를 위한 프로그램은 집단성원들의 의견이 일치하는 결정을 지지하고 규범에 따라 행동을 촉진시키며 서로 다른 역할을 지지하고 집단성원들이 집단에 소속되어 있다는 기분과 안정감을 강화시킬 수 있는 것이어야만 한다.

집단사회복지사는 각 프로그램 활동이 집단의 목표 성취를 어느 정도 촉진시키며, 얼마만큼 도움을 주는지, 집단성원 전원의 참가가 가능한지, 시간 내에 마칠 수 있는지, 활동을 위해 어느 정도의 비용이 드는지 등을 집단성원들과 함께 검토한 후 집단에서 결정하도록 원조해야 한다.

4) 집단의 종결단계

집단과정의 마지막 발달단계에서 사회복지사의 주요한 과제는 집단을 성공적으로 종결하는 것이다. 그러나 현실적으로 집단이 목표를 달성하지 못한 채 조기에 종결하는 경우도 있다. 집단의 종결단계에서 사회복지사가 사용하는 기술은 이전까지의 집단경험을 포함하여 모든 집단경험의 성패를 좌우한다.

종결단계는 이별단계라고도 하는데, 집단에 매우 깊이 관여했던 집단성원들에게는 특히 힘든 시간이다. 집단성원들은 불안감과 노여움을 표시하기도 하고, 종결을 부정하기도 한다. 사회복지사에 대한 의존성이 나타나기도 하고 투쟁을 벌이기도 한다. 집단경험의 긍정적 의미를 부정하기도 하며, 예전의 버림받은 감정, 거절당한 감정 등을 다시 경험할 수도 있다.

(1) 종결단계에서의 집단사회복지사의 과제

종결단계에서 사회복지사의 주요 과제는 다음과 같다(Reid, 1997 ; Toseland & Rivas, 1995 ; 김혜란 외, 2006 재인용).

① 불만족스러운 종결의 사유에 대한 이해

집단성원이 중간에 탈락하거나 집단과 집단성원들이 그들의 목적을 달성하지 못한 채 집단이 조기에 종료되는 경우도 있다. 집단사회복지사는 그 원인을 확인하여 집단성원이 탈락하는 것을 방지하여야 한다. 또한 집단이 조기에 종결되는 경우, 집단사회복지사는 어떤 요인이 집단의 해체에 영향을 미치는지를 검토하여 앞으로의 집단지도에 반영해야 한다.

② 변화노력의 유지 및 일반화

집단사회복지사는 집단성원들이 집단참여를 통하여 성취한 변화를 유지하고, 구체적인 변화를 집단성원의 주요한 생활영역으로까지 일반화할 수 있도록 도와야 한다. 집단성원들은 개입 직후에 상당한 변화를 유지하더라도 시간이 지나면서 긍정적인 변화를 유지하는 것이 어려워지며, 개입으로 나타나는 특정한 행동을 다른 장면이나 맥락에서는 제대로 실행하지 못하는 경향이 있다.

변화의 유지와 일반화를 위해서는 다음과 같은 방법이 도움이 된다.

- 집단성원들의 일상생활과 밀접한 관련이 있는 현실적인 사례를 집단에서 다룬다.
- 집단성원들의 문제에만 초점을 맞추지 말고 집단성원들의 능력을 확인할 수 있게 하여 자신감을 갖도록 한다.
- 변화유지능력을 방해하는 어려운 상황에도 집단성원들이 대비할 수 있도록 다양한 상황과 환경을 활용한다.
- 변화를 통해 일어나는 긍정적인 결과에 초점을 맞추도록 한다.
- 공식적인 집단을 마치고 난 후에 추후모임을 할 수 있는 기회를 제공하여 변화를 유지하기 위한 집단성원들의 노력을 재검토할 수 있게 한다.
- 집단성원들이 집단외부에서 부딪칠 수 있는 비우호적인 환경에 대해 어떻게 대응해야 할지 미리 준비시킨다.

- 집단성원들에게 그동안 배운 것을 요약해 주거나, 대처기술을 이용하는 데 자신감을 갖게 하여 스스로 자신의 문제를 해결할 수 있도록 한다.

③ 집단에 대한 의존성의 감소

집단사회복지사는 집단성원의 집단의존성을 줄이기 위하여 집단성원들이 집단 외부의 지지와 집단성원 자신의 기술 및 자원을 활용하도록 원조해야 하며, 집단이 끝나기 몇 주 전부터 집단의 종결에 대해서 논의하도록 한다. 또한 집단성원이 집단에서 성취한 것을 요약하게 하거나 더 이상 집단이 필요하지 않음을 주제로 토론하게 한다. 집단종결단계에서 모임 간격은 길게 그리고 모임 시간은 짧게 하도록 한다. 집단성원들에게 외부활동에 참여하도록 격려하여 집단의 중요성을 감소시킬 수 있다.

④ 종결에 대한 감정의 처리

집단의 종결시점에 이르러서 집단성원과 집단사회복지사는 긍정적인 감정과 부정적인 감정을 동시에 느낀다. 집단사회복지사는 집단의 종결에 따른 자신의 감정을 집단성원과 공유하며, 집단성원들의 양가감정을 토론하도록 격려해야 한다. 집단의 종결에 대한 부정적인 감정을 완화하기 위하여 집단성원들의 장점을 인식하도록 하며, 집단이 끝나더라도 필요한 경우에 사회복지사와 후원기관이 집단성원들에게 해줄 수 있는 역할이 무엇인지를 명확하게 밝히는 것이 도움이 된다.

⑤ 미래에 대한 계획

집단이 종결된 후에 집단성원의 욕구가 충족되지 않거나 성취하고 싶은 다른 목적이 있어서 부가적인 서비스가 필요한 경우가 있다. 집단성원들이 부가적으로 모임을 갖기를 희망할 경우 재계약을 할 수 있으며, 사회복지사의 지도 없이 집단성원들끼리 만나는 자조집단을 만들도록 격려할 수도 있다.

또한 집단성원들이 새로운 위기 상황 또는 문제의 재발 등으로 서비스가 필요할 때 부가적인 서비스를 받을 수 있는 방법에 대해서 확실하게 설명을 해주어야 한다. 사회복지사는 조기에 종결한 집단성원에 대해서도 필요한 서비스를 받도록 배려해야 한다.

⑥ 의뢰

부가적인 서비스나 자원이 필요한 경우 사회복지사는 같은 기관 내 타 사회복지사에게 **이전**(transfer)하거나, 타 기관으로 집단성원을 연결시켜 주는 **의뢰**(referral)를 해 주는 것이 필요하다. 의뢰는 집단성원과 사회복지사가 모두 동의한 경우에만 이루어져야 한다.

⑦ 평가

평가는 개별성원과 집단의 목적달성 정도를 통해 실천의 효과성을 판단할 수 있는 근거를 제공한다. 뿐만 아니라 집단성원들은 집단에서의 만족과 불만족을 표현할 수 있는 기회를 가지며, 사회복지사는 평가를 통해 얻은 정보를 활용하여 집단지도기술을 발전시킬 수 있다. 평가는 과정평가와 결과평가로 나뉜다.

- **과정평가**는 집단이 어떻게 진행되고, 집단응집력, 집단규범, 역할, 의사소통 등의 속성이 어떤가에 초점을 두는 것으로, 평가방법으로는 집단성원들로부터 피드백을 얻거나 과정기록을 활용할 수 있다.
- **결과평가**는 집단 초기의 설정 목표가 어느 정도 달성되었는가를 평가하는 것이다.

(2) 종결단계에서의 집단사회복지사의 실천기술

종결단계에는 집단의 종결로부터 새로운 경험으로 집단성원들을 이끌어 주는 집단사회복지사의 실천기술이 필요하다(윤현숙 외, 2001).

- 집단에서 학습한 주된 내용을 명확하게 한다.
- 집단 종결 이후에도 계속해서 각 집단성원들의 노력이 필요하다는 것을 명확하게 한다.
- 새로운 경험과 지지체계로 이행할 수 있도록 원조한다. 집단성원이 다른 집단을 계속 필요로 할 경우 사회복지사는 새로운 집단으로 원활히 이끌어 주어야 한다.

2. 집단의 치료적 효과

집단은 성원 간의 의존성을 조장할 수 있으며, 집단 희생양을 만들어 낼 수도 있다는 단점에도 불구하고, 집단을 원조의 도구나 매개체로 활용하는 집단사회복지실천이나, 집단치료, 집단상담, 집단지도 등은 모두 집단의 장점, 또는 치료적 효과를 활용하는 것이다.

Yalom(1995)은 **집단의 치료적 효과**로서 희망의 부여, 보편성, 정보공유, 이타심, 가족집단의 교정적 재현, 사회화 기술의 학습, 모방행동, 대인관계 학습을 통한 감정의 교정, 집단응집력, 카타르시스(감정정화), 실존적 요인 등 11개의 주요 요인으로 나누어 집단이 가져올 수 있는 긍정적 영향력을 설명하였다.

다음의 요인들은 각 요인들 간에 중복되는 부분이 존재하고 서로 연관되어 있으며, 집단사회복지사는 집단을 통한 사회복지실천이 가질 수 있는 장점에 기여하는 요인을 잘 인식하고 충분히 활용해야 한다.

1) 희망의 부여(installation of hope)

집단에서 성원들은 자신보다 더 심한 문제를 가진 집단성원이 목표를 달성하고 회복되는 것을 보면서 혹은 자신과 유사한 문제를 가진 사람이 효과적으로 문제에 대처하는 것을 보면서 희망을 갖게 된다. 이러한 희망 자체가 문제를 해결하는 데 치료적인 효과가 있다.

2) 보편성(universality)

대부분의 집단성원들은 자신의 문제가 독특하고 자신만이 이러한 괴로움을 겪고 있다는 생각에 더 절망하게 되는데 집단에 들어와서 다른 집단성원들이 갖고 있는 문제가 자신과 비슷하다는 사실에 위로를 얻게 되고, 나 혼자만의 문제가 아니라 누구에게나 문제가 생길 수 있다는 생각을 갖게 되어 더 깊이 집단에 참여하게 된다. 이러한 위안이 변화의 중요한 요인이 된다.

3) 정보공유 및 전달(imparting information)

집단사회복지사와 다른 집단성원들로부터 받게 되는 교육, 충고, 제안, 직접적인 지도 등은 많은 교훈적 역할을 한다. 집단성원들이 서로 정보를 공유하고, 주고받는 과정에서 자신의 문제에 대한 통찰력이 생기고, 문제해결 능력을 향상시키는 치료적 효과가 있다.

4) 이타심(altruism)

집단 활동을 하면서 집단성원들은 서로 도움을 주고받게 되고, 이러한 과정에서 자신도 누군가를 도울 수 있음을 깨닫게 되면서 느끼는 감정의 교정적 경험이 바로 치료적 효과를 가져 오며, 동시에 클라이언트의 자존감을 높여준다. 즉, 클라이언트는 오랫동안 자신을 가치 없고 타인에게 쓸모가 없는 인간이라고 느껴 왔던 집단성원들이 집단의 경험을 통해 타인을 도와줌으로써 자신들을 가치 있는 인간이라고 느끼게 된다는 것이다.

또한 자신의 문제에만 집착해 있던 클라이언트들이 집단 내의 다른 성원들의 문제와 욕구에 관심을 두게 됨으로써, 자신의 문제에서 잠시 벗어날 수 있는 기회를 갖게 되고, 이것 또한 치료적 효과가 있다.

5) 가족집단의 교정적 재현(corrective recapitulation)

집단은 여러 면에서 가족과 공통점이 있다. 따라서 집단경험을 통해 집단성원들은 자신의 행동특성을 명확하게 이해하게 되고 그러한 행동이 **원가족**(family-of-origin)과의 관계를 통해 학습된 것이라는 점을 깨닫는다. 집단은 가족과 유사한 환경을 제공하여 집단사회복지사와 다른 집단성원들과의 관계는 부모 및 형제들과의 관계를 재현하게 되며, 여기서 집단성원들은 간접적인 가족경험을 통해 자신의 문제를 발견하고 해결할 수 있는 기회를 얻게 된다. 중요한 것은 단순한 재현이 아니라 교정적 재현이라는 것이다. 즉, 집단 내에서 정형화된 행동을 지적받고 현실과 비추어보며, 다른 새로운 행동을 해보도록 끊임없이 지지 받음으로써 부정적인 행동의 패턴을 수정하게 된다. 집단사회복지사는 집단성원의 집단 활동을 통해 과거 경험에서 생겨난 집단성원들의 파괴적 성향을 억제하고, 부정적 경험을 긍정적 경험으로 새롭게 **전치**(displacement)하도록 도와준다.

6) 사회화기술(socializing technique)의 학습

집단은 작은 사회로서 사회생활에서 필요한 실제적인 대인관계기술과 사회화기술을 학습하는 장(場)의 역할을 한다. 즉, 집단규범에 의해 집단성원들은 서로의 부적응 또는 반사회적 행동에 대한 피드백을 주고받음으로써, 또는 다른 집단성원이나 집단사회복지사의 행동을 모방하고 학습함으로써 기능적인 사회화기술과 대인관계기술을 학습하게 된다.

집단의 경험은 대인관계의 중요성을 인식하게 하는 계기가 되고, 자신을 이해해주는 집단사회복지사와 집단성원들의 지지, 역할놀이와 솔직한 피드백 등을 통해 사회관계상의 문제점을 수정하고 자기의 성장과 변화의 기회를 갖게 된다.

7) 모방행동(imitative behavior)

집단은 다양한 문화적 배경과 행동양식을 가진 사람들로 구성되어 있으므로, 집단사회복지사와 집단의 동료성원들은 클라이언트가 새로운 행동을 배우는 데 있어서 유용한 모델이 될 수 있다. 클라이언트는 유사한 상황에서 다르게 행동하는 집단성원을 관찰하면서 더 발전적인 행동을 배울 수 있다.

8) 대인관계(interpersonal) 학습을 통한 감정의 교정

집단성원들 간의 상호관계 속에서 클라이언트는 자신의 독특성을 찾고, 동시에 다른 사람의 독특성을 인정하는 경험을 함으로써 자신에 대한 통찰력을 얻고 바람직한 대인관계기술을 배울 수 있다.

긍정적인 대인관계의 경험은 성격발달에 중요하며, 심리적 장애를 이해하고 치료하는 데 도움이 된다. 집단에서 안전하고 지지적인 상호작용이 가능하게 되면, 클라이언트는 숨겨왔던 자신의 감정을 표현하게 되고, 다른 집단성원들은 개방적이고 긍정적인 피드백을 하게 된다. 그 결과, 클라이언트는 집단 내에서 감정을 교정하는 경험을 하게 된다.

9) 집단응집력(group cohesiveness)

집단성원들의 집단에 대한 매력으로, 집단성원들이 느끼는 소속감과 친밀감, 존중감 등으로 표현되는 집단응집력은 성공적인 집단경험에 절대적으로 필요한 요소이다. 집단 내에서 자신이 인정받고, 수용된다는 소속감은 그 자체만으로도 집단성원들에게 긍정적인 변화를 일으키게 하며, 치료적 효과가 있다.

집단응집력이 있는 집단과 집단성원은 서로를 수용·지지하고, 집단 내에서 의미 있는 관계를 형성하고 유지하며, 참여와 상호작용이 활발하다. 또한 집단성원들 스스로 자신을 탐구하고 표현하는 상황이 집단 내부에서나 외부 상황에서도 일어나게 된다.

10) **카타르시스**(감정정화/catharsis)

집단 내의 지지적이고 안정된 분위기 속에서 그 동안 억압되었던 감정, 특히 부정적인 감정을 자유롭고 안전하게 표현할 수 있다면, 그 자체만으로도 큰 치료적 효과가 있다.

다른 집단성원들을 신뢰할 수 있고, 자신을 지지해 준다고 믿을 수 있는 집단에서의 강한 감정의 표현은 자유로움을 느낄 수 있고 새로운 기분으로 자신의 문제에 대한 통찰력을 갖게 한다. 그러나 끔찍하고 치명적인 경험을 한 성원의 경우 강한 감정의 표현은 오히려 부정적인 영향을 가져올 수 있으므로 사회복지사는 이를 통제하는 역할을 수행하게 된다.

11) **실존적 요인**(existential factor)

집단성원들은 자신이 다른 집단성원들로부터 받을 수 있는 지지가 한계가 있다는 것을 알기 시작한다. 따라서 클라이언트는 집단성원과의 경험 공유를 통하여 자기 자신이 다른 사람에게 아무리 많은 지도와 지지를 받는다 할지라도 자신의 인생에 대한 궁극적인 책임은 스스로에게 있다는 것을 알게 된다. 그 결과 고독감, 자유, 죽음과 같은 인간의 한계에 부딪히는 힘을 개별적인 주체자로서 스스로 키우게 된다. 이것 또한 큰 치료적 효과가 있다.

제15장 | 가족사회복지실천

1950년대 체계이론이 사회복지실천의 분야에 도입된 이후 가족을 하나의 개입단위로 하는 가족사회복지실천이 등장하였다. 가족사회복지실천에서는 가족 단위의 문제가 주요 실천 대상이며, 경우에 따라서는 개인의 문제를 해결하기 위해 가족 단위의 개입이 이루어질 수도 있다. 가족사회복지실천은 사회복지실천에 있어서 가장 기초적이며 일반적인 것이다.

1. 가족의 개념

인간은 출생과 함께 가족에 속하게 되며, 일상생활에서 가장 친밀하게 상호작용을 하며 규범과 가치를 전달받고 나름의 독특한 문화를 형성해왔다. 가족은 개인의 인성 형성에 중요한 영향력을 미치며, 사회 공통의 행동 특징, 문화, 규범 등을 학습시키는 사회화 과정을 담당하고 있으며, 사회를 존속시키는 가장 기본 단위이다.

가족(family)의 어원은 집에 속하는 모든 것을 포함하는 개념인 라틴어의 'Familia'이며, 생활하는 장소로서의 집과 소속된 인간, 즉 가족 성원 모두를 포함한다. 현대사회의 변화와 함께 가족은 변화하고 있다. 변화의 실제 내용과 방향을 정확히 이해하고, 가족이 사회의 변화에 어떻게 대응해 나가고 있는지에 초점을 맞추어야 할 것이다.

1) 가족의 특성

가족의 개념을 정의하기 전에 가족의 특성을 살펴보면 다음과 같다.

(1) 1차적 집단(primary group)

가족은 인간 간의 접촉방식에 따라 감정적인 유대로 묶여진 사람들의 작은 연합을 지칭하는 말로써 성원 상호 간의 관계가 직접적이고 친밀하며, 항구적으로 지속된다. 또한 구성원들은 하나의 공통된 전체 속에 융합되어 "우리"라는 강한 일체감을 유지하는 1차적 집단의 특성을 가지고 있다.

(2) 공동사회집단(gemeinschaft)

성원 상호 간의 애정과 이해로 결합되어 외부의 장애에 의해 결코 분열되지 않는 본질적 결합관계로서 가족 성원 간의 상호 신뢰를 바탕으로 한 정서적 · 감정적 기초로 성립되는 관계이다.

(3) 폐쇄집단(closed group)

구성원이 되기 위한 자격의 획득이나 포기가 용이하지 않은 집단을 의미한다. 즉 내가 우리 가족으로 태어난 것은 내 스스로의 의지나 선택과는 상관없이 운명적으로 결정지어진 결과이다.

(4) 공식적 집단(formal group)

객관적 조직과 특정한 관습적 절차체계를 지니며 이것에 의하여 행동이 통제되는 집단을 뜻하고, 가족은 가족집단 내에서 남편 · 아버지로서 또는 아내 · 어머니로서의 지위가 자연히 규정되고 그 지위에 따른 역할이 기대된다.

(5) 이질적인 성원들로 이루어진 집단(heterogeneous group)

객관적으로 볼 때 가족은 남자와 여자, 성인과 아동 및 노인, 성장배경이 같은 사람과 다른 사람(며느리, 사위) 등 이질적인 성원들로 이루어진 집단이어서 성별이나 세대별로 가치관과 입장의 차이를 나타낸다.

2) 가족에 대한 정의

가족에 대한 정의는 가족을 연구하는 학자마다 강조하는 점을 약간씩 달리하고 있다.

- **Murdock**(1949)－가족이란 공동의 주거, 경제적 협력 그리고 생식이란 특성을 갖는 사회집단이며, 성관계를 허용 받은 최대한의 성인남녀와 그들에게서 출생하였거나 양자로 된 자녀로 이루어져 있다고 정의하여 핵가족의 개념이 강하다.
- **Levy-Strauss**(1969)－결혼에 의해 시작되고, 부부와 자녀 그리고 다른 근친자로 구성되었으며 법적 유대, 경제적 · 성적 의무와 권리, 존경 및 애정 등과 같은 다양한 심리적 감정을 공유하는 집단으로 정의하여 확대가족의 개념이 강하다.

따라서 가족이란, "1차적 집단 및 원초적 집단에 속하고 법적 및 사회적으로 인정하는 혼인관계를 기초로 한 부부, 친자, 형제자매, 입양 등의 근친자로 구성된 혈연집단으로서 감정의 융합으로 결합되어 가계와 주거를 함께 하는 생활공동체로서 1차적 복지추구의 집단"으로 정의할 수 있다.

2. 가족기능과 구조 및 규범

가족의 기능과 구조는 최근 20~30여 년 동안 급격하게 변화해 왔다. 가장 주목할 만한 변화는 편부모 가정과 독신가정, 결혼하지 않은 부부의 가정이 증가한 것이며, 또 다른 변화는 가족 내에서 남자와 여자의 역할이 급속하게 변화하고 있는 것이다.

특히 여성의 역할이 여성의 경제활동, 출생률 저조로 인한 사회 연령구조의 변화, 가치관의 변화 등의 요인에 의해 일차적으로 변화되었으며, 가정에서의 역할과 가치관이 평등하고 민주적인 방향으로 재조정되어 가고 있다. 또한 가장(家長) 중심에서 부부가 평등한 방향으로 점차적으로 변화하고 있다.

1) 가족의 기능

가족의 기능이란 가족이 수행하는 역할, 행동으로써 가족행동과 그 행동의 결과가 사회의 유지, 존속이나 가족 성원의 욕구충족에 미치는 영향과 관련이 있으며, 사회변화에 따라 영향을 받으므로 일률적으로 정의 내리기는 어렵다. 과거의 가족은 개인의 문화적 · 사회적 · 경제적 욕구를 충족시키는 기능, 즉 집단의 생존을 강화하고 사회의 새로운 구성원을 생산하는 것이었다. 그러나 현대 가족은 구성원이 급격한 사회변화에 융통성 있게 적응하면서 개인의 욕구를 충족시키는 데 필요한 기능을 수행하도록 기대된다.

(1) Murdock(1949)의 가족기능론

가족은 성적 · 경제적 · 재생산 · 교육의 기능을 갖고 있으며, 성적 기능과 재생산의 기능이 수행되지 않으면, 사회자체가 존재할 수 없고, 경제적 기능이 없으면 생활이 지속될 수 없으며, 교육적 기능 없이는 문화라는 것이 존속하지 못하므로 결국 사회가 존속, 유지될 수 없다고 하였다. 따라서 가족은 모든 사회의 보편적인 체제이며, 가족기능은 전체 사회의 존속을 위한 필수 요건으로 보았다. 그러나 가족의 가치관 변화 및 고령초산, 저(低)출산, 소수 자녀 출산 등과 같은 가족의 변화에 따라 전통적인 가족의 기능은 변화되었거나 매우 약화되었다.

(2) Goode(1964)의 가족의 보편적인 기능

① 생식의 기능

결혼연령과 출산력 등의 요인에 의하여 결정된다. 이는 사회의 구성원을 재배치하는 기능이 된다. 사회가 유지되기 위해서는 사망한 사람을 대체할 새로운 구성원이 생산되어야 하며 이것은 가족이 담당하는 기능이다.

② 지위부여 기능

개인의 사회생활에 영향을 주는 지위를 결정하는 것이다. 이는 사회통합 또는 사회유지 기능이다. 역사적 · 문화적으로 볼 때 가족배경은 개인의 직업 성취나 사회적 지위의 주요한 결정요인이다.

③ 사회화 기능

자녀양육의 기능이라고도 한다. 아이들은 가족생활을 통해서 개인이 사회생활에 잘 적응하기 위해서는 무엇을 어떻게 해야 하며, 어느 것을 해서는 안 되는지를 배우게 된다. 이는 결국 사회통제수단이 되기도 하며, 가족이 사회의 문화를 구체적으로 표현하고 전달하는 기능이 된다.

2) 기능적인 가족과 역기능적인 가족의 특징

(1) 기능적인 가족의 특징

- 성원들 사이에 분명한 경계와 높은 자율성이 있다.
- 서로에 대한 깊은 신뢰감이 있다.
- 가족규범은 상호작용을 통해 어느 정도 일관성이 있으며, 가족생활주기에 맞게 변화하고, 유연성이 있다.
- 부모체계는 서로 연합하여 권력을 가지지만 가족 성원에게 위협성이 없다.
- 가족생활주기에서 요구되는 과업수행에 융통성이 있다.
- 환경체계와 구분되면서 개방적이고 융통성이 있고, 적응적 경계인 개방형 가족체계이다.
- 가족 성원의 역할이 분명하고, 가족생활주기에 따라 유연성이 있다.

(2) 역기능적인 가족의 특징

- 외부체계와 폐쇄적이며, 교류가 없다.
- 가족 성원 간에 집착도가 심하거나 지나치게 무관심하다.
- 성원에게 정형화된 역할부여, 혼란스럽고 모호한 의사소통을 한다.
- 발달과업의 수행이 유연성이 없고, 경직되어 있다.
- 가족 간 의사소통의 불일치가 있다.
- 가족규범이 융통성이 없다.

3) 가족의 구조

가족형태와 유사한 개념으로 사용되며, 1세대 혹은 2세대로 구성되어 있는지, 한부모가족 또는 별거가족 등 가족 성원의 수와 세대 혹은 규모와 범위 등에 관한 개념이다. 보이지 않는 일련의 기능적 요구를 말하며, 가족 성원들끼리의 상호작용 방법과 연속성, 반복, 예측되는 가족 행동 등을 조직하는 것이다.

4) 가족규범

가족규범(family rule)이란 가족 내에서의 관계나 역할수행과 행동에 대한 지침으로써, 가족전체와 각각의 가족 성원들이 효과적이고 생산적으로 기능하도록, 또는 가족집단 내에서 적절한 행동이라고 간주되는 것의 기준을 제공하여 **가족항상성**(family homeostasis)을 유지하는 역할을 한다. 이러한 가족규범은 경험이나 문화에 따라 매우 다양하다. 가족규범이 만들어지는 과정은 은연중에 불문율로 만들어지거나, 가족관계에서의 반복적인 경험을 통해서도 만들어지기도 한다. '우리 가족의 귀가시간은 밤 9시까지!' 등이 대표적인 예이다.

체계론적 관점에서 본다면, 가족규범은 가족 내부 혹은 외부의 자극에 의해 도전받고 이에 대한 긍정적이고 적극적인 피드백을 통해 변화되고, 재조정되어 기존의 규칙을 변화시킬 수 있다. 즉, 이러한 가족규범을 어떻게 유지하고 변화시키는가에 관한 규범인 **가족메타룰**(family meta rule)의 존재유무도 중요하다. **밀착된 가족**(enmeshed family)은 아무런 Meta rule이 없고, **유리된 가족**(disengaged family)은 가족규칙이 결코 변화될 수 없는 것이라는 강력한 Meta rule이 존재한다.

3. 가족의 변화

가족의 변화가 자녀양육과 가사노동분담, 자녀 과보호, 자녀의 정서불안정 등 많은 가족문제를 발생시킴으로써, 가족문제 및 욕구의 다양화가 나타나게 되었으며, 이에 따른 새로운 사회복지실천 차원의 대응이 필요하게 되었다. 특히 최근의 급격한 가족해체율의 상승, 노인 및 자녀유기, 가정경제파탄 등 다각적으로 발생하는 가정의 붕괴현상은 한국사회의 기본 틀마저 위협하고 있어 심각한 문제로 대두되고 있다.

1) 가족규모의 축소 및 단순화

가족분화와 핵가족화 현상, 인위적인 출산조절정책으로 인한 출생인 수의 감소, 가족에서의 독립증가, 가족결손이나 가족해체로 인한 단독가구, 부부가족 등, 가족규모가 축소되고 있다.

2) 가족에 대한 가치체계의 다양화로 인한 가족형태의 다양화

우리나라의 전통적인 확대가족과 핵가족, 노인 가족, 한부모가족, 재결합가족, 혼합가족, **위탁가족**(foster family), 공식적으로 결혼식이나 혼인신고를 하지 않고 사는 동거부부, 실험 · 계약결혼, 독신자 가족, 주말 가족 등 비동거가족, 공동체거주가족 등 가족의 형태가 다양해지고 있다.

3) 가족기능의 축소와 변화

가족의 보호기능, 부양기능이 감퇴하는 등 전통적인 가족의 기능이 전문적인 사회기관 등으로 이전되는 가족기능의 사회화 현상이 뚜렷하다.

4) 가족생활주기의 변화

가장 두드러진 변화는 초혼연령의 상승과 출산율 저하로 인하여 가족생활주기가 매우 단축되고 있다는 점과 고령화 현상으로 자녀결혼의 완료에서 한쪽 배우자의 사망과 나머지 배우자의 사망까지의 주기가 길어지고 있다는 점이다.

5) 가족 성원의 권력구조의 평등화

전통적 가족은 가부장적이고 불평등·부자유의 이념원리에 의하여 지배되는 봉건적 가족이라고 매도되고, 기혼여성의 사회활동 참여 증가 등의 현상으로 아버지의 가장으로서의 권위, 남자로서의 권위가 저하됨에 따라 전통가족의 긍정적 요소인 가족의 일체성, 연대성이 약화되었고 이혼율이 차츰 증가하는 추세에 있다.

4. 가족생활주기

남녀가 결혼하여 새로운 가족을 형성하고 자녀를 갖게 되면서 가족이 확대되고, 그 자녀들이 성장·결혼하여 가족을 떠나면서 가족은 축소되기 시작하며, 부부가 사망함으로써 소멸하게 된다. 이와 같이 결혼, 임신, 출산, 육아, 자녀 교육, 자녀 독립, 은퇴 후 노후 생활 등 가족생활의 변화 과정을 **가족생활주기**(family life cycle)라고 하는데, 가족생활주기는 전형적인 가족이 일생 동안 거치게 되는 중요한 단계들의 시간적인 연속을 나타낸 것이다.

가족의 생활주기가 어떻게 구성되며 각 단계에서 과업이 무엇이냐 하는 것은 학자에 따라 다소 차이가 있다. 예를 들어, 가족생활주기의 대표적 학자인 Duvall과 Miller(1985)는 2세대 핵가족을 중심으로 가족생활주기를 8단계로, Carter와 McGoldrick(1980)은 3세대 이상의 대가족 가족체계를 중심으로 6단계로 구분하여 설명하고 있다.

1) Duvall과 Miller(1985)의 가족생활주기

(1) 신혼부부기

결혼이라는 새로운 삶의 형태에 적응하는 시기로서 남편과 아내로서의 역할과 앞으로 출산하게 될 자녀들에 대한 부모로서의 심리적 체계와 가족체계를 갖추는 시기이다. 일반적으로 첫 아이를 출산하기 전인 이 시기의 부부들은 부부관계 만족도가 대체로 높은 경향이 있다.

(2) 자녀 출산기

이 시기는 첫 아이의 출생부터 생후 약 36개월까지에 해당되는 기간으로서 아이를 낳고 아이에 적응하고 아이의 발달에 고무되며, 일반적으로 두 명의 자녀를 낳는다. 단 둘만의 부부생활이 자녀출산을 계기로 많이 변화하게 된다.

(3) 자녀학령 전기/자녀 아동기

첫 아이가 유치원에 입학할 시기가 되는 6세 정도에 해당하는 시기이다. 이 시기는 아이의 신체적 · 지능적 · 사회적으로 발달이 현저하게 이루어지는 시기이므로 부모의 에너지가 아이들에게만 집중되어, 부모역할 수행으로 인한 에너지 소모와 프라이버시가 없어지기 쉽다. 따라서 부부 둘만의 상호작용이 적어지고 배우자에 대한 관심과 배려가 급격히 감소하는 시기이다.

(4) 자녀 학령기

자녀가 초등학교에 입학하여 졸업하는 13세 정도에 해당되는 시기이다. 아동들이 많은 시간을 학교에서 보내기 때문에 부부 중 자녀 양육자는 심신의 여유를 갖게 되며, 부부가 아동의 교육적 성취에 고무된다.

(5) 자녀 청소년기

첫 아이가 13세부터 20세 정도의 시기로서 청소년을 갖는 가족이다. 아이들이 성장함에 따라 부모 역시 중년기를 맞이할 시기여서 부모와 자녀 모두 큰 변화를 맞는 시기이기 때문에 부모–자녀 간의 두 세대 간 갈등이 발생하기도 하고, 부모와 자녀 모두 자유와 책임의 조화를 추구하게 된다. 자녀의 진로를 결정하는 중요한 시기이다.

(6) 성인 자녀/자녀 독립기

자녀들이 20세가 넘어 각자 본격적인 성인으로서 사회로 진출하는 시기로서, 부모는 적절한 의례절차와 지원으로 자녀를 성인으로 독립을 시키기 시작하는 시기이다. 자녀들은 대학입학과 졸업, 군 입대, 배우자를 탐색하는 활발한 이성교제 등에 에너지를 투입하는 시기로서 자녀들 스스로도 인생의 큰 도전을 맞는 시기이다.

(7) 중년기

이 시기는 막내 자녀가 집을 떠나서부터 부부의 은퇴기까지 계속된다. **빈둥지시기**(empty nest period)라고 부르는 이 시기는 부부의 결혼연령, 자녀의 수, 자녀들의 교육기간, 자녀의 결혼유무, 결혼시기 등과 같은 여러 요인에 따라 그 기간이 결정된다.

(8) 노년기

이 시기는 직업을 가진 부부들의 은퇴에서부터 두 배우자의 사망까지 계속된다. 만성적으로 신체적 질병이 나타나고 그들의 자녀들에 의해서 보살핌을 받게 된다. 이 시기의 부부들은 자신들의 노화와 배우자의 죽음에 적응해야 하고 자녀들에 대한 독립과 의존을 균형 있게 적절히 조정해야 되며, 자녀와 함께 사는 경우 손자·녀와의 안정적인 상호작용의 패턴을 형성해야 하고 죽음을 맞이할 심리적, 경제적 준비를 해야 한다.

2) Carter& McGoldrick(1980)의 가족생활주기

(1) 1단계 : 소속되지 않는 성인

최초의 단계는 자신이 태어난 원가족과 앞으로 자신이 만들어 갈 가족의 중간에 있으며, 자신의 **원가족**(family-of-origin)에서 분리되어 어떤 가족에도 소속되지 않는 성인이다. 이 단계에 속한 사람은 무엇보다 원가족으로부터 자기분화의식을 가지는 것이 중요하다. 또한 자아실현이 가능한 적절한 직업의 선택과 그 속에서 동료와 친밀한 관계를 발전시켜가는 능력을 몸에 익혀야 한다.

(2) 2단계 : 가족형성 단계

결혼에 의한 가족의 결합을 축으로 새로운 부부체계가 형성된다. 확대가족이나 친구 사이에 생기는 관계를 적절히 조절할 수 있어야 하며, 특히 부부는 기본적인 규칙 등을 만들어갈 필요가 있다.

배우자와 원가족과의 관계 사이에서 균형을 갖지 못하면 부부갈등이 생기기 때문에 각자 원가족과 배우자의 관계에서 적절한 균형을 유지하는 것이 중요하다.

(3) 3단계 : 어린 자녀를 가진 단계

첫 아이의 출생과 태어난 아이가 전적으로 부모에게 의존하는 상태에서 출발하는 단계이다. 자녀의 등장은 가족체계에 커다란 변화를 가져온다. 부모가

된 부부는 지금까지 경험하지 못한 아기를 돌보는 일에 무거운 책임과 부담을 느끼게 된다. 그러나 자녀의 출생은 부부 양쪽의 정체감이나 자존감을 증진시킴으로써 자아정체감의 원천이 된다. 이 시기에 가족을 둘러싼 과제는 부모와 자녀 사이의 균형과 자녀의 자립성, 가족에 대한 소속감, 충성심이 균형을 이룰 수 있도록 노력하는 것이다.

(4) 4단계 : 청년기 자녀의 단계

자녀들이 사춘기에 접어들면서부터 부모를 떠나는 과정이 서서히 시작된다. 이 단계의 자녀는 가족체계를 들락거리게 되어 가족의 경계는 점차로 유연해지며 가족경계가 확대되는 경향이 있다. 부모체계는 지금까지 강조되어 온 부모의 역할에서 벗어나 부부의 역할에 다시 주의를 기울이기 시작한다. 주요 과제는 부모자녀관계를 재정립하는 것이다. 즉, 자립과 책임과 통제라는 제각기 다른 세 부분이 기본적인 신뢰관계를 파괴하지 않으면서 통합될 수 있도록 해야 한다.

(5) 5단계 : 자녀의 자립단계

자녀가 청년기를 맞이하면서 가정에 소속되지 않는 성인의 단계에 들어가며, 가족으로부터 떨어져 새로운 정체감을 확립하는 단계이다. 자녀가 자립한 성인이 되면서 어른과 어른이라는 평등한 관계에서 새로운 부모자녀 관계를 정립해야 한다. 슬픔도 경험하는데 이런 상태를 **빈둥지증후군**(empty nest syndrome)이라고 부른다. 이 단계의 중요한 발달과제는 부부체계로서의 친밀한 협력을 재구성하는 것이다.

(6) 6단계 : 조부모의 세대

부부는 둘만 남게 된다. 그러므로 그들에게는 새로운 관심이나 사회생활을 만들어갈 필요가 생겨난다. 동시에 중간세대가 가족 속에서 더 중심적인 역할을 하게 되므로 조부모세대는 지금까지 획득한 지식과 경험을 토대로 그들을 도와야 한다. 나이가 들면서 부모의 신체는 노화하여 의사소통능력이나 운동능력을 상실하게 되며 경제적인 능력도 저하된다. 동시에 윗세대의 질병이나 죽음을 맞이하게 된다. 즉, 부모와 자녀는 가까운 사람과의 상실을 경험하게 된다. 이 단계에서 과제는 지금까지 쌓은 신뢰관계를 손상하지 않고 이러한 상실경험을 수용하는 것이다.

제16장 | 가족사회복지실천 II

1. 가족문제

가족문제란 사회 환경의 변화에 가족이 어떻게 적응해왔으며, 가족 성원인 개인이 가지는 부적응은 무엇인지, 즉 가족의 **평형**(**형평**, equilibrium)이 유지되지 못하거나 가족 성원이 긴장과 혼란을 유발시키는 경우 등, 모두를 포함하는 것이다. 따라서 가족 성원 한 사람의 문제라도 그 영향이 가족 전체에 미쳐, 전체 가족이 고통 받는 문제라고 보아야 한다.

가족문제는 가족생활에 관련되는 여러 가지 문제로 결혼문제, 보육문제, 교육문제, 의료문제, 주택문제, 빈곤문제, 맞벌이문제, 노후문제 등과 같이 사회문제와 연계되는 광범위한 개념의 가족문제와 가족 내부의 가족 관계적인 개별적 문제를 포함한다.

1) 가족문제의 발생적 원인

가족문제의 발생적 원인을 규명하기 위한 접근 방법을 살펴보면 다음과 같다.

(1) 구조적인 가족문제

구조적인 가족문제는 가족의 구성원 간의 관계에서 나온 문제이다. 즉 가족 성원 간 연령의 차이가 심한 경우, 남・녀 및 형제・자매가 불균형적으로 구성된 경우, 과잉가족인 경우, 고령자나 장애인의 구성원이 있는 경우이다. 따라서 결손가정이나 가족 성원상의 문제가 가족문제의 근원이 되고 있다는 사실이다.

(2) 기능적인 가족문제

가족문제를 파악하기 위해서는 그 가족의 기능이 어떻게 수행되고 있는가를 파악해야 할 필요가 있다.

첫째, 핵가족의 경우, 가족 내 하위체계의 기능에 문제가 있는 경우로써, '부부 관계기능' 에서는 정서적 기능, 성적 기능, 경제적 기능 등의 수행에 따른 문제, '부모자녀 관계기능'에서는 부모의 양육을 통한 자녀의 성숙문제, 자녀의 건전한 사회화 문제, 성적 동일시의 문제, 건강, 교육 등의 문제, '형제자매 관계기능'은 형제 간의 갈등, 상호불신감, 극도의 증오나 경쟁심 등의 문제가 있는 경우이다.

둘째, 가족 성원의 역할기능으로서 가족의 형태가 급격히 변하는 사회에서는 변천과정에서 생긴 많은 갈등이 새로운 가족문제를 파생시키고 있다. 예를 들어, 아동의 양육에 있어서 부의 권위적 역할과 모의 지배적 역할, 조부모의 과보호적 역할 등이 문제를 일으키게 된다.

(3) 사회경제적인 가족문제

많은 가족들이 빈곤, 질병, 실업, 비행, 범죄 등의 사회경제적 문제에 직면하고 있으며, 이러한 요인이 가족의 관계 면이나 기능 면에 많은 문제를 파생시키고 있다. 예를 들어, 저소득가족의 경우 노동력은 있으나 그 기회가 주어지지 않으면 저임금으로 가계에 타격을 받게 된다. 임금 중심의 현대사회에서 하층 노동자의 생활의 불안정, 실업, 저임금에 대한 불안 등은 가족문제의 주요인이 된다.

그리고 가족의 사회경제적 영향은 부부관계에도 영향을 미칠 수 있다. 즉 남편의 수입으로 자녀의 교육비, 주거비, 기타 생활비 등을 충당하기 어려운 실정이므로, 맞벌이 부부 중심으로 늘어가는 경향이 있다. 여성의 사회진출은 부의 전통적 권위 약화, 성별역할의 혼돈, 육아분담 등의 변화를 가져오고 있다. 이것을 부정적인 상황으로 수용한다면 부부관계의 갈등, 이혼, 보육문제 등이 수반된다.

(4) 역동적인 가족문제

구조적, 기능적, 관계적 또는 사회경제적 조건 등의 상호역동성에 의해 가족문제가 발생한다고 보는 관점이다. 즉, 가족의 구조적 결함으로 인한 결손가정, 기능적 장애로 인한 경제적 부양기능의 결여, 가족의 감정관계의 영향으로 인한 부부관계의 혼란, 부모자녀 관계의 혼란, 형제자매 관계의 혼란과 같은 문제들이 상호 역동적으로 발생된다는 것이다. 예를 들면, 역동적인 가족문제는 부의 사망으로 인해 모가 부의 역할까지 감당해야 하는 경우이다. 즉, 모는 이중 역할로 지속적인 긴장에 빠지게 되고, 이러한 긴장의 장기화가 부정적 감정을 축적하게 되며, 결국은 가족의 해체라는 문제를 초래할 수도 있다. 이와 같은 가족 내의 한 가지 문제가 여타 가족 전체에 역동적 영향을 미치게 된다.

2) 가족문제의 유형

구체적인 **가족문제의 원인과 유형**을 Jongsma와 Dattilio(2000)의 가족문제 목록으로 살펴보았다(신선인 외, 2006 재인용).

〈표 16-1〉 가족문제 목록

1	가정생활과 외부활동 사이의 불균형으로 인한 문제
2	부모-청소년 자녀 간의 갈등으로 인한 문제
3	입양가족의 문제
4	알코올로 인한 문제
5	분노조절로 인한 문제
6	불안으로 인한 문제
7	다른 가족 성원을 원망하는 문제
8	**혼합가족**(blended family)의 문제
9	부모-아동의 갈등으로 인한 문제
10	가족의 의사소통으로 인한 문제
11	강박행동으로 인한 문제
12	아동의 사망으로 인한 문제
13	부모의 사망으로 인한 문제
14	의존으로 인한 문제
15	우울증을 가진 가족 성원으로 인한 문제
16	가족응집력의 상실과 분리로 인한 문제
17	**섭식장애**(eating disorder)를 가진 가족 성원으로 인한 문제
18	가족 외부의 가해자에 의한 성학대로 인한 문제
19	가족활동에 대한 분쟁으로 인한 문제
20	가족사업의 갈등으로 인한 문제
21	가족 성원의 별거로 인한 문제
22	원가족의 간섭으로 인한 문제
23	경제적인 변화로 인한 문제
24	거주지 이전으로 인한 문제
25	근친상간으로 인한 문제
26	혼외 성관계로 인한 문제
27	상속분쟁으로 인한 문제
28	혼혈가정의 문제
29	편협함과 방어적인 문제로 인한 문제
30	질투와 불안감으로 인한 문제
31	생명에 대한 만성적이고 위협적인 질병으로 인한 문제
32	다태아(쌍둥이, 세 쌍둥이 등)의 출산으로 인한 문제
33	신체적·언어적·심리적 학대로 인한 문제
34	종교적·영적 갈등으로 인한 문제
35	별거·이혼 등으로 인한 문제
36	성적정체성 또는 지향성으로 인한 문제
37	**외상**(trauma)적 사건으로 인한 문제
38	원치 않은 혹은 계획하지 않은 임신으로 인한 문제

2. 가족사정

가족사정 또는 **가족문제의 사정**이란, 가족을 하나의 "단위"로 보고 가족 내부 및 외부 요인 그리고 이들 간의 상호작용 등을 파악하기 위해 자료를 수집, 분석하고 종합하여 그 가족에 대한 실천계획을 수립하는 일련의 과정을 말한다. 즉, 가족사정은 가족이 현재 겪고 있는 어려움은 어떤 것이며, 그 어려움을 지속시키고 있는 가족의 상호작용 양상은 무엇인가, 그리고 가족은 자신들의 상호작용 유형 중에서 어떤 점을 변화시키고자 하는가를 알아내고, 가족 스스로 이해하게 한 후 가족이 원하는 변화를 위해 필요한 새로운 행동양식을 가족과 함께 찾아내는 것이라 할 수 있다.

가족을 사정할 때에는 인터뷰와 **가계도**(genogram), **생태도**(ecomap), **가족조각**(family sculpture), **가족범주도식**(family categories schema), **사회적 관계망 그리드**(social network grid) 등의 도구를 활용하여야 한다.

본서(本書)에서는 가족의 기능과 구조의 사정, 즉 **가족을 사정할 때 살펴보아야 할 항목과 내용**들을 살펴보았다(허남순 외, 2004).

1) 가족체계의 외부 경계선

가족 외부와의 경계를 살펴보는 것이다. 가족은 외부 환경과 다양한 상호작용을 하는데, 다른 체계에 대한 개방성의 정도와 유연성에 따라 명확한 경계, 경직된 경계, 혼돈된 경계로 구분된다. 유연성의 기준은 가족체계에 제3자의 개입이 허용되고 환영받는 정도, 가족 성원이 타인과 정서적인 관계를 맺는 것을 허용하는 정도, 외부 환경과 서로 정보와 자원을 교환하는 정도, 가족 외부체계와의 상호작용의 정도 등이다.

2) 내부 경계선과 가족의 하위체계

가족 내 하위체계 간의 경계를 살펴보는 것으로써 가족 내의 각각의 하위체계들이 독립성과 자율성이 결여된 혼돈된 경계를 가지고 가족응집력이 지나치게 높아 획일적인 감정과 생각을 요구하는 밀착된 가족인지, 상호의 경계가 너무 경직되어 상호작용이 이루어지기 어렵고, 의사소통에 융통성이 없는 유리된 가족인지를 살펴보아야 한다.

3) 가족의 권력구조

가족 권력은 한 가족 성원이 다른 가족 성원의 행동변화를 지시할 수 있는 힘을 말하며, 가진 자원이 많은 가족 성원은 가족 내에서 더 많은 권력을 행사한다. 따라서 각 구성원이 서로에게 행사하는 상대적 영향력의 크기와 의사결정 과정에 누가 어떤 방식으로 참여할 수 있는지를 살펴보아야 한다.

4) 가족목표

가족이 위기에 처했을 때 가족목표와 욕구가 더욱 명시적이 된다. 따라서 가족목표에 따라 구성원이 어느 정도 조직화되어 있는지, 가족목표가 개별 구성원의 욕구와 집단의 안녕에 얼마나 기여하며 기능적인지, 가족목표의 우선순위에 대한 가족 성원들의 의견 일치 정도는 어떤지 등을 살펴보아야 한다.

5) 가족신화

가족들의 대다수가 공유하고 있는 가족 및 가족 성원에 대한 잘못된 신념과 기대를 말하며, 주로 현실을 왜곡하거나 단순화, 무비판적으로 받아들인다. 그 예로서 구성원 중 한 명을 골라 특이하고 일탈적이라고 믿게 하여 **희**

생양(scapegoat)이 되게 하는 것을 들 수 있다. 이러한 가족신화는 자신들의 잘못된 상호작용을 유지하고 정당화시키며, 가족전체의 문제에 대한 이해를 왜곡시키는 결과를 초래하고, 결과적으로 희생양이 된 가족 성원의 성장은 억눌리게 된다. 따라서 가족을 사정하기 위해서는 부정적이거나 역기능적인 가족신화의 형태와 영향을 살펴보아야 한다.

6) 가족의 강점

가족의 강점은 가족의 긍정적인 정책을 창출하고, 가족 성원 사이의 만족스럽고 풍부한 상호작용을 촉진하고, 가족과 가족 성원의 잠재성 개발을 장려하고, 스트레스와 위기를 효과적으로 다루는 가족 능력에 기여하는 관계유형, 대인관계의 기술과 능력, 심리사회적 특성을 언급하는 말이다(Dunst, et al., 1988). 모든 가족은 개인과 집단의 선천적인 강점을 가지고 있으므로 사정 과정에서 이를 살펴보아야 한다.

7) 가족생활주기

가족은 가족생활주기에 따라 각 단계에서 요구되는 과업을 성공적으로 완수해야 한다. 대부분의 가족문제는 가족생활주기 가운데 어떤 단계의 중단 또는 위치변화가 있을 때, 또는 해당 가족생활주기에서 요구되는 과업을 달성하지 못했을 때 발생한다. 따라서 가족을 사정하기 위해서는 가족생활주기와 그에 따른 과업의 달성여부를 검토하고 살펴보아야 한다.

8) 가족 성원의 의사소통 양식

건강한 가족, 기능적인 가족은 다양한 방법으로 서로에게 활발하고 효율적인 의사소통을 한다. 가족에게 형성된 의사소통 패턴은 개개인의 구성원, 의사소통 장소의 분위기, 본래 가족생활에서 다툼 상황에서의 협상과 화해하기 위한 가족 성원의 매우 중요한 능력과 같은 기술이 포함된 많은 요소에 따라 달라진다. 따라서 가족을 사정하기 위해서는 의사소통의 양식을 살펴보아야 한다.

9) 가족의 의사결정 과정

가족의 의사결정 과정과 방식은 가족의 권력구조와 밀접한 관련이 있다. 효율적인 의사결정 과정은 가족 성원들 간의 개방적 피드백과 자기표현이 가능하며, 가족 성원 모두가 신뢰할 수 있는 이성적이고 개인적인 의견을 표현할 수 있고, 가족 성원들이 서로 대안을 비교・검토하는 능력이 있으며, 기존의 결정에 대해 재협상하고 수정하는 것을 허용하는 특성이 있다.

10) 가족의 정서와 감정표현의 범위

가족의 정서와 감정표현의 범위와 정도는 가족체계의 구조와 밀접한 관계가 있다. 즉, 완고하고 융통성 없는 경계선과 모호한 구조를 지닌 체계와 다양성이 부족한 체계를 가진 가족은 실망, 절망, 우울증, 근심, 적개심, 죄책감, 냉소, 무관심 등이 많이 나타나는 반면에, 기능적인 가족에서는 낙관주의, 공감, 포근함, 애정, 긍정적 감정의 어조 등이 많이 표현된다. 따라서 가족을 사정하기 위해서는 가족의 정서와 감정표현의 범위와 정도를 살펴보아야 한다.

11) 가족역할

가족 성원의 많은 역할은 가족구조로 통합되며, 허용되거나 금지된 특정한 행동으로 나타난다. 따라서 가족역할은 얼마나 명확하게 규정되어 있는지,

변화하는 환경과 매일 겪는 압력에 대응하기 위한 역할 재조정에 있어 가족체계는 얼마나 유연한지, 부부가 배우자와 부모로서 주어진 역할을 얼마나 적절히 수행하고 있는지 등을 살펴보아야 한다.

12) 가족규범

구성원의 행동에 대한 규정과 제한에 대한 가족적 합의의 결과로써, 가족의 경험이나 전통 문화에 따라 매우 다양하며, 대부분 가족권력을 쥐고 있는 가족 성원이 만들어낸다. 중요한 것은 기존의 가족규범을 유지하거나 수정하여 새로운 가족규범을 만들어내는 규칙인 가족의 Meta rule이 어떠한가, 그리고 가족규범을 어겼을 때, 가족들의 반응 등을 살펴보아야 한다.

3. 가족복지실천의 과정과 기법

가족복지실천은 가족이나 가족 성원을 대상으로 사회복지 서비스를 제공하는 사회복지실천의 한 방법으로써 개인이나 집단을 대상으로 하는 사회복지실천과 같이 일련의 실천과정을 통하여 가족이 잘 기능할 수 있도록 원조하기 위하여, 가족과 가족문제의 특성에 맞는 실천기술이 요구된다.

가족복지실천에서 고려해야 할 필수 내용들을 먼저 살펴보면 다음과 같다(신성자 외, 2007).

- **문제목록의 작성 및 문제해결의 우선순위 설정**—우선순위 목록은 가장 먼저 해결해야 할 문제로서 전반적인 실천의 과정에서 안내자의 역할을 한다. 우선순위를 정하기 위해 가족과 함께 협상하고 그 결과를 바탕으로 개입에 있어서의 우선순위 목록을 작성한다. 만일 가족들이 우선적으

로 개선되기를 바라는 또 다른 문제가 있거나, 치료우선순위나 목표를 수정하기 원한다면 사회복지사는 가족과 재협상해야 한다.

- **초점 문제의 간단한 내력과 과거 및 현재 노력/치료 내용의 검토**－우선 개입해야 할 문제의 내용과 그 문제에 대한 간단한 내력을 검토한다. 이때는 가족들이 문제에 대해 서술할 수 있도록 적절한 시간을 배려하는 것이 좋다.
- **이론적 틀에 입각한 초점 문제의 개념화**－사회복지사는 문제가 어떻게 해서 발생하였고 유지되어 왔는지에 대한 잠정적인 가설을 설정한다. 이때 설정된 가설과 이론은 수정할 수 있다.
- **개입목적과 목표의 설정**－개입의 목적은 개입이 궁극적으로 추구할 활동의 방향이며, 어떤 구체적인 문제행동의 감소와 같이 측정할 수 있고 명확한 형태로 기술되어야 한다. 또한 가족의 모든 구성원들이 바람직한 상태로 모두 기대하고, 희망하고, 동의하는 것이어야 한다. 가족과 사회복지사의 목적이 다를 경우나 개입의 목적이 여러 가지일 경우는 그것에 대해 함께 논의하고 그 중요도에 따라 조정하여 우선순위를 정한다.
- **개입방법의 선택**－앞에서 설정한 개입목적과 목표들을 성취하기에 가장 적절하다고 판단되는 이론적 관점을 선택한다. 몇몇 이론들을 혼합하여 선정하는 방법을 선택할 때는 각 이론의 전제, 원리, 목표가 상이하므로 이러한 이론적 요소들을 잘 구별하여 혼합해서 사용해야 한다. 하나의 이론 체계와 치료 모델을 선택할 때에는 그 가족이 나타내는 문제해결에 가장 도움이 될 만한 이론 체계와 모델을 선택하지만 사회복지사의 경험과 지향점, 가족의 경제적인 제약, 개입의 지속시간, 가족 성원의 참여가능 여부에 따라 영향을 받게 된다.
- **개입 기간과 횟수의 결정**－개입활동에 대해 가족이 감당해야 할 비용과 시간적인 제약 등과 같은 이유로 기간과 횟수를 미리 정하고, 세션이 얼마나 자주 실시될 것인가에 대해서도 미리 정해 가족에게 동의를 구한

다. 한 회기 내의 시간에 대해서도 가족에게도 미리 알려준다.

- **외부 자원의 활용 및 의뢰**－가족이 활용할 수 있는 지역사회의 다양한 자원들을 파악하고 필요에 따라서 정신과 의사나 약물중독치료 전문사회복지사 등의 전문가에게 클라이언트와 가족을 의뢰할 수 있다. 의뢰할 때에는 사회복지사가 클라이언트와 가족들에게 의뢰를 해야 하는 이유를 잘 설명해 주어 거부한다는 인상을 주지 않아야 한다.

1) 초기과정과 실천기법

초기과정이란 첫 상담을 위한 약속을 맺는 접수부터 3, 4회의 상담을 통하여 자료수집과 다양한 사정 그리고 개입의 목표설정 및 계획수립이 이루어지기까지의 과정을 말한다. 첫 면접에서 사회복지사와 가족 간의 정기적인 상담에 대한 계약을 맺어야 한다.

초기과정에서는 가족의 상호작용을 관찰하고 사회복지사의 이론적 틀에 따라 필요한 가족을 모두 참여시키려는 노력이 있어야 하며 다음 세션에 참석할 수 있도록 해야 한다. 또한 가족 성원들이 어떤 변화를 원하는지 구체적으로 진술하게 하여 목표를 명확히 함으로써, 과정평가와 치료효과를 증대시키도록 한다.

(1) 초기과정

초기과정에서의 두 가지 과업은 사정과 계약이며, 다음의 4단계를 성공적으로 거쳐야 한다(Collin, Jordan & Coleman, 1999).

① 1단계 : 가족 성원과의 신뢰를 바탕으로 관계형성을 해야 한다.

사회복지사가 자신의 지식과 교육 배경, 경험뿐만 아니라 클라이언트의 욕구나 가족의 문제에 대해 진정한 관심을 가지고 이해하려고 애쓰는가를 보여줌으로써, 가족 성원들에게 신뢰를 얻고 긍정적인 관계를 형성해야 한다.

② 2단계 : 문제를 정의할 때, 가족 성원들 모두가 그 문제를 어떻게 인식하고 있는지를 고려해야 한다.

가족문제에 대한 정의는 가족의 욕구나 과제를 구체화하는 것으로 전 개입과정에서 가장 중요한 작업이라고 볼 수 있다. 따라서 가능하면, 가족 성원 모두와 면접을 하여 가족 성원 개개인이 다른 가족의 간섭이나 방해 없이 가족의 문제에 대해 자유롭게 표현할 수 있도록 해야 한다.

③ 3단계 : 목표를 설정하고 개입과정을 명확히 해야 한다.

사회복지사와 가족은 공동의 목표를 설정하기 위해서 서로 협력하는 것이 필수적이고, 문제해결을 위해서 가족 성원 모두가 참여하여 행동할 수 있는 공통의 목표를 설정한다. 일단 목표가 설정되면, 목표달성을 위한 과정, 역할, 책임을 져야 할 가족 성원 등이 분명해져야 한다.

④ 4단계 : 구체적인 계약을 한다.

계약에는 개입의 모든 절차와 비밀보장 등을 기본적으로 포함하는 동의서의 내용을 포함하여 계약서와 같이 작성할 수도 있고, 더 구체적인 내용을 포함, 서술하여 동의서와 계약서를 따로 작성할 수도 있다. 문서로 **계약**을 맺으면 내용이 명확하고 구체적이며, 앞으로의 모든 과정이 공식화되는 것이므로 클라이언트와 가족들이 실천 과정에 진지하게 참여하게 되는 효과가 있다. 계약 내용에는 시간, 장소, 비용 등의 실질적인 내용과 구체적인 일정, 변화가 필요한 각 가족 성원의 행동 등을 서술하는 것도 포함된다.

(2) 초기과정의 실천기법

초기과정에서는 가족이 표현한 의미들에 대해 신중하게 경청하기, 가족 성원들의 언어적·비언어적 의사소통에 대한 민감한 대처, 문제해결과 관련한 가족들의 어려움 인식하기, 효과적으로 가족을 다루는 데 필요한 지식, 기술, 태도 그리고 환경적인 조건들을 갖출 수 있도록 촉진하기 등의 기본적인 기술이 필요하다.

초기과정에서 필요한 기본적인 실천기법들을 살펴보면 다음과 같다.

① 관계형성 기법

사회복지사는 가족이 있는 곳에 '**합류**(joining)'할 필요가 있는데, 가족과 합류한다는 것은 가족을 수용하고 가족에게 적응함으로써 가족의 신뢰를 얻는 것을 의미하며, 가족과 합류하기 위해서는 무엇보다 가족 성원들의 이야기를 경청하는 것이 중요하다.

② 가족사정

가족사정의 목적은 가족의 욕구와 문제를 파악하고 가족의 강점과 자원을 활용함으로써 가족의 목표를 달성하도록 지원하기 위해서이다.

가족사정은 다음 네 가지 차원에 의해 이루어진다.

- **가족이 제시하는 문제에 관한 사정**으로써 가족은 문제 혹은 욕구를 무엇으로 보는지, 가족 문제 혹은 욕구에 대해 가족 성원들 사이에 차이가 있는지 등에 대해 사정한다.
- **생태학적 사정**으로써 가족의 기본적 욕구는 충족되고 있는지, 가족과 환경체계들 간의 경계는 어떠한지, 개별 성원들과 환경체계들의 관계는 어떠한지 등에 대해 사정한다.
- **세대 간 사정**으로써 확대가족과 어떤 관계를 가지는지, 여러 세대에서 반복되는 가족의 유형, 관계, 문제 등은 무엇인지 등에 대해 사정한다.
- **가족 내부에 관한 사정**으로써 가족의 구조와 기능, 의사소통, 가치, 신념체계 등에 대해 사정한다.

③ 가계도 작성과 분석

가계도(genogram)는 가족 내 역동을 이해하거나 가족이 여러 세대에 걸쳐 발전시켜 온 가족역할, 유형, 관계 등을 가족과 함께 비위협적이고 상호적인 방법으로 살펴보기 위한 도구로 사용된다. 생태도와 마찬가지로 가계도의 작성과 분석은 가족과 함께 이루어진다.

④ 생태도 작성과 분석

생태도(ecomap)는 가족과 환경체계들과의 관계를 이해하기 위한 도구로서 가족과 체계들 간의 자원교환, 에너지의 흐름, 스트레스와 관련된 자료, 중재되어야 할 갈등, 좁혀야 할 가족 성원들의 거리감, 활성화되어야 할 자원 등을 시각적으로 나타낸다. 생태도는 가족 전체와 환경체계들과의 관계뿐 아니라 개별 성원들과 환경과의 관계도 나타낸다. 사회복지사는 가족과 함께 생태도를 작성하고 가족이 먼저 분석하도록 격려해야 한다. 사회복지사가 분석할 때에는 가족의 피드백을 구하고, 가족의 결핍, 문제보다는 강점을 먼저 강조할 필요가 있다.

2) 중간과정과 실천기법

중간과정의 주요한 과업은 개입과 점검이며, 문제해결을 위한 주된 활동이 이루어지는 단계라고 볼 수 있다. 또한 클라이언트에게 몰려 있던 초기의 관심이 전체 가족으로 옮겨진다. 가족 성원들의 자율성이 증대되고, 가족 내에서의 역할에 융통성이 생겨나고, 기존의 숨겨진 경험들을 서로 공유하고 인정하며, 가족 성원들은 자기 행동에 대한 타인의 반응을 받아들이기 시작한다.

중간과정에서는 사회복지사의 개입에 대한 저항과 양가감정이 나타날 수 있는데, 가족 성원이 사회복지사에게 직접 자신의 감정을 말할 수 있다면 그것은 가족이 그 만큼 건강해졌다는 것으로 볼 수 있다. 따라서 사회복지사는 이러한 저항과 양가감정이, 변화가 이미 시작되었다는 긍정적인 의미이자 자연스러운 현상이라는 것을 알려주어 가족들이 자신감을 갖게 해 주어야 한다.

(1) 중간과정

사회복지사가 가족을 대상으로 개입을 할 때, 다양한 이유로 저항과 양가감정 등, 가족들의 방해를 받을 수 있다. 따라서 효과적인 실천을 위해서 사회복지사는 다음을 항상 염두에 두어야 한다(Collin, Jordan & Coleman, 1999).

- 사회복지사의 욕구보다는 클라이언트와 가족의 욕구에 우선적으로 초점을 둔다.
- 자기 스스로 선택하고 결정할 수 있는 클라이언트의 자율성을 존중한다.
- 클라이언트의 의존심을 조장하는 것을 피하고, 독립심을 고취시켜야 한다.
- 클라이언트가 나타내 보이는 저항의 의미를 재사정한다.
- 사회복지사는 독립적이고 효과적인 가족이 되도록 돕기 위해서 클라이언트 가족과의 명확한 경계가 필요하며, 전문적인 거리를 유지한다.
- 클라이언트와 가족이 스스로에 대해 능력이 있다고 느끼도록, 적당한 기대감을 갖도록 한다.

(2) 중간과정의 실천기법

중간과정에서 사용될 수 있는 다양한 기법들은 다음과 같으며, 중간과정에서만 사용되는 것이 아니라 가족복지실천의 전 과정에서 사용할 수 있는 기법이라고 할 수 있다.

① 가족과제(family tasks)

구조적 가족치료 모델의 기법인 **가족과제**는 가족의 행동변화에 초점을 맞추어 다양한 과제를 부여하게 된다. 과제를 부여할 때에는 명확하게 구체적인 지시를 해야 하며, 가족이 한 단위라는 것을 강조하기 위해 모든 가족 성원을 참여시켜야 한다. 과제는 일상적인 일과 같이 구성하여 반복시켜야 하며, 지시하는 과제에 대해 가족의 동의를 얻고, 가족 성원이 완전히 과제를 이해했는지 확인해보아야 한다.

② **가족조각**(family sculpting)

가족 성원들이 가족에 대해 어떻게 인식하고 있는지를 시각적으로 표현함으로써 가족에 대한 이해를 돕기 위한 기법인 가족조각은 경험적 가족치료 모델의 주요 기법이다. 가족 성원 중에 한 사람이 조각자가 되어 자신이 지각하고 있는 특별한 감정과 상황을 각 성원이 표현하도록 각자의 위치와 신체적 표현을 정해 주며, 조각자가 표현하고 싶은 것이 모두 표현될 때까지 그 자세를 유지한다. 모든 가족이 조각자가 되어 가족조각을 해본 후에, 가족 성원 전체가 경험한 것을 서로 이야기하도록 한다.

가족 성원들은 다른 구성원들의 조각을 보는 과정에서 통찰력, 이해, 공감, 동정, 후회, 사과 등의 감정을 경험하게 된다. 가족조각은 특히 말을 잘하지 않거나, 말이 서투른 가족에게 유용하다.

③ **역설적 지시**(paradoxical directives)

역설적 지시는 가족들이 사회복지사의 지시에 저항하도록 하여 변화를 일으키려는 독특한 기법으로써 전략적 가족치료 모델의 주요 기법이다. 문제행동을 유지 혹은 강화하는 행동을 하라고 지시를 내리는 기법으로써, 역설적 지시에 따르면, 문제를 통제할 수 있다는 것을 인정하는 것이 되며, 따르지 않으면 문제해결을 포기하는 것이 된다. 그 예로서 우울증이 있는 클라이언트에게 일정시간을 정해 놓고 우울해지라고 지시하는 것이다.

역설적 지시에서는 클라이언트의 변화가 보일 때 사회복지사는 그 변화에 대해 염려하고 부정적인 반응을 보인다. 그렇게하면 가족은 변화가 일시적인 것이 아님을 증명하기 위해 계속 변화를 지속할 것이다. 다른 한편으로 변화가 너무 빠르면 혼란에 빠지기 쉬우니 원상태로 퇴행하라고 요구한다. 그러면 그렇게 되지 않기 위해 가족은 저항을 보일 것이며, 바로 이것이 역설적 지시의 목표이다.

④ 합류하기(joining)

구조적 가족치료 모델의 주요 기법인 합류하기는 그 가족의 특정 정서적 분위기를 파악하여 그에 맞추어 행동하거나 감정을 표현하는 등 사회복지사가 클라이언트의 가족에 동조하는 것이다. 클라이언트의 가족과 사회복지사의 거리를 좁혀주는 긍정적인 효과가 있다. **모방**(mimesis)도 합류의 하나로써 사회복지사가 가족 성원들과 같이 행동이나 내용을 약간 과장되게 표현하는 것이다.

⑤ 실연(enactment)

실연 또는 **시연**은 가족이 경험하고 있는 문제를 사회복지사가 더 정확하게 이해하기 위해서 가족들로 하여금 가족의 역기능적 상호작용을 사회복지사 앞에서 실제로 행동을 통해 연기하도록 하는 것으로써 구조적 가족치료 모델의 기법이다. 가족 성원들은 직접 행동함으로써 자신의 상호작용을 경험하고 관찰해 볼 수 있기 때문에 개입의 방향에 대한 정보를 확인하는 도구이자 그 자체로서 가족의 변화를 위한 도구가 된다.

⑥ 재명명(relabeling)

재규정(redefining), **재구성**(reframing), **재구조화**(restructuring)라고도 하며, 이미 벌어진 상황에 대하여 다른 언어를 사용하여 이에 대한 이해와 느낌, 생각이 바뀌도록 도와줌으로써 가족을 변화시키는 방법이다. 특히 문제나 증상의 긍정적인 측면을 강조하는 것이 특징이다. 간섭을 관심과 배려로 표현하는 것이 그 대표적인 예이다.

⑦ 탈삼각화/탈삼각관계화(detriangulation)

가족 성원 내의 두 사람 사이에서 스트레스나 긴장관계가 발생했을 때, 제3자를 두 사람의 상호작용체계 내로 끌어들이는 것을 삼각화 또는 삼각관계 형성이라고 한다. 삼각화는 문제를 해결하기보다는 문제를 은폐하거나 분산시키게 된다. 가족 성원들의 분화가 이루어지지 않은 가족일수록 두 구성원들 간의 불안 수준이 높아지며, 다른 구성원들을 끌어들여 삼각관계를 형성한다. 탈삼각화란 두 구성원들의 관계에서 제3의 구성원을 분리시켜 각각의 가족 성원들이 자아분화를 하도록 하는 기법이다.

⑧ 가족그림(family drawing)

경험적 가족치료 모델의 기법으로서 가족 성원들에게 자신이 느끼는 대로 자유롭게 가족에 관해 그림을 그리도록 하는 것이다. 지금까지 미처 생각하지 못했거나 대화하지 못했던 상황을 경험하도록 돕는 기법이다.

⑨ 경계 만들기(boundary making)

구조적 가족치료 모델의 기법으로서 가족 내 하위체계들 간의 경계가 지나치게 유리되거나 밀착된 경우에 유리된 경계는 더 가깝게 하며, 밀착된 경계는 어느 정도 거리를 두도록 만드는 것이다. 구체적인 **경계 만들기 기법의 절차**는 다음과 같다.

- 좌석배정을 다시 하여 부모는 부모끼리 자녀는 자녀끼리 앉도록 한다.
- 부모의 일과 자녀의 일의 차이를 강조하기 위하여 과제를 변화시킨다.
- 자녀양육 문제를 처리하기 위한 실제 세션에서 부부가 협동하도록 한다.
- 자녀들과 어떤 일을 하려고 하면 우선 부모의 허락을 얻는다.

- 프라이버시에 대한 욕구와 가정 내에서 문을 닫고 지낼 수 있도록 각 사람의 영역에 대해 강조한다. 그 각각의 영역은 어떤 것이 가족의 과제이며, 어떤 것이 개인적인 것이어서 누가 그 책임을 져야 하는지에 대해서 정확하게 동의하는 것이 포함된다.
- 그들 자신의 활동을 계속하기 위해 부부 혹은 자녀들만의 시간을 갖도록 한다.
- 자녀를 훈육하는 데 있어 부모의 비중을 강조한다.
- 부부문제가 있을 경우 자녀를 개입시키기보다는 자기 또래의 친구나 전문가와 상의할 것을 강조한다.
- 부모에게 자녀와 같이 아이들처럼 화를 내기보다는 어른처럼 행동하도록 격려한다.
- 부모는 자녀가 그 나이에 맞고 어린이다운 행동을 허락하도록 한다.
- 부모가 아동을 지나치게 간섭하지 않도록 하며, 자녀의 나이에 맞는 적절한 책임을 주도록 한다.

⑩ 역할연습(role playing)

경험적 가족치료 모델의 기법으로서 역할연습은 두 가지 방법으로 활용된다. 첫째, 사회복지사가 가족의 한 구성원에게 다른 가족 성원의 역할을 수행해 보도록 요청함으로써 다른 가족 성원의 느낌과 행동을 다른 구성원의 시각에서 경험하도록 돕는다. 두 구성원들이 서로의 역할을 바꾸는 경우에는 **역할반전(role reversal)**이라 한다. 둘째, 사회복지사가 구성원에게 자신의 역할을 수행하지만 이전과는 다르게 행동해 보도록 요청함으로써 실제 상황에서 겪을 수 있는 위험에 대한 부담이 없는 상황에서 새로운 행동을 학습하도록 돕는다.

⑪ 타임아웃(time-out)

행동주의 가족치료 모델의 기법으로서, 아동의 문제행동을 완화시키는 데 사용되는 필수적인 기법이다. 처벌 대신 일정시간 아동의 행동을 중지시키는 방법으로써 아동을 자극적인 환경에서 분리하여 자극이 없는 환경에 두는 것이다. 타임아웃을 실시하면서 아동이 진정되는 동안 부모도 평정을 되찾을 수 있다. 이 기법을 사용할 때에는 아동에게 미리 경고를 주어야 하며, 타임아웃을 오랜 시간 실시하면 아동들은 그 의미를 잊어버리기 때문에 가능한 한 짧은 시간에 이루어져야 한다.

⑫ 코칭(coaching)

운동선수의 코치처럼 지도하는 기법으로서 사회복지사는 먼저, 주체적인 변화에 대해 이론적 기반과 개념을 설명하고, 예를 들며, 도표로 제시하기도 하고, 질문하기도 하며, 대안도 제시한다. 의자에서 일어나 가족 성원 뒤로 가서 속삭이기도 하고, **일방경**(one-way mirror) 뒤에서 지켜보면서 지시하기도 한다.

⑬ 균형 깨트리기(unbalancing)

가족 내의 하위체계들 간의 역기능적인 균형을 깨트리는 것으로서 구조적 가족치료 모델의 기법이다. 예를 들어, 지배적이고 권위적인 남편과 순종적인 부인 사이에서 사회복지사는 의도적으로 부인의 편을 들어 역기능적인 균형을 깨트릴 수 있다.

⑭ 순환적 질문하기(circular questioning)

전략적 가족치료 모델의 한 기법으로써, 가족 성원들이 문제에 대해 제한적이고 단선적인 시각에서 벗어나 문제의 순환성을 깨닫도록 돕기 위한 질문을 하는 기법이다. 이 기법은 클라이언트가 자신을 가족 관계의 맥락에서 보게 하고, 또 다른 가족 성원의 관점에서 볼 수 있도록 하여 가족에 대한 새로운 이해를 촉진할 수 있어 효과적이다.

순환적 질문의 유형과 예는 다음과 같다.

- **가족 내 관계에 초점을 두는 질문**–"부모님은 너에 대한 관심을 어떻게 표현하시니?"
- **가족의 서열을 정하는 것에 초점을 두는 질문**–"아버지의 음주습관이 변하지 않을 것으로 가정한다면, 누가 가장 힘들 것 같으니? 그 다음은 누구니?"
- **시간에 초점을 주는 질문**–"어머니가 돌아가시기 전에는 어떻게 지냈니?"
- **제시된 질문에 대답하지 않은 가족 성원에 초점을 두는 질문**–"내가 질문한 것에 대해서 솔직하게 대답한다면 무엇이었겠니?" 등이다.

그 외에도 본서(本書)의 10장, 해결중심모델에서 살펴본 해결지향적 질문 등과 같은 실천기법들을 활용할 수 있다.

3) 종결과정과 기법

종결과정에서는 개입을 통한 가족 성원들의 변화를 확인하고, 가족이 변화를 유지할 수 있도록 지원하며, 필요한 경우 사후면접을 계획한다. 사후면접에서는 가족의 항상성을 유지하기 위한 자원을 규명하고, 가족이 성취한 목표를 점검하는 데에 초점을 맞춘다.

종결과정의 주요 과업은 실천의 종결과 평가이다. 또한 종결과정의 주요 목적은 가족들이 긍정적인 변화를 지속적으로 유지할 수 있도록 하는 것이며, 이는 종결된 이후에도 가족 성원들이 독립적으로 문제를 해결할 수 있는 기술을 발전시킨 경우에만 가능하게 된다.

종결을 판단하는 기준이 되는 지표들은 다음과 같다(김정진 외, 2007).

- 개입목표가 달성되었을 경우

- 개입이 더 이상 필요하지 않다고 판단될 정도로 긍정적인 변화가 있는 경우
- 외부로부터의 지원이 더 이상 필요하지 않다고 판단되는 경우
- 더 이상 개입의 효과가 없는 것으로 판단되는 경우
- 가족의 동기가 상실되었거나 결여되었다고 판단되는 경우
- 새로운 개입이 절대적으로 필요하다고 판단되는 경우

또한 **종결과정에서 다루어야 할 구체적인 내용**들은 다음과 같다.

- **변화를 확인하기**—어떤 변화가 일어났는지, 무엇이 변화를 일으켰는지를 이해할 수 있도록 원조와 경험에 대한 평가를 한다.
- **변화에 대한 자각 유도하기**—변화를 일으키는 데 자신이 기여한 것을 기억하게 될 때 이후의 도전을 해결할 역량을 갖추게 된다.
- **확인사항들**—현재의 문제 상태는 어떠한지, 어떤 변화가 일어났는지, 유사한 문제가 다시 생긴다면 어떻게 다룰 것인지, 문제에 대한 가족 성원들의 생각은 어떻게 달라졌는지, 종결에 대해 어떻게 느끼는지 등을 확인해보아야 한다.
- **진전을 견고하게 하기**—달성된 목표를 유지하고 확립하는 방법을 강조하기 위해 미래에 대해 이야기하여 미래의 목표를 성취하는 전략을 개발하도록 한다.
- **종결 이후의 문제를 다룰 수 있도록 가족에게 준비시키기**
- **필요한 경우 의뢰나 사후면접을 계획**

클라이언트와 그 가족에게 있어서 종결은 중요한 정서적인 욕구를 충족시켜온 긍정적인 관계가 사라진다는 고통스러운 과정을 의미하므로 스트레스를 최소화하면서 효과적으로 종결하기 위해서는 사회복지사와의 분리에 대한 클라이언트와 가족의 정서적인 반응을 잘 해결해야 한다.

제17장 | 지역사회복지실천

사회복지실천 현장에 있어서 지역사회는 인간과 환경이 만나는 곳이며, 개인, 가족, 집단 등을 통해서 이루어지는 사회복지실천 또한 지역사회 내에서 이루어진다. 따라서 지역사회는 사회복지실천의 핵심개념이며 필수 요건이라 할 수 있다.

1. 지역사회에 대한 이해

1) 지역사회의 개념

공동사회 또는 지역공동체로 불리는 **지역사회**(community)라는 말은 원래 생물학적 용어로서, '생물의 어떤 종(種)이 지역적 또는 공간적으로 분포되어 한 곳에 모여 생활하는 모습을 나타내는 것'이다. 지역사회에 대한 일반적인 견해는 사람들이 단순히 일정한 지역에서 함께 거주하는 것, 그 이상으로 상호관계를 맺고 서로의 생활과 행동 등에 영향을 미치는 구성원들의 결합체라고 할 수 있다. 지역사회가 지녀야 할 공통요소는 지리적 영역, 사회적 상호작용, 공동의 결속체와 소속감인 공동의 유대 등이다.

Fellin(1995)은 지역사회를 '상호 연결되는 공통적인 어떤 것을 가지고 있는 사람들의 집합체라 할 수 있으며, 구성원들이 공유하는 특성은 지리적 위치, 관심사, 문화, 정체감 또는 공통된 활동 등을 포함한다.'고 정의하였으며, 최옥채(2000)는 '다양한 욕구 혹은 문제를 가지고 있으며, 주민의 상호작용이 활발하게 이루어지고, 지역사회의 욕구나 문제를 해결하기 위한 사회복지실천이 가능한 일정한 규모의 장'이라고 정의하여 사회복지실천에 있어서 지역사회의 중요성을 강조하였다.

2) 지역사회의 유형

지역사회의 유형은 크게 지리적 의미의 지역사회와 기능적 의미의 지역사회, 개인적 지역사회로 구분할 수 있다(김혜란 외, 2006 ; 오정수 · 류진석, 2004 ; Fellin, 2001 ; Netting, Kettner & Mcmurtry, 2004).

(1) 지리적 의미의 지역사회

특정한 공간(장소)에 기초를 둔 지역사회로서, 동, 읍, 시와 같은 행정구역집단과 시장권, 학교권과 같이 자연스럽게 형성된 지역집단이 해당된다. 공간에 기초를 둔 지역사회는 크기, 영역, 조밀도 등에 따라 변하며, 근린지역사회, 지방 지역사회, 대도시 지역사회로 가면서 확대된다.

(2) 기능적 의미의 지역사회

사회적 · 문화적 **동질성을 가진 공동체**나 공통의 이해와 관심을 가진 **이익 공동체** 등이 해당된다.

동질성의 공동체는 어떤 특성이나 신앙, 인종, 민족, 종교, 생활방식, 언어, 이념, 사회계층, 직업유형, 생활방식, 성적 지향성, 정치적 성향, 출신대학, 취미활동 등 다양한 정체성과 관심을 중심으로 형성되며, **이익 공동체**는 전문직 집단, 직장노조집단 등 구성원들의 공동의 이익을 우선으로 하는 공동체이다.

(3) 개인적 지역사회

지리적 의미의 지역사회와 기능적 의미의 지역사회의 특성을 모두 포함하는 것으로 볼 수 있으며, 개인이 자신의 관점에서 규정한 지역사회에 초점을 둔다. 각 개인의 참여와 관심의 정도에 따라 다양한 차이가 있지만, 동시에 여러 지역사회에 속하게 되며, 각 지역사회에서 느끼는 소속감과 정체성은 각각 다르다. 따라서 개인적 지역사회 개념은 개인을 중심으로 한 사회적 상호작용의 형태와 공식적·비공식적 사회적 지지망을 포함한 사회적 자원의 범위를 이해하는 데 도움을 준다.

3) 지역사회의 기능

지역사회가 공통적으로 수행하는 주요 기능에 대해서 Gilbert와 Specht(1974)는 다음의 5가지로 설명하였다.

(1) 생산·분배·소비의 기능

지역사회 주민들이 일상생활을 영위하는 데 필요로 하는 재화와 서비스를 생산하고 분배, 소비하는 과정과 관련된 기능을 수행한다. 정부, 기업, 종교단체, 교육기관, 각종 전문기관 등에서도 이러한 기능을 수행한다.

(2) 사회화의 기능

가족이나 사회가 공유하고 있는 일반적인 지식, 사회적 가치, 행동양태를 그 사회구성원에게 전달시키는 과정을 말한다. 사회화는 개인의 유년시절부터 가정을 중심으로 이루어지며 일생동안 지속된다. 이러한 과정을 통해서 사회성원들은 다른 지역사회의 성원들과 구별되는 생활양식을 배우게 된다.

(3) 사회통제의 기능

지역사회가 그 구성원에게 사회의 규범에 순응하게 하는 것으로 정부는 경찰력과 사법권을 통해서 보편적으로 적용될 수 있는 법을 집행하는 일정한 강제력을 행사한다. 사회통제의 기능이 약한 지역사회는 사회질서의 파괴로 비행과 범죄가 만연하게 되어 결국 사회해체 현상이 나타난다. 사회통제 기능은 일차적으로 정부에 있으나, 다른 여러 사회조직인 가정, 학교, 교회와 사회기관들도 이러한 기능을 부분적으로 수행한다.

(4) 사회통합의 기능

사회체계를 구성하는 단위 체계들 간의 충성, 결속력과 사기, 구성원 상호 간의 관계와 관련된 기능을 의미한다. 사회통합의 기능은 구성원들 스스로 규범을 준수하고 바람직한 행동을 하도록 하는 수단이 된다. 사회통합의 기능을 수행하는 가장 대표적인 제도로 종교제도를 들 수 있다. 그러나 다른 사회적 기능에서와 마찬가지로 사회적 통합에 필요한 사회적 가치와 규범을 만들어내는 사회조직으로서는 가정, 학교, 사회단체 등을 들 수 있다.

(5) 상부상조의 기능

사회구성원들이 자기들의 욕구를 스스로 충족할 수 없는 경우에 필요하게 되는 사회적 기능을 말한다. 과거의 전통적인 사회에서 상부상조의 기능은 가족과 친척, 동네사람들, 친목단체나 자선단체와 같은 1차적인 집단에 의해서 수행되어 왔으나, 현대의 산업사회에서는 이러한 기능이 정부의 사회복지제도, 민간사회복지단체, 종교단체 등으로 옮겨지게 되었다.

2. 지역사회분석

사회복지사는 자신이 속한 기관이나 지역사회에 대해서 잘 파악하고 있어야 한다. 특히 지역사회 전체를 개입대상으로 하는 경우에는 지역주민의 삶에 영향을 미치는 정치, 경제, 사회, 문화적 특성과 지역주민의 욕구나 문제에 대한 파악이 매우 중요하다.

지역사회분석은 사회복지사로 하여금 지역사회 내부의 행동과 의사결정에 영향을 미치는 사회·경제·정치적 구조와 지역사회의 역사를 알게 함으로써 사회복지실천의 맥락을 이해할 수 있으며, 지역사회 주민들이나 클라이언트를 돕기 위해서 또는 지역사회에 필요한 새로운 프로그램을 개발하는 데 필요한 정보와 현존하는 자원에 대한 정보를 알게 한다(Sheafor, Horejsi & Horejsi, 1997). 지역사회분석은 새로운 정보가 나타날 때마다 이루어져야 하지만, 특히 새로운 지역사회에서 일을 시작할 때에는 해당 지역사회에 대한 조사와 분석을 실시하는 것이 바람직하다.

Warren(1978)은 4단계와 9가지 과제로 이루어진 **지역사회분석틀**을 다음과 같이 제안하였다.

- **1단계: 목표 집단 파악**
  - 목표 집단의 특성과 그들의 지역사회에 대한 인식을 이해한다.
- **2단계: 지역사회규모의 결정**
  - 개입을 통하여 변화시켜야 할 지역사회의 지리적 경계를 파악한다.
  - 목표 집단에 영향을 주는 문제에 대한 자료를 수집하여 프로파일을 만든다.
  - 목표 집단에 영향을 주는 가치, 전통, 신념, 가치갈등 등을 관찰하고 이해한다.

- **3단계: 차이점 인식**
  - 목표 집단이 다른 집단들과 어떠한 차이점이 있는지, 그 차이점으로 억압받았는지, 등 공식적·비공식적으로 억압 받아온 방식을 파악하고 이해한다.
  - 목표 집단이 지역사회에 적응하지 못하는 이유는 무엇인지, 독표 집단이 차별받고 억압받아온 증거를 수집한다.
- **4단계: 구조 파악**
  - 목표 집단의 욕구를 충족시키기 위한 권한이 어디에 있는지 파악한다.
  - 목표 집단의 목표를 충족시킬 수 있는 자원을 파악한다.
  - 목표 집단에 대해서 어느 단체가 도움을 주고 옹호하는가?, 자원의 분배 과정과 유형은 어떠하며, 외부의 힘에 영향을 받는가? 등 목표 집단에 대한 서비스 전달체계와 유형, 자원의 분배 과정과 유형을 파악한다.

3. 지역사회복지실천 모델

지역사회복지실천은 개별사회사업, 집단사회사업과 함께 전통적인 사회사업의 한 방법으로서 사회복지실천에 있어서 중요한 위치를 차지하고 있으며, 지역사회를 구성하는 개인, 집단, 조직, 이웃 등의 사회적 복리와 안녕을 긍정적인 방향으로 향상시키기 위해 지역사회 수준에서 전개되는 일련의 활동을 말한다. 지역사회복지실천은 사회복지기관의 전문사회복지사에 의해 이루어지며, 추구하는 변화에 관해 더욱 의도적이고, 계획적이며, 조직적이고, 과학적인 지식과 기술을 포괄적으로 사용한다는 점에서 다른 지역사회복지활동과 구별된다.

Rothman(1974)은 지역사회복지실천의 모델을 지역사회개발, 사회계획, 사회행동 등의 3가지로 나누어 설명하였고 그에 따른 12가지 실천변수를 유형별 특성으로 제시하였다.

1) 지역사회개발(community development, Model A)

지역사회개발은 민주적 지역사회 구성의 존재를 근거로 하여, 의식적이고 계획적인 지역사회로의 참여를 통해서 의도된 방향으로 사회변화를 이룰 수 있다는 가정에서 시작한다. 즉, 지역사회의 변화를 가장 효과적으로 이룩하기 위해서는 변화를 위한 목표결정과 실천행동에 광범위한 주민들을 참여시켜야 한다는 전제에서 나온 것이다.

지역사회개발에 대한 UN의 정의를 보면, '지역사회개발은 지역사회주민의 적극적인 참여와 주민들이 가능한 한 최대의 주도권을 갖고, 전 지역사회의 경제적 · 사회적 조건을 향상시키기 위한 한 과정'이라고 말하고 있다. 이 지역사회개발에서는 민주적인 절차, 자발적인 협동, 토착적인 지도자의 개발, 교육 등이 특히 강조된다.

지역사회개발사업의 예로서는 도시지역에서 전개되는 지역복지관의 지역개발사업, 평화봉사단, 성인교육분야의 지역 활동 등을 들 수 있다.

2) 사회계획(social planning, Model B)

사회계획은 비행, 주택, 일탈, 고용, 정신건강 등과 같은 사회문제를 해결하고자 하는 기술적인 과정을 강조한다. 사회계획에서 중요한 것은 문제해결을 위한 합리적인 계획수립과 통제된 변화이다. 지역사회주민의 참여정도는 문제의 성격에 따라 또 이 문제에 관여하는 기관들에 따라 광범위할 수도 있고 소수일 수도 있다.

복잡한 산업사회에 있어서의 계획된 변화는, 거대한 관료적 기관들을 움직일 수 있는 능력을 포함한 고도의 기술을 수행할 수 있는 전문가가 필요하다고 보는 것이다. 따라서 사회계획 실천가는 첫째, 사실발견과 문제의 정의, 둘째, 의사전달의 구성 및 작동구조, 셋째, 행동전략을 계획함에 있어서 사회의 목표와 정책의 선택 및 결정, 넷째, 계획의 실천, 다섯째, 변화의 성취 결과가 미치는 영향에 대한 사정 등의 업무를 수행한다.

특히 사회복지사로서의 전문가는 지역사회주민에게 필요한 물자와 서비스를 제공하는 데 관심을 갖는다. 이 모델에서는 Model A처럼 지역사회의 문제해결 능력을 배양한다거나, Model C와 같이 근본적인 사회변혁을 증진시키려는 것은 중요하지가 않다.

이 모델을 추진하는 기관으로는 정부, 예를 들면 재정경제원을 위시한 각 부처의 기획담당부서, 도시계획국, 지역사회복지협의회와 수많은 민간복지·보건관계기관을 들 수 있다.

3) 사회행동(social action, Model C)

사회행동은 지역사회의 불우계층에 처한 주민들이 사회정의와 민주주의에 입각해서 더 많은 자원과 더 나은 처우를 그 지역사회에 요구하는 행동을 말하며, 지역사회 내의 권력관계를 재분배하거나 변화시키려는 의식적이고 체계적인 노력을 포함하고 있다. 그리고 재화와 권력의 불평등이 사회구조적인 모순에서 시작되었다고 가정하고 있다.

따라서 이에 참여하는 사회복지사는 지역사회의 교육, 취업, 복지, 보건, 가치관 등과 같은 기존 제도와 현실에 대한 근본적인 변화를 추구한다. 사회복지사들은 권력, 자원, 지역사회 정책결정에 있어서의 역할 등의 재분배를 추구하며, 공공기관의 기본정책에 대한 변화를 추구한다. 이러한 모델을 이용하는 집단들의 예를 들어 보면 소수인종집단, 학생운동, 여성해방 혹은 여

권신장운동, 급진정당, 노동조합운동, 복지권운동, 소비자보호운동, 환경보호운동 등이 있다.

4) 지역사회복지실천의 모델별 특성

지역사회복지실천의 모델별 특성을 다음과 같이 12가지 실천변수로 정리하였다.

〈표 17-1〉 지역사회복지실천의 모델별 특성

	지역사회개발	사회계획	사회행동
목표	과정목표－지역사회의 통합과 능력의 향상	과업목표－지역사회 문제의 해결	과업 및 과정목표－기본적인 제도 변화
구조와 문제 상황에 관한 전제	문제해결을 위한 민주적 능력과 기술의 결여	지역사회 내의 실재적인 제 사회문제	사회적 불공평, 박탈, 불평등
변화전략	문제의 결정·해결에 관여된 사람들의 광범위한 참여	문제에 관련된 사실 수집 가장 합리적인 방안 결정	대상 집단에 압력을 가할 행동을 위한 사람의 조직화
변화전술과 기법	합의·집단토의 집단 간의 의사소통을 가짐	합의 또는 갈등	갈등대결, 직접행동, 협상
사회복지사의 역할	조력가·조정가· 지도자	분석자·전문가 프로그램 실행 촉진자	대변자·행동가
변화의 매개체	과제지향적인 소집단 조정	전문가의 관계수립	대중조직과 정치적 과정에의 영향력 행사
권력구조에 대한 견해	공동사업의 협력자	고용자 또는 후원자	외부에 존재하는 반대세력
client체계의 범위	지리상의 전 지역사회	지리상의 전 지역사회 지역사회의 일부	지역사회의 일부

	지역사회개발	사회계획	사회행동
지역사회 내의 하위집단들의 이해관계	의견 차이의 조정가능성 동질적 하위 체계	개의치 않음 갈등적인 관계	갈등적 이익관계
공익에 대한 개념	합리주의 목적 의사주체 단일성	이상주의 목적과 의사주체 단일성	현실주의 목적과 의사주체 다양성
client의 개념	시민	소비자	희생자
client역할의 개념	참여자	소비자 혹은 수혜자	고객

4. 지역사회복지실천의 기술

지역사회복지 실천가인 사회복지사는 매우 다양한 역할을 요구받고 수행하고 있다. 본 장에서는 효과적인 지역사회복지실천을 위한 실천기술들을 간략하게 살펴보았다.

1) 옹호(대변, advocacy) 기술

옹호는 지역사회의 클라이언트나 지역주민이 부당한 처우나 서비스를 받을 경우에 그들의 이익을 대변하는 모든 활동을 말하며, 표적 집단에 대한 강력한 영향력이나 압력을 행사하는 것을 포함하는 개념으로써, 설득과 **대표행위**(representation) 등이 핵심기술이다.

Rothman과 Sager(1998)는 옹호 기술은 옹호활동의 계획, 문제의 정의, 목표의 설정, 표적 정하기, 옹호를 위한 재가(승인)의 획득, 개입수준의 결정, 개입전략의 실행, 결과의 평가 등의 과정으로 이루어진다고 하였으며, 옹호의 기술을 다음 4가지로 설명하였다.

- 사회정의를 지키고 유지하려는 목적으로 지역주민이나 지역사회의 입장에서 직접적으로 옹호, 보호, 개입, 지지를 하는 일련의 행동이다.
- 지역주민이나 지역사회를 대신하여 일을 진행하고 대변하는 것으로, 특히 그들이 취약한 상태일 때 더 적절하다.
- 많은 노력을 요구하며 크고 강력한 체계와 맞설 경우, 위험을 감수해야 한다.
- 전문직으로서 사회복지사가 생겨난 이래 취약한 상태에 처해 있는 사람들의 옹호는 사회복지사의 책임이다.

2) 임파워먼트(역량강화, empowerment) 기술

임파워먼트 기술은 다음의 2가지로 나누어 설명할 수 있다(Rubin & Rubin, 2001).

- 지역사회 또는 지역주민이 처해 있는 어려움의 해결 방법은 치료가 아니라 그들이 원하는 것을 얻을 수 있는 능력, 타인의 사고·느낌·행동에 영향을 미칠 수 있는 능력, 자원배분에 영향을 미칠 수 있는 능력 등을 뜻하는 파워를 가짐으로써 가능하다고 본다.
- 클라이언트들이 파워를 가질 수 있는 충분한 잠재능력과 강점이 있다고 보고, 지역주민이나 자기가 속한 지역사회를 긍정적으로 바라보는 시각을 가지도록 한다.

또한 클라이언트의 임파워먼트를 효과적으로 도와주기 위한 **임파워먼트의 단계**를 의식의 제고, 자기목소리 내기, 공동의제의 틀을 갖추기, 파워 키우기, 능력을 키우기, 사회적 자본의 창출의 순으로 제시하였다.

3) **조직화**(organizing) **기술**

조직화 기술은 클라이언트의 문제를 해결하기 위해 필요한 인력이나 서비스를 규합하고 나아가 조직의 목표를 달성하도록 합리적으로 운영해나가는 과정이다(최옥채, 2000). 즉, 지역주민들을 선정하여 하나의 모임을 만들고, 그 모임이 조직체계를 갖출 수 있도록 원조하는 기술을 말한다. 또한 조직화 기술은 지역사회에서 소외되고, 억압받는 사람들로 하여금 자신감을 갖게 하여 상호 관계망을 형성하고, 그들 스스로 행동에 나서도록 하는 지역사회복지실천에서 가장 기본이자 핵심적인 기술이다.

효과적인 조직화의 기술은 다음과 같다(Beckwith & Lopez, 1997 ; 김종일, 2004).

- 사적 이익에 대한 관심을 조직화에 활용한다.
- 조직화는 지속적인 관심과 노력이 요구되는 역동적인 과정이다.
- 갈등과 대립상황을 의도적으로 만든다.
- 조직화는 쟁점을 중심으로 이루어지므로 쟁점을 명확하게 한다.
- 지역사회의 불만을 공통된 불만으로 집약한다.
- 정서적인 활동을 포함한다.

4) **자원개발·동원**(resource mobilization) **기술**

자원이란 지역사회복지실천의 목적과 목표를 달성하는 데 필요하고 도움이 되는 모든 것을 말하며, 자원개발 · 동원 기술은 지역사회의 문제를 해결하기 위해, 필수적인 지역사회 내의 자원이 부족하거나 외부의 자원이 필요한 상황에서 활용된다.

지역사회복지실천에 있어서 자원은 매우 다양하나 인적 자원과 물적 자원이 가장 중요하며, 자원을 개발하고 동원하는 기술은 다음과 같다(Rubin &

Rubin, 2001).

- **인적 자원을 동원하는 기술**−기존 조직의 활용, 개별적 접촉, 기존 네트워크의 활용 등이 있다.
- **물적 자원을 동원하는 기술**−회비, 조직의 홍보와 마케팅, 외부 지원금 신청, 모금을 위한 특별 이벤트 등의 모금 방법이 있다.

5) 연계(network linkages) 기술

연계는 지역사회 내 사람들의 관계를 강화함으로써 사회적 자산을 형성하는 것이다. 사회적 연계망은 개인들 간의 접촉의 통로 또는 연결망의 역할을 한다.

지역사회 내에서 사회복지사의 연계 기술은 다음과 같다(Rubin & Rubin, 2001).

- 지역사회 또는 지역주민들이 필요한 자원이나 서비스와 연결하는 것을 돕는다.
- 지역사회의 유용한 자원에 대한 정보나 그것을 이용할 지역주민의 능력이 부족할 경우, 더 적절하다.
- 서비스의 중복을 방지하고 자원을 효과적으로 관리하기 위하여 정기적인 모임 및 회의 등을 가진다.
- 다양한 욕구를 충족시키기 위하여 패키지 서비스 또는 one-stop service가 이루어질 수 있도록 한다.

제18장 | 사회복지실천의 기록과 평가

1. 사회복지실천 기록

사회복지실천에 있어서 기록은 클라이언트의 상황을 확인, 기술(description), 사정하고, 서비스의 목적과 활동 등 서비스 전달과정을 나타내며, 클라이언트에 대한 개입의 효과성을 평가하는 것까지 포함하기 때문에 매우 중요한 역할을 한다. 기록을 통하여 더 나은 서비스가 제공될 수 있으며 사회복지사와 클라이언트가 성장하는 계기가 될 수 있다.

1) 기록의 목적과 활용도

(1) 기록의 목적

사회복지실천 기록의 일차적인 목적은 책무성, 효율성, 사적권리 등에 있다. 사회복지사는 기관, 클라이언트, 지역사회에 대한 윤리적, 법적 책무성을 가지고 자신이 전달하는 서비스를 기록하고, 설명해야 하며, 평가해야 한다.

윤현숙 등(2001)은 사회복지실천 기록의 목적에 대한 학자들의 견해를 종합하여 8가지로 정리하여 제시하였다.

① 사회복지실천 활동의 문서화

클라이언트에 대한 서비스가 시작되는 시점에서 종결되는 시점까지의 모든 것들이 기록되어야 한다. 만약 기록되어 문서화되지 않는다면, 클라이언트에게 아무것도 제공하지 않은 것으로 간주된다. 문서화된 기록은 사회복지사의 사고를 구조화하는 데 도움이 될 뿐만 아니라, 사회복지기관이 약속한 프로그램 및 서비스를 실제로 실행하고 있다는 것을 보여주며, 사회복지기관이나 프로그램에 대한 재정적 지원을 정당화해 주는 것이다.

② 효과적인 서비스를 위한 모니터

구조화된 체계적인 기록은 서비스가 진행되는 동안 클라이언트에게 제공된 서비스 활동을 점검하고 평가하고 수정하는 데 활용된다. 또한 전체적으로 살펴보면, 효과적인 서비스를 위한 점검, 평가, 수정 등을 위한 기초자료가 되며, 서비스의 효과성과 효율성, 서비스 질을 평가하는 자료가 된다.

③ 사례의 지속성 유지

기록은 담당 사회복지사의 휴가, 업무부서의 재배치, 사직, 이직 등이나 돌발적인 상황으로 인하여 다른 사회복지사가 일시적 또는 영구적으로 클라이언트를 맡게 되었을 때, 클라이언트가 다른 기관으로 의뢰되었을 때, 현재까지의 진행과정을 파악할 수 있게 해 주어 지속적인 서비스의 제공을 가능하게 해 준다.

④ 전문가 간 의사소통의 활성화

다양한 직종의 전문직이 함께 일하는 기관에서 기록은 전문적 공조체계, 즉 타 분야의 휴먼서비스 전문가들과의 **팀-접근**(team approach)을 원활하게 해 주는 도구의 역할을 한다. 팀-접근이 이루어지는 기관에서의 기록은 동일한 클라이언트에게 서비스를 제공하는 다른 전문직들에게 사회복지사의 관점에서 얻은 정보와 사회복지사의 실천 활동을 알림으로써 진정한 팀-접근에 기여하게 된다.

⑤ 수퍼비전의 활성화

사회복지실천의 기록은 학교의 담당교수 및 실습기관의 **수퍼바이저**(supervisor)가 읽어보고 사회복지를 전공하는 학생이나, 신임 사회복지사 등 **수퍼바이지**(supervisee)를 지도하는 자료로 활용된다. 또한 동시에 수퍼바이지가 클라이언트에게 제공하는 서비스의 내용 및 과정, 업무역량 등을 알고 평가하기 위한 수단으로 활용된다.

⑥ 클라이언트와의 정보공유

기록은 클라이언트와 정보를 공유하고 의사소통할 수 있는 도구가 되며, 실천과정에 적극 참여할 수 있도록 하기 위한 치료적 수단이 되기도 한다.

⑦ 행정적 자료

기록은 클라이언트의 욕구, 서비스 유형, 직무관리, 직무수행, 자원의 분배 등에 관한 행정적 결정을 내리기 위한 자료를 제공하기도 한다.

⑧ 조사연구를 위한 자료제공

사회복지 서비스를 연구하고자 하는 기관이나 연구자들에게 풍부한 자료와 정보를 제공할 수 있다.

(2) 기록의 활용도

위에서 살펴본 기록의 목적을 포함하여 다양한 **기록의 활용도**를 살펴보면 다음과 같다(Ames, 1999 ; Kagle, 1991).

- 클라이언트의 욕구를 파악하고 개입을 위한 기초자료를 얻는다.
- 사회복지기관의 서비스 수급 자격을 입증할 문서로 사용된다.
- 클라이언트와 서비스에 관한 정보의 필요 시, 이용할 수 있게 보존한다.
- 서비스를 전달하는 전문가들 사이의 공조체계를 원활히 해 준다.

- 사례의 지속성을 보장한다.
- 사회복지사의 사고(thinking)를 조직하는 데 도움을 준다.
- 클라이언트와 사회복지사 간의 정보공유를 통하여 의사소통을 촉진시킨다.
- 수퍼비전, 자문, 동료 검토를 위한 근거를 제공한다.
- 교육훈련의 자료로 사용된다.
- 연구조사의 자료로 사용된다.
- 서비스의 효율성, 효과성, 질을 평가하는 데 사용된다.
- 사회복지사와 기관이 행정절차상의 규정이나 기준들을 준수하고 있는지를 보여준다.
- 실무와 행정상의 결정을 위한 정보를 제공한다.
- 전달된 서비스에 대한 비용청구와 프로그램 실시를 위한 재원확보에 사용된다.

2) 좋은 기록과 나쁜 기록

Kagle(1991)은 사회복지실천에 있어서 좋은 기록과 나쁜 기록의 특징을 다음과 같이 제시하였다.

(1) 좋은 기록의 특징

- 서비스의 결정과 실천 행동에 초점을 둔다.
- 사정, 개입, 평가의 기초가 되는 클라이언트와 그의 상황에 관한 정보가 들어 있다.
- 각 단계의 목적, 목표, 계획, 과정 등과 진행을 포함하여 서비스 전달에 관한 정보가 들어 있다.
- 별도의 제목 하에 상황 묘사와 사회복지사의 견해가 명확하게 분리되어

있어서 읽는 사람들이 사회복지사의 관찰사항과 해석을 구분하여 이해할 수 있다.

- 구조화되어 있어서 정보를 효과적으로 문서화할 수 있고, 쉽게 찾아낼 수 있다.
- 서비스 전달이 잘 묘사되고 모든 문서가 정확하며 유용하다.
- 기록이 간결하고 구체적이며 타당하고 명확하며 논리적이고 시기적절하며 의미 있고 사실에 근거한다.
- 전문가적 윤리를 바탕으로 한다.
- 수용된 이론에 기초해 있다.
- 전문가의 견해를 담으면서도 클라이언트의 관점을 무시하지 않는다.

(2) 나쁜 기록의 특징

- 부정확한 사정, 잘못된 판단, 비윤리적 행동, 부적절한 개입을 담고 있다.
- 정보가 너무 많이 또는 너무 적게 기록되고 조직화되어 있지 않아, 필요한 사람에게 정보를 제대로 제공하지 못한다.
- 뒷받침이 되는 관찰과 평가 없이 결론을 내려 기록상 과잉 단순화가 나타난다.
- 초점이 없고 모호하며, 편견에 치우쳐 있고 추리에 의존하며, 정확하지 않다.
- 맞춤법상의 오류가 있다.
- 반복된 표현, 장황한 표현, 진부한 용어를 사용한다.
- 의미가 없고, 비판적이며, 과장되게 표현한다.
- 클라이언트와 상황에 대한 독단적인 견해의 표현, 특히 클라이언트에 대한 비난 또는 부정적인 낙인을 붙인다.
- 행위자가 식별되지 않는 수동태 문장으로 표현한다.

3) 기록의 유형

기록은 사례의 종류, 기관의 기능, 사회복지실천상의 실제적 조건, 기록을 활용하는 사람의 취향 등에 따라 유형이 달라질 수 있다. 어떤 유형의 기록을 취하든 간에 모든 사례 기록은 다음과 같은 내용을 포함하여야 한다. 즉, 클라이언트가 요청하는 문제의 성격, 클라이언트가 자신의 문제 상황에 대해 무엇을 생각하고 어떻게 느끼고 있는가? 또는 과거에 원조를 받은 경험이 있는가? 등의 여부, 문제에 대한 사회복지사의 생각, 클라이언트와 관계 있는 가족, 집단, 지역사회의 조건 등을 명확히 기록해야 된다.

사회복지실천에 있어서 대표적인 기록의 유형들을 다음과 같이 살펴보았다(김혜란 외, 2006 ; 윤현숙 외, 2001 ; Johnson, 1995 ; Kagle, 1991 ; Sheafor, et al., 1997).

(1) 최소 기본 기록

최소 기본 기록(minimum basic recording)은 가장 단순하고 경제적인 기록 양식이다. 이 기록 유형은 먼저 기본적인 신상 정보, 즉 클라이언트의 이름, 주소, 전화번호, 직업과 수입, 그리고 가족이나 친척의 주소와 전화번호를 포함한다. 그리고 면담 날짜와 주요한 클라이언트 문제, 목적, 개입계획, 클라이언트의 반응, 탐색이 필요한 영역, 필요한 자원, 클라이언트를 위해 필요한 행동, 종결 상태를 기록한다.

(2) 이야기체 기록

이야기체 기록(narrative recording)은 오래된 기록의 형태로 일기형식으로 기록한 것이다. 즉 사회복지사에 의해 취해진 단계적인 기술이다. 사례가 장기간 계속될 경우에는 일어난 일들을 요약한 부분도 있다. 이야기체 기록은 서비스가 개인, 부부, 가족, 집단 등 어느 누구에게 전달되든지 상관없이 개별화된 서비스를 문서화하는 양식으로, 클라이언트 및 그의 상황과 서비스 교류의 특수한 본질을 반영할 수 있어서 사회복지실천을 문서화하는 데 특히 적합하다.

이야기체 기록은 중요하다고 간주되는 모든 것을 기록할 수 있는 융통성이 있는 **장점**을 가지고 있는 반면, 시간이 많이 소모되고, 지나치게 길며, 내용을 지나치게 단순화해서 초점이 모호할 수 있고, 정보를 쉽게 복구할 수 없다는 **단점**이 있다.

이야기체 기록의 질은 제공된 서비스의 질보다 사회복지사의 문장력이나 기록에 투여된 시간에 의해 좌우될 수 있어 사회복지사는 사건이 있을 때마다 가능한 한 즉시 기록하여 정확도와 신뢰도를 확보하여야 한다.

(3) 요약 기록

요약 기록(summary recording)은 사실별, 인물별 등을 표제별로 요약 · 기술하는 것으로서 요약을 사용할 때에는 자료의 출처를 밝혀야 한다. 요약은 사례의 중요한 부분을 집약한 것이어야 한다. 그리고 요약 기록은 기록의 분량을 절약하며, 사례의 진행방향을 명확하게 하여 사회복지사의 시간을 절약하게 해 준다.

요약 기록은 사회복지기관에서 가장 많이 사용되며, 사례의 전체적 자료, 사회조사, 행동계획, 시간의 흐름에 따라 변화된 상황, 개입활동, 중요한 정보 등을 요약하여 기록하는 것이다. 요약 기록은 개입과정의 단계별로 요약을 해 두는 것이 좋다. 첫 번째 요약은 문제가 규정되고, 목적이 설정되고, 계획이 성립되었을 때 하는 것이 좋다. 그 다음 개입과정 동안에 한두 번 요약을 하고 종료상태에서 마무리 요약을 해야 한다.

요약 기록의 **장점**은 복잡한 사례의 움직임에서 사례의 통일성과 방향을 정확하게 간추림으로써 사례 기록의 내용을 강조하는 점이라고 한다. 이에 반해 요약 기록의 **단점**은 제한적이고 불투명하므로 시간의 흐름에 따라 현상을 기록해야 한다는 주장도 있다.

(4) 문제중심 기록

문제중심 기록(POR, problem-oriented recording)은 정신보건현장 또는 보건, 의료기관의 프로그램에서 많이 사용되는 기록 형식이며 사회복지기관에서도 널리 사용되고 있다. 문제중심 기록은 4가지 요소로 구성되며, 이 요소들은 문제해결과정의 기본적 단계와 관련이 있다.

- 데이터베이스 구축으로 접수단계 동안 수집한 정보, 즉 나이, 성별, 결혼관계 등, 클라이언트와의 면담에 관련된 기본적 자료들에 대한 기록이다.
- 초기단계에서 클라이언트와 클라이언트와 관련된 사람들, 그리고 사회복지사가 확인한 문제가 문제 목록이 된다. 문제 목록은 사례 계획과 개입의 초점을 제공하게 된다.
- 각 문제에 대한 목표와 계획의 기록이다.
- 사회복지활동을 통해 달성된 것, 즉 결과에 대한 진행기록, 계획의 실행 등을 기록한다.

문제중심 기록은 개입 시작부터 클라이언트의 조건을 분명하게 보여 주고, 계획을 기록하고, 무엇이 수행되고, 클라이언트가 어떻게 반응하는지를 서술하며, 종결단계에서는 클라이언트의 상황을 서술하게 되는 기록 방법으로서, 초점을 극대화하고 효율성을 향상시킨다.

문제중심 기록은 기록을 조직화하는 데 간소한 양식을 제공하고, 문제해결의 진행상황에 대한 모니터링과 사후지도를 쉽게 할 수 있도록 하는 **장점**이 있다. 그러나 문제의 사정이 부분적이거나 지나치게 단순하며, 클라이언트의 장점과 자원을 중요시하지 않고, 심리사회적인 관심보다는 의학적 관심에 초점을 맞추고 있으며, 서비스 전달의 복잡성을 간과하는 경향이 있는 등의 **단점**이 있다(Kagle, 1991).

문제중심 기록은 **SOAP 방식**을 사용하며 행동계획을 설명하는 데 도움이 된다. **주관적 정보**(S, Subjective Information)는 클라이언트가 상황을 어떻게 느끼고 있는가를 나타낸다. 클라이언트의 자기보고에서 나오며, 따라서 독립적이거나 외적 타당도는 없다. **객관적 정보**(O, Objective Information)는 사회복지사의 직접적 관찰, 임상적 실험, 체계적 자료 수집 등에 의한다. 주관적 정보와 비교하여 보면, 이 자료는 독립적으로 검증될 수 있다. **사정**(A, Assessment)은 주관적·객관적 정보의 검토를 통한 사회복지사의 문제에 대한 개념화와 결론을 말한다. **계획**(P, Plan)은 사회복지사가 특정한 문제를 제기하거나 해결하는 방법을 말한다. 문제중심 기록은 SOAP 방식을 필요로 하지만 SOAP 방식은 문제중심 기록과는 독립적으로 사용할 수 있다.

(5) 과정 기록

과정 기록(Process Recording)이란 사회복지사와 클라이언트가 면담 전개 과정을 시간적 흐름에 따라 기술하는 방법이다. 구체적으로 사회복지사가 어떻게 말했으며 이에 반해 클라이언트는 어떤 태도로 어떻게 반응했는가?, 그것을 사회복지사가 어떻게 해석했으며 어떻게 반응했는가? 등과 같이 면담이 진행되는 과정을 단순한 문답체로 기록하는 것이 아니고 사회복지사가 자신의 판단이나 해석을 해가면서 기록하는 방식으로서, 원조과정이나 클라이언트와 사회복지사의 상호작용과정을 있는 그대로 세밀하게 기록하는 방법이다.

과정 기록의 **장점**은 사회복지사가 자신의 실천행동과 결정을 분석하도록 고취시키므로 사회복지사와 클라이언트체계 사이에서 일어나는 활동을 개념화하고 조직화하도록 하며, 면접이나 개입의 목적을 명료화시키고, 사례에 대한 개입기술능력을 향상시키는 데 도움이 된다는 점이다. 또한 과정 기록의 **단점**은 서비스 상호교류에서 실제로 일어났던 일에 대해서 직접적이고 불완전하며, 왜곡된 정보를 제공할 수 있고 시간이 많이 소모되기 때문에, 기관에서 사용하기에는 비효율적인 면이 있다는 것이다.

과정 기록은 면담 후 사회복지사가 모든 과정을 기억하여 기록해야 되므로 기록의 유용성은 사회복지사의 기억력에 달려 있다고 할 수 있다. 따라서 시간의 소모는 많지만 사회복지사가 객관적으로 면접상황을 기억해내어 지도감독에 활용한다면 면담기술의 발달에 매우 유용하게 사용될 수 있는 기록방법이다.

4) 기록의 내용

사회복지기관마다 클라이언트와 클라이언트의 문제 유형, 그리고 서비스에서의 강조점과 서비스 전달방식이 다르며, 기록하는 방법이 다양하기 때문에, 기록은 그 유형이나 내용 면에서 매우 다양하다. 그러나 사회복지실천의 기록은 클라이언트와 그의 상황에 대해서 얻을 수 있는 모든 정보를 저장해 두어야 하는 것으로, 클라이언트에 관한 기록이 아니라 서비스에 관한 기록이어야 한다(Kagle, 1991). 즉, 내담자에게 서비스를 제공하는 과정에서 취해진 전문적 의사결정과 그 과정, 근거, 서비스의 내용, 결과를 기록하는 것 등 서비스 중심의 기록이어야 한다는 것이다.

(1) 사회복지실천의 단계별 기록의 내용

사회복지실천의 단계별로 기록의 내용을 살펴보았다(윤현숙 외, 2001 ; Kagle, 1991).

① 탐색단계

• **클라이언트의 특성**－클라이언트의 인구학적인 특성인 이름, 주소, 생년

월일, 성, 교육수준, 가족구성, 직업, 수입, 종교, 결혼상태 등을 기록한다.

- **서비스를 개시하는 이유**－클라이언트가 의뢰된 경로, 현재의 문제에 대한 인식 등을 기록한다.
- **현재와 과거의 내담자 및 상황에 대한 서술(사회력)**－클라이언트의 문제를 역사적, 생태학적 맥락에서 이해하기 위하여 현재 클라이언트의 상황을 이해하는 데 적절한 정보 등을 기록한다.
- **자원과 제약**－클라이언트의 문제해결을 위하여 필요로 하는 이용 가능한 자원과 사회복지 서비스, 그리고 자원의 부적합 요인과 장애 요인과 같은 자원 활용에 대한 제약 등을 기록한다.
- **사정**－클라이언트의 현재 상황, 문제의 원인과 개입계획에 대한 사회복지사의 소견과 사정 등을 기록한다.

② 형성단계

- **서비스에 영향을 미치는 결정**－클라이언트에게 제공되는 사회복지 서비스에 영향을 미치는 중요한 결정과 그 정당성 등을 기록한다.
- **서비스의 목적**－사회복지실천을 통해서 무엇을 달성할 것인가를 구체적이고 명확하게 기록한다.
- **서비스의 계획**－어떻게 사회복지실천의 목표를 달성할 것인지를 기록한다.
- **서비스의 특성**－행정적 처리나 조사연구를 위한 구조화된 기록으로써, 사회복지 서비스의 특성을 기관별로 표준화된 기록양식에 따라 기록한다.

③ 실행단계

- **중간노트(midterm notes)**－계획된 사회복지 서비스가 시작되면, 클라이언트의 상황과 제공된 사회복지 서비스에 대해 정기적으로 사정하고 기록한다. 그 내용은 클라이언트의 상황과 변화내용, 그에 대한 사정, 사회복

지 서비스 활동과 내용, 중요한 사건의 보고, 사회복지 서비스의 목적, 계획, 과정, 진행에 대한 사정, 사회복지 서비스의 목적이나 계획의 변화 등이다.

- **서비스 재검토**－사회복지 서비스의 결정과 활동에 대한 공식적인 재평가를 기록한다. 일반적으로 날짜, 참여자, 제안내용, 결정내용 등이 기록되며, 사회복지 서비스의 목적과 계획에 새로운 제안과 결정을 반영하여 수정할 수도 있다.

④ 종결단계

- **서비스 종결의 방법과 사유**－사회복지실천의 책무성과 평가, 향후의 계획을 위해 사회복지 서비스의 종결 이유와 방법을 기록한다.
- **서비스 활동과 결과에 대한 요약(종결요약)**－사회복지 서비스의 개괄적인 서술, 서비스 개시 이유, 서비스 진행 동안의 클라이언트와 그 상황, 서비스의 목적, 계획과 과정, 중요한 사건, 종결 시의 클라이언트 및 클라이언트의 상황, 서비스에 대한 평가, 향후 서비스와 사후검토를 위한 제안 등을 기록한다.
- **사후지도(follow-up)**－서비스 종결 이후에도 클라이언트가 달성한 변화의 지속적인 유지를 위한 사후지도가 필요하며, 클라이언트의 현재 상황 및 상태, 향후 서비스에 대한 제안, 클라이언트와 관련한 모든 행동에 대한 정보 등을 기록한다.

(2) 사회력

위에서 살펴본 사회복지실천의 탐색단계에서 기록해야 할 내용으로 현재와 과거의 내담자 및 상황에 대한 서술로서 사회력을 다루었지만, 그 내용이 방대하고 중요하여 구체적으로 살펴보고자 한다.

사회력이란 클라이언트의 가족과 사회경제적 배경 및 적절한 발달 경험을 설명하는 것으로, 과거와 현재의 클라이언트 상황에 대한 깊이 있는 설명과 사정을 말한다(Barker, 1995). 또한 사회력에는 다른 전문직과는 다른 사회복지학적인 접근의 특성이 반영되는데, 주로 클라이언트의 사회적 기능 수행, 즉 클라이언트의 기능과 상황의 사회적·관계적·상호작용적 측면에 초점을 둔다.

① 사회력이 중요한 이유(Kagle, 1991)

- 문제원인과 해결에 필요한 자원을 찾는다.
- 클라이언트의 욕구와 결핍의 내용뿐 아니라 강점과 대처능력을 알 수 있다.
- 클라이언트에게 가장 적합한 서비스나 프로그램을 결정하는 데 도움이 된다.
- 클라이언트, 가족, 중요한 사람들에게 '이야기할' 기회를 제공해 각자의 경험을 재검토하고 공유할 수 있도록 한다.
- 다른 서비스 제공자에게 사회복지실천의 관점을 알려준다.
- 서비스 전달과 관련이 있는 결정사항과 활동의 근거를 문서화한다.

② 사회력의 내용(Sheafor, Horejsi & Horejsi, 1997)

- 클라이언트의 가족배경과 현재 가족의 구성－가족력
- 신체적 기능, 건강상태, 장애, 영양, 의료상태
- 교육적 배경, 최종학력, 지적 기능
- 심리적, 정서적 기능
- 종교와 영성
- 대인관계, 사회적 관계, 중요한 타인과의 관계
- 고용, 소득, 작업환경, 기술

- 강점, 대처방식, 문제해결 능력
- 주택, 지역사회, 이웃, 교통수단
- 현재와 최근의 지역사회와 전문적 서비스의 이용

(3) 기록과 클라이언트의 사생활 보호

클라이언트는 서비스를 구하고 받는 동안 본인, 환경, 대인관계에 관한 정보를 전달해야 하고 이 정보는 기록의 핵심이 된다. 이런 정보에 대한 폭넓은 접근은 클라이언트의 사생활을 침해할 가능성을 높이기 때문에 사회복지사와 기관은 클라이언트의 사생활을 보호하기 위하여 기록에 포함될 정보의 유형을 정하고 그 기록의 보관, 공개과정 등에 대한 규정을 두어야 한다.

클라이언트의 사생활을 보호하기 위한 지침은 다음과 같다(Hepworth, Rooney & Larsen, 1997 ; Kagle, 1991).

- 서비스 제공에 필요하거나 서비스 전달 및 평가와 관련된 것만 기록한다.
- 클라이언트의 사적인 생활이나 비밀스런 행동 등 민감한 정보는 자세하게 기록하지 않으며 일반적인 용어로 기술한다.
- 정확한 것으로 입증된 정보만 기록하고, 부정확한 것으로 확인되면 삭제하거나 이전에 기록된 정보가 정확치 않음을 추가로 기입한다.
- 사례 기록은 반드시 잠금장치가 되어 있는 곳에 보관하고, 기록파일을 자주 이용해야 하는 허가 받은 전문가만이 잠금장치를 열 수 있도록 한다.
- 특별히 허가된 예외적인 경우를 제외하고는 기록파일 자체를 기관 외부로 내보내지 않는다.
- 면담 중이나 회의 중에 사례 기록을 방치해 두거나 일과 중에 책상 위에 펼쳐두어 아무나 볼 수 있게 해서는 안 되며, 하루일과를 마치면 기록을 제대로 보관하고 퇴근해야 한다.
- 전산화된 기록은 암호장치를 두어 합법적 권한을 가진 사람만이 접근하

도록 해야 한다.

- 사회복지기관은 외부기관이나 개인에게 정보를 제공하는 절차에 대해 규칙을 갖고 있어야 하며, 기관의 절차를 사회복지사가 잘 지킬 수 있도록 지도 · 감독하여야 한다.

2. 사회복지실천 평가

사회복지실천에서의 평가는 사회복지실천의 효과성과 효율성을 측정하거나 검증하여 객관성을 확보하려는 것이다. 또한 사회복지실천의 평가를 통하여 서비스나 프로그램을 계획하고 운영하는 데 필요한 정보를 얻을 수 있고, 영향요인들을 파악할 수 있다. 사회복지실천에서 평가는 필수적인 것이며, 사회복지실천의 책임성의 측면에서도 중요시되고 있다.

1) 사회복지실천 평가의 개념

사회복지실천 평가는 클라이언트와 사회복지사가 결정한 목적과 목표가 계획대로 수행이 되었는지, 목표한 것이 실제로 이루어졌는지를 객관적이고 과학적인 방법으로 알아보는 것이다(Johnson & Yanca, 2007 ; 이신영 외, 2012 재인용). 좀 더 구체적으로 살펴보면, 사회복지실천 평가는 서비스 욕구를 지닌 클라이언트에게 정확한 서비스가 효율적으로 이루어지고 있는지를 알아보기 위해 실천의 효율성과 효과성, 클라이언트의 변화정도를 평가하는 것을 의미한다(양정남 외, 2012).

사회복지사는 개입의 목적과 목표를 분명히 하지 않고서는 그 개입이 성공적인 것인지를 평가하는 것은 불가능하기 때문에, 언제나 목적과 목표를 분명히 하여 개입을 시작해야 할 것이다. 또한 **평가**(evaluation)는 사회복지실천에서 사용되는 실천 또는 개입의 결과를 사정하기 위한 기술(Zastrow, 1999)로서 평가의 결과에 따라 프로그램을 중단, 축소 또는 수정할 것인가, 아니면 계속할 것인가 또는 보완, 확대할 것인가를 결정을 내릴 수 있다(전재일 외, 2010).

2) 사회복지실천 평가의 필요성 및 유용성

사회복지실천에서 평가가 필요하고 유용한 이유는 다음과 같다(권향임, 2006 ; 양정남 외, 2012).

(1) 전문직으로서의 책임

사회복지사가 책임감 있는 실천을 하기 위해서는 평가가 필수적인 과정이며, 사회복지사가 자신이 제공하는 전문적인 서비스, 정책, 프로그램 등에 대한 효과성을 측정하는 것은 전문적으로서의 사회복지사, 클라이언트, 동료사회복지사, 자금제공자, 다른 휴먼서비스 전문가, 정책 담당자 등에게도 중요한 의미를 갖는다. 따라서 사회복지사는 전문가로서 그 전문성과 책임성을 객관적으로 인정받을 수 있도록 평가를 통하여 검증받아야 한다.

(2) 사회복지실천의 지침 제공

사회복지사가 수행하는 객관적이고 과학적인 평가는 사회복지사들의 실천활동에 있어서 지침(준거틀)이 된다. 따라서 사회복지사들은 객관적이고 과학적인 평가 기법을 활용하여 평가하고, 이를 통해서 실천방법을 개선해야 한다.

(3) 실천에 활용 가능한 지식의 구축

사회복지실천의 평가는 추상적인 개념과 이론을 구체화하고, 새로운 개념을 제공한다. 또한 사회복지실천 방법과 기술에 대한 신뢰할 만한 정보를 제공하며, 사회복지사의 역량을 강화시켜 줄 것이다. 따라서 사회복지실천 평가는 사회복지사들의 전문지식 개발과 향상에 필수적이다.

(4) 사회복지실천 현장의 피드백

사회복지실천 현장에서는 클라이언트가 가지고 있는 특정 문제에 대한 효과적인 실천방법이나 기법을 개발하고 평가하는 실증적인 연구가 필요하다. 또한 클라이언트에 대한 실천계획을 변경하거나 서비스의 종결을 결정할 때에도 평가는 중요한 역할을 한다. 따라서 사회복지실천 평가는 사회복지사가 자신이 실천한 내용을 객관적이고 과학적인 방법에 의해 평가해봄으로써 되돌아볼 기회를 갖게 되며, 평가 결과를 근거로 최선의 서비스를 선택하여 클라이언트에게 제공할 의무가 있다.

3) 사회복지실천 평가의 유형

사회복지에서의 평가란 사회복지 프로그램 혹은 기관의 계획, 수행 등 포괄적인 활동들을 체계적으로 판단하는 것(Rossi & Freeman, 1993)을 의미하지만, 사회복지실천의 평가는 개인, 가족, 집단에 대한 사회복지사의 실천 활동의 평가에 초점을 두고 있다.

윤현숙 등(2001)은 사회복지실천의 평가 유형을 다음과 같이 제시하였다.

(1) 양적평가와 질적평가

평가되는 자료의 속성에 따라 분류하는 것으로, **양적평가**(quantitative evaluation)는 그 속성이 계량화가 가능한 자료에 대한 평가로서 많은 사례를 대상으로 평가할 수 있다. 반면, **질적평가**(qualitative evaluation)는 그 속성이 계량화가 곤란한 자료의 평가로서, 나타나는 현상의 정도와 수준을 평가하는 것으로 소수의 사례를 대상으로 하며, 상황적이고 맥락적이며 해석적인 특성을 가진다.

(2) 형성평가와 총괄평가

평가의 시점에 따라 분류하는 것으로, **형성평가**(formative evaluation)는 사회복지사의 실천 과정을 평가하는 것이고, **총괄평가**(summative evaluation)는 실천의 성과나 효과를 평가하는 것이다. 또한 사회복지실천에서 총괄평가란 사회복지사의 다양한 실천방법의 효과성과 효율성을 평가하는 것이며, 효과성은 실천 목표의 달성 정도로 알 수 있고, 효율성은 목표달성에 투입된 자원에 따른 성과비율의 높고 낮음을 통하여 알 수 있다. 따라서 사회복지실천에서는 실천의 효과성은 높아도 효율성은 낮게 평가될 수 있다.

(3) 결과평가와 평가적 연구

총괄평가의 방법에 따라 분류하는 것으로, **결과평가**(outcome evaluation)는 의도된 결과의 성취 정도를 밝히는 것이다. 즉, 실천의 결과를 평가하는 것이고, 엄격한 평가기준을 요구하지 않기 때문에 비교적 평가 수행이 쉽다. 그러나 실천의 결과에 영향을 주었다고 판단할 수 있는 인과적인 자료를 얻을 수는 없다. **평가적 연구**(evaluative research)는 사회복지사의 실천으로 결과가 성취된 것인가를 밝히기 위해 실천과 결과의 인과적인 관계를 파악하는 것으로, 전통적인 실험통제연구와 유사하다고 볼 수 있다.

(4) 실천평가와 프로그램 평가

개입대상에 따라 분류하는 것으로, **실천평가**(practice evaluation)는 사회복지사의 실천 노력을 평가하는 것이고, **프로그램 평가**(program evaluation)는 프로그램의 효과성과 효율성을 평가하는 것이다. 또한 클라이언트나 지역사회를 위해 프로그램을 검토하거나, 그 기능을 변화시키고자 하는 목적을 지닌 평가는 **과정평가**이며, 목표의 달성 여부를 보고하기 위한 평가는 **결과평가**이다.

4) 사회복지실천 평가의 한계

사회복지실천의 평가의 필요성과 유용성에도 불구하고, 평가와 그 결과들이 오용되어지거나 잘못 해석될 수 있는 가능성이 존재 한다. Kirst-Ashman과 Hull Jr.(2001)는 사회복지실천 평가의 한계를 다음과 같이 제시하였다(이미선 외, 2012).

- 일반화의 문제
- 평가 도구의 잘못된 선택
- 평가 과정에서 클라이언트의 배제
- 평가 및 평가 결과에 대한 서비스 제공자들의 불신
- 평가 과정이 서비스 제공을 방해
- 프로그램 성과에 대한 대안적 설명
- 예측하지 못한 결과

이러한 평가의 한계를 극복하기 위해서는 사회복지사들의 전문적인 지식과 기술 개발의 필요성과 서비스의 효과성을 입증하기 위한 평가·설계의 중요성을 일깨워 주고, 사회복지실천의 현장에서 적용할 수 있는 프로그램의 검증된 평가 및 그 결과가 널리 알려져야 한다.

부록 1 | 가계도

사회복지사가 한 개인이나 가족을 돕는 상황에서는 그 개인이 속한 제일 기본단위인 가족에 대한 배경을 반드시 파악해야 한다. 이러한 가족 이해에 대한 기본 틀이 가계도이다.

가계도(genograms)는 Bowen(1978)의 다세대 가족체계이론에 근거한 사정 도구로서, 3세대 이상에 걸친 가족 성원에 관한 정보와 그들 간의 관계를 도표로 기록・작성하는 방법이며, 가족 내 역동을 이해하거나 가족이 여러 세대에 걸쳐 발전시켜 온 가족역할, 유형, 관계 등을 가족과 함께 비위협적이고 상호적인 방법으로 살펴보기 위한 도구로 사용된다.

또한 가족의 구조나 이름, 생년월일 등과 같은 일반적 정보뿐만 아니라 좀 더 복잡한 정보, 즉 가족관계, 결혼이나 별거, 이혼, 질병, 사망 등과 같은 중요한 생활사건 등을 상세히 나타낼 수 있으며 또 쉽게 이해할 수 있도록 하는 일종의 도식화라고 할 수 있다.

따라서 가계도를 그려 보는 것은 그 가족의 가족문제에 기여하는 주요 요인과 가족패턴을 알 수 있어 가족 전체에 대한 이해와 통찰력의 향상을 꾀할 수 있다.

1) 가계도가 주는 장점

- 사회복지사는 클라이언트에 관한 많은 정보를 한눈에 신속히 파악할 수 있다.

- 클라이언트의 문제가 원가족과 어떻게 관련이 되어 있는지를 진단할 수 있어 개입의 목표나 방향을 설정하기에 용이하다.
- 클라이언트는 가계도를 통해 자신과 자신의 가족의 관계를 인식하여 문제를 좀 더 명확하게 직시할 수 있다.
- 이러한 과정을 통해 문제에 대한 배경을 파악할 수 있으며, 이는 문제 상황을 좀 더 쉽게 완화할 수 있어 문제해결에 도움이 된다.

2) 가계도 작성 시 유의점

- 개입의 초기에 이루어지는 과제이므로 모든 가족 성원이 참여하도록 해야 한다.
- 사회복지사는 클라이언트와 가족이 가계도 작성을 부담스럽게 느끼지 않도록 재치를 발휘해야 한다.
- 사회복지사는 클라이언트와 가족이 가계도를 그린 후, 가족에 대한 각자의 의견과 느낌을 공유하도록 해야 한다.

3) 가계도 작성법

첫째, 가족의 구조를 도식화한다. 즉, 각자의 가족 성원이 한 세대에서 다음 세대까지 생물학적, 법적으로 어떻게 관련되어 있는지를 도표로 묘사한다.

둘째, 가족 성원에 대한 정보를 기록한다.

- 가족 성원의 이력－연령, 출생 및 사망시기, 형제서열, 결혼상태, 직업, 교육수준 등
- 가족역할－가족 성원 각자의 신체, 정서, 행동에 관한 객관적 정보 등
- 중요한 생활상의 사건－과도기, 인간관계의 변화, 이사, 상실과 성공 등

셋째, 가족관계를 기록한다. 가족이 진술한 내용과 사회복지사의 관찰에 근거하여 가족 성원의 관계를 다양한 기호로 표현한다.

가족구조의 기호

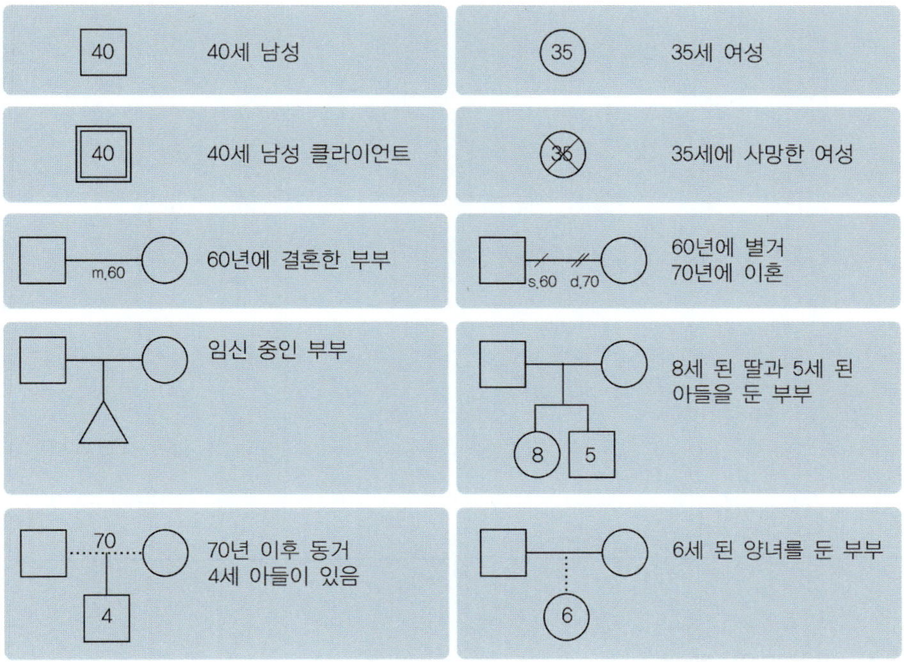

가계도를 체계화시켜 사정도구로 정립한 McGoldrick과 Gerson(1985)의 가족구조의 기호.

가족관계의 기호

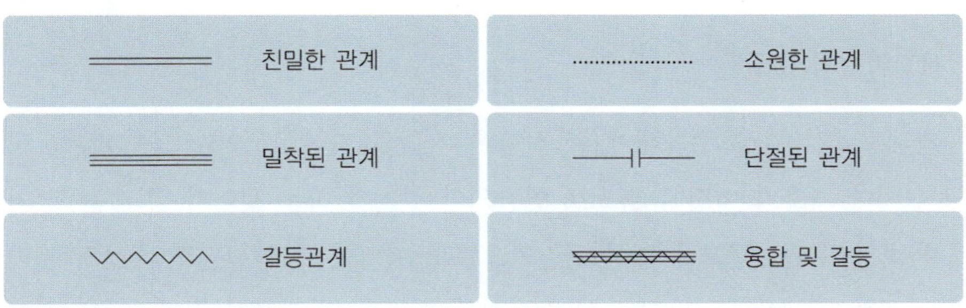

가족관계 또는 상호작용을 나타내는 기호는 선택적으로 사용될 수 있으며, 별도의 용지에 기술할 수도 있음.

가계도 작성의 실습: 자신의 가족을 대상으로 가계도를 작성해 보시오.

4) 가계도의 해석

윤현숙 등(2001)은 가계도를 해석하는 기본 틀을 다음과 같이 제시했다.

(1) 가족의 구조

가계도에서 가장 주목해야 할 사항은 가족의 기본구조이다. 즉, 가계도상의 선이나 기호가 어떤 유형으로 연결되어 있는가 하는 것이다. 형제순위, 가족형상 등의 관계구조에 대한 관찰만으로도 어떠한 주제나 역할 혹은 관계에 대한 가설을 세울 수 있으며, 이것은 가족에 관한 더 상세한 정보를 수집함으로써 검증할 수 있다.

(2) 생활주기의 적합성

한 가족이 적응하고 있는 생활주기의 변천에 관하여 이해하는 것이다. 가계도상의 연령과 시기를 고려하여 보면 생활주기 사건이 정상범위 내에서 일어나고 있는지 어떤지를 알 수 있다. 정상범위에서 벗어나는 경우는 그 가족이 그러한 생활주기 단계에 적응하기 위하여 어떤 곤란을 경험했는지를 탐색해야만 한다.

(3) 세대를 통하여 반복되는 유형

가족유형이 세대에서 세대로 전달될 가능성이 있으므로 가계도를 통해서 여러 세대에 걸쳐서 반복된 유형을 조사해야 한다. 즉, 가계도상의 기능, 관계, 가족구조 유형의 반복이 보인다면 그 유형은 과거만의 것이 아니라 현재와 미래에도 계속된다는 것을 생각해야만 한다. 이러한 유형을 인식시킴으로써 가족 성원은 유형을 바꾸기 쉽게 된다.

(4) 인생의 중대사와 가족의 역할

인생의 중대사와 가족의 역할변화가 어떻게 서로 관련되어 있는지를 이해하는 것이다. 가족역사에서 중대사가 언제 일어났는지는 가계도에 기록되어 있다.

(5) 삼각관계 유형

가족에게서 나타나는 관계유형으로는 친밀, 융합, 적대, 갈등, 소원, 단절 등의 특징이 있다. 가족관계만큼 복잡한 것은 없다. 더구나 관계는 시간에 따라 변한다. 그러나 아무리 복잡해도 가계도가 있으면 관계유형을 좀 더 깊이 있게 연구할 수 있다. 탈삼각관계화는 중요한 임상적 관점으로서, 가족 성원이 경직된 삼각관계 유형에서 자신을 해방시키도록 지도받는 중요한 과정이다.

(6) 가족의 균형과 불균형

가계도의 자료에 의해서 더 추상적인 수준에서 분석을 하는 것인데, 이것은 이전에 언급된 여러 원칙들과 중복되고 있다. 즉, 모든 가족유형의 균형을 분명히 함으로써 체계에 부담을 주고 있다고 생각되는 불균형에 가족이 어떻게 대처하는지에 대한 가설을 세울 수가 있다.

이상과 같은 해석의 틀을 가지고 가계도를 검토하면 문제의 사정이 용이할 뿐 아니라, 가족문제해결에 대한 가설을 세울 수가 있다. 이는 곧 사회복지실천의 개입계획이 가능해지며 문제해결로 연결된다.

부록 2 | 생태도

Hartman(1978)에 의해 개발된 것으로서, 가족과 그 가족의 생활공간 내에 있는 사람 및 환경 또는 자원 간의 연계 등을 하나의 그림으로 그려 나타내는 것이다. 생태도(ecomap)는 가족과 환경체계들과의 관계를 이해하기 위한 도구로서 가족과 체계 간의 자원교환, 에너지의 흐름, 스트레스와 관련된 자료, 중재되어야 할 갈등, 메워야 할 거리감, 활성화되어야 할 자원 등을 시각적으로 나타낸다. 가계도가 가족의 내적 역동을 잘 나타낸다면, 생태도는 가족의 외부 환경과의 관계에서 발생하는 역동을 잘 나타낸다. 실천의 현장에서는 가계도가 포함되는 **생태체계도**가 많이 활용된다.

사회복지사는 가족과 함께 생태도를 작성하고 가족이 먼저 분석하도록 격려해야 한다. 사회복지사가 분석할 때에는 가족의 피드백을 구하고, 가족의 결핍, 문제보다는 강점을 먼저 언급할 필요가 있다.

1) 생태도의 장점

- 클라이언트의 가족생활과 그 관계의 본질에 대한 전체적 시각 또는 생태학적 시각을 갖도록 한다.
- 결혼, 가족상담, 입양과 위탁가정 연구 등 다양한 사회복지실천의 상황에 활용 가능하다.
- 전통적 사회력과 사례 기록을 보완한다.

• 사회복지사와 클라이언트가 문제에 대한 통찰력을 얻도록 하고, 문제해결을 위한 자원체계의 파악, 건설적 변화를 잘 모색하게 한다.

2) 생태도의 작성

생태도의 기호

△	연령, 성별 미확인
━━━━━━	강한 관계
┼┼┼┼┼┼┼┼	긴장 및 갈등관계
··············	소원한 관계
──────→	에너지의 흐름 방향
──────	약한 관계

가계도와 동일하게 사용되는 기호는 일부 제외.

• 백지의 중앙에 가족체계를 상징하는 큰 원을 그린다.
• 큰 원 안에 간단한 가계도를 그린다(생태체계도).
• 큰 원 주위에 가족 성원 또는 가족체계에 영향을 미치는 주변 환경체계들을 그린다.
• 가족체계와 주변 환경체계들과의 교류상황 그리고 외부 환경체계 간의 교류상황을 파악하여 생태도의 기호에 따라 선으로 그린다.
• 선 옆에 간단한 설명을 적을 수도 있다.

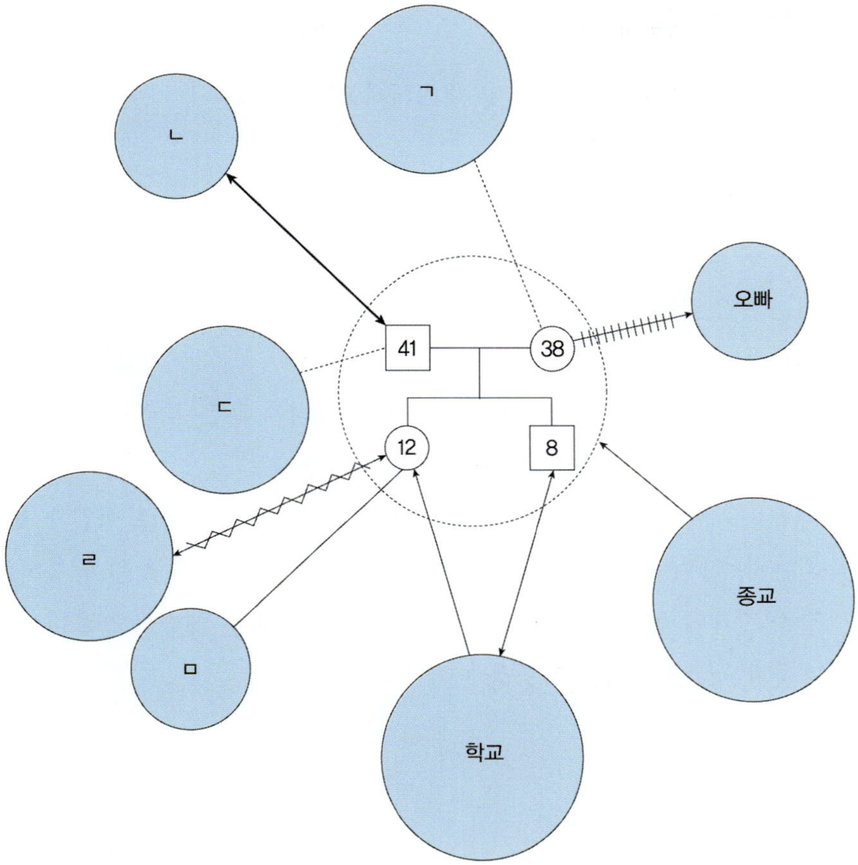

1. 중앙의 점선으로 된 원 안에 가계도를 그린 후, 각 개인과 자원의 상호작용과 영향력을 그린다.
2. 원의 크기는 영향을 미치는 자원의 정도를 나타낸다.
3. 원이 가계도를 중심으로 가까울수록 가까운 관계라는 것을 나타낸다.
4. 선의 굵기는 영향력의 크고 작음을 나타낸다.
5. 화살표의 방향은 에너지의 흐름을 나타낸다.

생태체계도 그리는 방법

3) 생태체계도의 분석

사회복지사와 가족은 생태도 및 생태체계도를 다음의 세 차원에서 분석한다(김혜란 외, 2006).

- 생태학적 환경에서 가족을 전체적으로 이해한다. 즉, 가족이 이용할 수 있는 주요 자원은 무엇인지, 전혀 없거나 있지만 부족한 자원들이나 지지는 무엇인지, 가족과 환경체계 간의 관계의 본질은 무엇인지 등을 이해한다.
- 가족과 환경과의 경계에 대해 이해한다. 에너지 혹은 투입과 산출의 방향은 쌍방적인지, 일방적인지에 대해 이해한다.
- 가족 내부에 대해 이해한다. 가족 성원이 외부체계와 서로 어떻게 연결되는지, 한두 성원이 환경으로부터 단절되어 있는지, 한 성원이 특히 긴장적 관계에 놓여 있지는 않은지, 가족이 함께 또는 개별적으로 다른 체계들과 상호작용하는지 등을 이해한다.

부록 3 | 사회적 관계망 그리드

사회적 관계망의 구조적 변인과 기능적 변인을 동시에 살펴볼 수 있도록 Tracy와 Whittaker(1990)가 개발한 Social Network Grid는 원래 위기가족지지 프로젝트로 고안되었으며 척도의 신뢰도는 Cronbach's α=81로 그 유용성이 확인되었다.

사회적 관계망 그리드는 개인, 가족의 사회적 지지체계를 사정하는 도구이며, 클라이언트와의 인터뷰를 통해서 얻어지는 정보를 바탕으로, 가족의 사회적 관계망을 전체적으로 볼 수 있게 해 준다. 사회적 관계망 그리드에서 알 수 있는 정보는 클라이언트에게 중요한 인물과 클라이언트와의 관계, 물질적 · 정서적 · 정보적 지원을 어느 정도 주고받고 있는지, 내용은 어떠한 것인지, 도움의 방향은 일방향 혹은 쌍방향인지, 친밀감의 정도, 접촉빈도, 최초 접촉시기와 알고 지낸 시간 등을 알 수 있다.

사회적 관계망 그리드

생활영역		물질적 지지	정서적 지지	정보 /조언	비 판	원조 방향	친밀도	만나는 빈도	알고 지낸 기간
1. 가구원 2. 다른 가족 3. 직장/학교 4. 조직 5. 다른 친구 6. 이웃 7. 전문가 8. 기타		1. 거의 없다 2. 가끔씩 3. 거의 항상	1. 거의 없다 2. 가끔씩 3. 거의 항상	1. 거의 없다 2. 가끔씩 3. 거의 항상	1. 거의 없다 2. 가끔씩 3. 거의 항상	1. 거의 없다 2. 당신에게만 3. 그들에게만 4. 양방향	1. 거의 친하지 않음 2. 가까운 정도 3. 매우 가까움	1. 1년에 몇 번 2. 한 달에 몇 번 3. 주마다 몇 번 4. 매 일	1. 1년 이하 2. 1년 이상 : 5년 이하 3. 5년 이상
01	2. 어머니	1	2	1	3	3	1	1	3
02	2. 아버지	1	2	2	1	3	2	1	3
03	2. 남동생	1	1	1	1	4	1	1	3
04	5. 친구A	1	2	2	1	4	2	1	3
05	3. 직장동료	1	1	2	1	1	2	4	2
06	1. 아내								
07	7. 사회복지사								
08	1. 큰딸								
09	2. 처남								
10									
11									
12									
13									

부록 4 | 역할극

역할극(role play)은 **사이코드라마**(psychodrama)와 **소시오드라마**(sociodrama)의 **역할놀이**(role playing)에서 유래된다. 사실 역할극은 사이코드라마의 간단한 형태라고 할 수 있다. 사이코드라마가 인간의 심층적인 심리 및 존재를 탐구하는 행위기법인데 반해, 역할극에서의 초점은 문제를 다양한 측면에서 정의하고, 최선의 해결방법을 찾는 데에 있다(한국사이코드라마학회, 1997). 역할극을 통해 상대방의 입장을 연기함으로써 상대방의 입장을 더욱 잘 이해하게 되고, 다른 사람이 자신의 입장을 연기함으로써 자신의 행동을 객관적으로 보고 잘못된 점을 인식할 수 있다. 또한 서로 간에 상호작용이 높아 친근감과 함께 공동체 의식이 생긴다(윤우상, 2011). 역할극은 다양한 휴먼서비스의 실천 현장에서 다양한 형태로 활용되고 있다.

본서(本書)에서는 역할극에서 사용되는 주요 기법들을 중심으로 살펴보았다(나용선 · 최명주, 2007 재구성).

- **역할 바꾸기**(role reversal)－상대방과 역할을 바꾸어 상대방의 역할을 하는 것으로, 상대방에 대한 이해를 높일 수 있으며, 상대방이 느끼는 자신의 모습과 행동을 객관적으로 볼 수 있게 된다. 또한 정보의 제공, 지각상의 변화 유발, 사고와 행동의 교정과 확장, 클라이언트가 자신을 어떻게 보고 있는가의 확인, 내면의 또 다른 자아와의 불균형의 해소, 의문에 대한 해답, 행동결정의 책임 고취, 행동에 대한 즉각적인 피드백을 준다.

- **빈 의자**(empty chair) **기법**－빈 의자를 어떤 구체적인 인물이나 감정, 이상, 공포 등의 상징적인 대상으로 간주하고, 대화를 주고받도록 하는 기법으로 클라이언트와 갈등을 일으키고 있는 대상, 그 대상과의 문제, 감정상태 등을 알 수 있다.

  빈 의자 기법은 고통스러운 상황을 직면하기 어려울 때 완화작용을 해주고, 상황을 스스로 충분히 조절할 수 있게 해 준다. 주인공을 선정할 때에는 "이 빈 의자에 지금 누군가가 앉아 있어요. 여러분들에게 아주 중요한 사람입니다. 그 사람을 눈으로 그려 보세요. 그 사람이 선명히 떠오르면, 지금 그가 무엇을 하고 있고 어떤 옷을 입고 있는지, 또 무엇을 생각하고 있는지를 상상해 보세요. 이런 것들을 완전히 떠올렸으면 손을 들어 보세요."라고 하고 시작한다. 클라이언트는 빈 의자에 자신, 타인, 물건을 투사시켜 이야기할 수 있다.
- **이중자아**(double-ego) **기법**－클라이언트가 억압이나 저항으로 자신의 내면을 표현하지 못할 때, 보조자아들이 클라이언트의 또 다른 자아가 되어 연기함으로써 클라이언트 스스로 심리적 갈등을 탐색할 수 있도록 도와주어 감정을 명료화하는 기법이다.

  이중자아 기법은 자신의 감정을 확실하게 표현하지 못하는 클라이언트에게 사용하는 기법으로, 가장 깊은 곳의 심정을 밖으로 끌어내는 기법이라는 점에서 핵심적인 기법이다. 보조자아가 주인공의 내면세계를 묘사하는데, 이때 감정을 극대화하고, 비언어적인 요소들을 언어화하고, 클라이언트의 태도에 진실성을 묻고, 클라이언트의 감정에 반대하고, 독백을 하는 등의 방법으로 클라이언트로 하여금 자신이 미처 알아차리지 못하는 모순된 자아를 명확히 알 수 있게 하는 방법이다. 즉, 타인의 심리적 쌍둥이가 되어 그의 내부 소리로 작용해서 숨겨진 생각, 관심, 감정 등을 드러내 그가 이를 다시 충분히 표현하도록 하는 방법이다.

- **거울**(mirror) **기법**－보조자아가 클라이언트의 모습을 관찰하여 클라이언트의 행동방식, 표현방식, 생활방식 등을 똑같이 따라함으로써, 클라이언트가 자신을 객관적으로 볼 수 있도록 도와주는 기법이다. 비디오 효과와 같은 피드백을 제공해 주는 기법으로, 또한 심리세계의 거울로써 자아를 직면시켜 준다. 위축되어 있거나 마음의 준비가 충분하지 못할 때, 자신의 행동에 대한 이해, 혹은 그 영향을 모를 때, 타인과 적절히 상호작용하지 못할 때 이 기법이 적절하다.
- **독백**(soliloquy) **기법**－클라이언트가 타인에게 대화로 표현하지 않는 자신의 생각이나 감정을 소리 내어 이야기하는 것으로, 일반적으로 갈등상황 이후에 자신의 숨겨진 감정과 생각을 정리하고자 할 때 사용하는 기법이다.
- **미래투사**(future projection) **기법**－클라이언트가 자신의 미래 상황을 상상하고, 그것을 현재의 상황인 것처럼 연기함으로써, 자신의 미래에 대해 생각해보고, 개입의 목표를 명료화시키기 위한 기법이다. 또한 미래투사 기법은 불확실한 요소, 애매한 것들을 구체화시켜 주고 살아 있게 한다. 예기불안을 감소시키고 자신감을 심어 주며 필요한 자질과 기술을 배우게 한다.
- **등 돌리기**(turn your back) **기법**－클라이언트가 다른 사람들과 마주하고 연기하면서 일어날 수 있는 당혹감, 저항 등을 방지하기 위해 등을 돌리고 연기하도록 하는 기법이다. 클라이언트가 무대 위에서 등을 돌리고, 관객들은 클라이언트가 그곳에 없는 것처럼 그에 대해 말을 하며, 클라이언트는 그들의 말을 듣고 많은 도움을 얻을 수 있다.
- **높은 의자**(high chair) **기법**－높은 의자를 사용하여 클라이언트와 상대방

이 잡은 공간 및 위치를 조정함으로써 비언어적으로 서로 간의 관계를 과장하는 기법이다. 즉, 권위적인 인물, 상대적으로 강한 두려움을 느끼고 있는 인물의 역할을 맡은 보조자아를 높은 의자 위로 올라가게 함으로써 그 권위나 두려움을 과장하여 나타내는 것이다. 반대의 경우에는 **낮은 의자 기법**을 사용할 수 있다.

- **죽음장면**(death scene) **기법**−클라이언트가 자신의 죽음이나 다른 중요한 인물의 죽음을 가정하여 극중의 장면으로 활용하는 기법을 말한다.
- **마술 상점**(magic shop) **기법**−마술 상점이라는 매개체를 활용하여 인간의 속성을 물물 교환하는 기법으로서 초기단계에서 주로 사용된다. 마술 상점이란 정신적인 모든 것이 갖추어져 있다고 가정된 상점으로 여기서는 누구든지 원하는 것을 가지고 갈 수 있으나, 이때 반드시 자기의 어떤 의미 있는 마음 또는 정신적인 것을 대가로 지불해야 한다. 상점주인은 클라이언트가 필요로 하거나 지불하는 것에 대한 이유를 물음으로써, 클라이언트의 문제를 인지할 수 있다.
- **심판의 장면**(judgemental scene)−가상의 인물, 철학자, 신, 부처, 이상적인 인물들과 만나게 되고, 그 역할을 맡은 보조자아와 함께 클라이언트는 인생의 의미, 죄의식, 가치관 등에 관계된 재판 형식의 비판을 하게 된다. 질문과 답변, 원인 규명, 그리고 상징적인 상·벌 행위도 가능하다.
- **공유**(sharing)−타인에 의한 지지, 공감, 일반화에 의한 통찰력 등을 얻기 위한 기법으로서 여러 사람들 앞에서 자신의 깊은 내면, 감추고 싶었던 내용, 수치스럽거나 고통스러운 일 등이 노출되었을 때, 그 클라이언트를 위해서, 그리고 그 사실에 영향을 받은 관중들을 위해서 공감적인 피드백을 하게 된다.

그 외에도 역할극에서는 **장애물 기법, 편지기법, 전화기법, 모태기법, 다중 자아 기법** 등과 같이 사이코드라마나 소시오드라마에서 사용되는 많은 기법들이 활용된다.

부록 5 | 사회복지사 윤리강령

전 문

사회복지사는 인본주의 · 평등주의 사상에 기초하여, 모든 인간의 존엄성과 가치를 존중하고 천부의 자유권과 생존권의 보장활동에 헌신한다. 특히 사회적 · 경제적 약자들의 편에 서서 사회정의와 평등 · 자유와 민주주의 가치를 실현하는 데 앞장선다. 또한 도움을 필요로 하는 사람들의 사회적 지위와 기능을 향상시키기 위해 저들과 함께 일하며, 사회제도 개선과 관련된 제반 활동에 주도적으로 참여한다. 사회복지사는 개인의 주체성과 자기결정권을 보장하는 데 최선을 다하고, 어떠한 여건에서도 개인이 부당하게 희생되는 일이 없도록 한다. 이러한 사명을 실천하기 위하여 전문적 지식과 기술을 개발하고, 사회적 가치를 실현하는 전문가로서의 능력과 품위를 유지하기 위해 노력한다.

이에 우리는 클라이언트 · 동료 · 기관 그리고 지역사회 및 전체 사회와 관련된 사회복지사의 행위와 활동을 판단 · 평가하며 인도하는 윤리기준을 다음과 같이 선언하고 이를 준수할 것을 다짐한다.

윤리기준

Ⅰ. 사회복지사의 기본적 윤리기준

1. 전문가로서의 자세

① 사회복지사는 전문가로서의 품위와 자질을 유지하고, 자신이 맡고 있는 업무에 대해 책임을 진다.

② 사회복지사는 클라이언트의 종교 · 인종 · 성 · 연령 · 국적 · 결혼상태 · 성 취향 · 경제적 지위 · 정치적 신념 · 정신 신체적 장애 · 기타 개인적 선호, 특징, 조건, 지위를 이유로 차별대우를 하지 않는다.

③ 사회복지사는 전문가로서 성실하고 공정하게 업무를 수행하며, 이 과정에서 어떠한 부당한 압력에도 타협하지 않는다.

④ 사회복지사는 사회정의 실현과 클라이언트의 복지증진에 헌신하며, 이를 위한 환경조성을 국가와 사회에 요구해야 한다.

⑤ 사회복지사는 전문적 가치와 판단에 따라 업무를 수행함에 있어, 기관 내외로부터 부당한 간섭이나 압력을 받지 않는다.

⑥ 사회복지사는 자신의 이익을 위해 사회복지 전문직의 가치와 권위를 훼손해서는 안 된다.

⑦ 사회복지사는 한국사회복지사협회 등 전문가단체활동에 적극 참여하여, 사회정의 실현과 사회복지사의 권익옹호를 위해 노력해야 한다.

2. 전문성 개발을 위한 노력

① 사회복지사는 클라이언트에게 최상의 서비스를 제공하기 위해, 지식과 기술을 개발하는 데 최선을 다하며 이를 활용하고 전파할 책임이 있다.

② 클라이언트를 대상으로 연구하는 사회복지사는 저들의 권리를 보장하기 위해, 자발적이고 고지된 동의를 얻어야 한다.

③ 연구과정에서 얻은 정보는 비밀보장의 원칙에서 다루어져야 하고, 이 과정에서 클라이언트는 신체적, 정신적 불편이나 위험·위해 등으로부터 보호되어야 한다.

④ 사회복지사는 전문성을 개발하기 위해 노력하되, 이를 이유로 서비스의 제공을 소홀히 해서는 안 된다.

⑤ 사회복지사는 한국사회복지사협회 등이 실시하는 제반 교육에 적극 참여하여야 한다.

3. 경제적 이득에 대한 태도

① 사회복지사는 클라이언트의 지불능력에 상관없이 서비스를 제공해야 하며, 이를 이유로 차별대우를 해서는 안 된다.

② 사회복지사는 필요한 경우에 제공된 서비스에 대해, 공정하고 합리적으로 이용료를 책정해야 한다.

③ 사회복지사는 업무와 관련하여 정당하지 않은 방법으로 경제적 이득을 취하여서는 안 된다.

II. 사회복지사의 클라이언트에 대한 윤리기준

1. 클라이언트와의 관계

① 사회복지사는 클라이언트의 권익옹호를 최우선의 가치로 삼고 행동한다.

② 사회복지사는 클라이언트에 대하여 인간으로서의 존엄성을 존중해야 하며, 전문적 기술과 능력을 최대한 발휘한다.

③ 사회복지사는 클라이언트가 자기결정권을 최대한 행사할 수 있도록 도

와야 하며, 저들의 이익을 최대한 대변해야 한다.

④ 사회복지사는 클라이언트의 사생활을 존중하고 보호하며, 직무수행과정에서 얻은 정보에 대해 철저하게 비밀을 유지해야 한다.

⑤ 사회복지사는 클라이언트가 받는 서비스의 범위와 내용에 대해, 정확하고 충분한 정보를 제공함으로써 알 권리를 인정하고 존중해야 한다.

⑥ 사회복지사는 문서·사진·컴퓨터 파일 등의 형태로 된 클라이언트의 정보에 대해 비밀보장의 한계·정보를 얻어야 하는 목적 및 활용에 대해 구체적으로 알려야 하며, 정보공개 시에는 동의를 얻어야 한다.

⑦ 사회복지사는 개인적 이익을 위해 클라이언트와의 전문적 관계를 이용하여서는 안 된다.

⑧ 사회복지사는 어떠한 상황에서도 클라이언트와 부적절한 성적 관계를 가져서는 안 된다.

⑨ 사회복지사는 사회복지 증진을 위한 환경조성에 클라이언트를 동반자로 인정하고 함께 일해야 한다.

2. 동료의 클라이언트와의 관계

① 사회복지사는 적법하고도 적절한 논의 없이 동료 혹은 다른 기관의 클라이언트와 전문적 관계를 맺어서는 안 된다.

② 사회복지사는 긴급한 사정으로 인해 동료의 클라이언트를 맡게 된 경우, 자신의 의뢰인처럼 관심을 갖고 서비스를 제공한다.

Ⅲ. 사회복지사의 동료에 대한 윤리기준

1. 동 료

① 사회복지사는 존중과 신뢰로써 동료를 대하며, 전문가로서의 지위와 인

격을 훼손하는 언행을 하지 않는다.

② 사회복지사는 사회복지 전문직의 이익과 권익을 증진시키기 위해 동료와 협력해야 한다.

③ 사회복지사는 동료의 윤리적이고 전문적인 행위를 촉진시켜야 하며, 이에 반하는 경우에는 제반 법률규정이나 윤리기준에 따라 대처해야 한다.

④ 사회복지사가 전문적인 판단과 실천이 미흡하여 문제를 야기시켰을 때에는, 적절한 조치를 취하여 클라이언트의 이익을 보호해야 한다.

⑤ 사회복지사는 전문직 내 다른 성원이 행한 비윤리적 행위에 대해, 제반 법률규정이나 윤리기준에 따라 조치를 취해야 한다.

⑥ 사회복지사는 동료 및 타 전문직 동료의 직무 가치와 내용을 인정·이해하며, 상호 간에 민주적인 직무관계를 이루도록 노력해야 한다.

2. 수퍼바이저

① 수퍼바이저는 개인적인 이익의 추구를 위해 자신의 지위를 이용해서는 안 된다.

② 수퍼바이저는 전문적 기준에 의해 공정하게 책임을 수행하며, 사회복지사·수련생 및 실습생에 대한 평가는 저들과 공유해야 한다.

③ 사회복지사는 수퍼바이저의 전문적 지도와 조언을 존중해야 하며, 수퍼바이저는 사회복지사의 전문적 업무수행을 도와야 한다.

④ 수퍼바이저는 사회복지사·수련생 및 실습생에 대해 인격적·성적으로 수치심을 주는 행위를 해서는 안 된다.

Ⅳ. 사회복지사의 사회에 대한 윤리기준

① 사회복지사는 인권존중과 인간평등을 위해 헌신해야 하며, 사회적 약자를 옹호하고 대변하는 일을 주도해야 한다.

② 사회복지사는 필요한 사회서비스를 개발하기 위한 사회정책의 수립·발전·입법·집행에 적극적으로 참여하고 지원해야 한다.
③ 사회복지사는 사회환경을 개선하고 사회정의를 증진시키기 위한 사회정책의 수립·발전·입법·집행을 요구하고 옹호해야 한다.
④ 사회복지사는 자신이 일하는 지역사회의 문제를 이해하고, 그것을 해결하는 일에 적극적으로 참여해야 한다.

Ⅴ. 사회복지사의 기관에 대한 윤리기준

① 사회복지사는 기관의 정책과 사업목표의 달성·서비스의 효율성과 효과성의 증진을 위해 노력함으로써, 클라이언트에게 이익이 되도록 해야 한다.
② 사회복지사는 기관의 부당한 정책이나 요구에 대하여, 전문직의 가치와 지식을 근거로 이에 대응하고 즉시 사회복지윤리위원회에 보고해야 한다.
③ 사회복지사는 소속기관 활동에 적극 참여함으로써, 기관의 성장발전을 위해 노력해야 한다.

Ⅵ. 사회복지윤리위원회의 구성과 운영

① 한국사회복지사협회는 사회복지윤리위원회를 구성하여, 사회복지윤리실천의 질적인 향상을 도모하여야 한다.
② 사회복지윤리위원회는 윤리강령을 위배하거나 침해하는 행위를 접수받아, 공식적인 절차를 통해 대처하여야 한다.
③ 사회복지사는 한국사회복사협회의 윤리적 권고와 결정을 존중하여야 한다.

사회복지사 선서

나는 모든 사람들이 인간다운 삶을 누릴 수 있도록,

인간존엄성과 사회정의의 신념을 바탕으로,

개인 · 가족 · 집단 · 조직 · 지역사회 · 전체 사회와 함께한다.

나는 언제나 소외되고 고통받는 사람들의 편에 서서,

저들의 인권과 권익을 지키며, 사회의 불의와 부정을 거부하고,

개인이익보다 공공이익을 앞세운다.

나는 사회복지사 윤리강령을 준수함으로써,

도덕성과 책임성을 갖춘 사회복지사로 헌신한다.

나는 나의 자유의지에 따라 명예를 걸고 이를 엄숙하게

선서합니다.

참고문헌

가족치료연구모임 역, 1995, 『해결중심적 단기가족치료』, 서울: 하나의학사.

강이화, 2002, 주의산만 아동을 위한 해결중심 단기상담 프로그램의 구성과 적용, 인천교육대학교 교육대학원 석사학위논문 미간행.

강호엽 · 조성희, 2017, 『자살예방실천현장에서의 동기면담』, 서울: 학지사.

권향임, 2006, 사회복지 조사활용의 장애와 보급, 『임상사회사업연구』 3(3), 295-314.

김기태, 1998, 『위기개입론』, 서울: 대왕사.

김동규, 1988, 『리비도의 발달과정과 성격형성론』, 서울: 교육과학사.

김성철 · 김화신 · 모아라 · 박윤희 · 박종란 · 송희경 · 오현주 · 전정이, 2020, 『사회복지 실천기술론』, 파주: 양성원.

김은영, 2012, 잠재적 위기 중학생을 대상으로 한 해결중심 단기개입의 효과, 대구대학교 재활과학대학원 석사학위논문 미간행.

김인수, 1992, 『가족치료해결중심접근법』, 서울: 중앙적성출판사.

김정진 · 임은희 · 권진숙, 2007, 『사회복지실천기술론』, 서울: 서현사.

김종옥 · 권중돈, 2001, 『집단사회사업방법론』, 서울: 홍익제.

김종일, 2004, 『지역사회복지론』, 파주: 현학사.

김형태, 2000, 『집단상담의 이론과 실제』, 서울: 동문사.

김혜란 · 홍선미 · 공계순, 2006, 『사회복지실천기술론』, 서울: 나남.

나용선 · 최명주, 2007, 학습자의 수업참여모델 "사례역할극(Role-Playing)" 프로그램 개발에 관한 연구, 『21세기사회복지연구』 4(1), 277-297.

남미애 · 윤숙자, 2020, 『사회복지실천기술론』, 서울: 학지사.

노충래 역, 2006, 『집단사회복지실천』, 서울: 학지사.

박재연, 1998, 알코올중독자의 자녀를 위한 집단상담사례연구, 이화여자대학교 사회복지학과 석사학위논문 미간행.

신성만 · 권정옥 · 이상훈, 2015, 『동기강화상담-변화 함께하기』, Miller, W.R. & Rollnick, S., 2013, *Motivational Interviewing: helping People Change,* 서울: 시그마프레스.

신성만 · 조성민 · 남지혜 · 이하림 · 박준영, 2017, 『동기강화상담의 핵심-일반 임상적 난제의 해결방안과 전략』, Schumacher, J.A. & Madson, M.B., 2014,

Fundamentals of Motivational Interviewing Tips and Strategies for Addressing Common Clinical Challenges, 서울: 시그마프레스.

신성만 · 장승옥 · 유채영 · 김준영, 2017, 『사회복지현장에서의 동기강화상담』, Corcoran, Jacqueline, 2016, *Motivational Interviewing; A workbook for Social Workers,* 서울: 박영스토리.

신선인 외, 2006, 『가족치료 및 상담/치료계획서』, 서울: 신정.

신성자 외, 2007, 『사회복지실천기술론』, 파주: 양서원.

양정남 · 이유리 · 박순희, 2012, 『사회복지실천기술론』, 파주: 양서원.

엄명용 · 김성천 · 오혜경 · 윤혜미, 2000, 『사회복지 실천의 이해』, 서울: 학지사.

엄명용 · 노충래 · 김용석, 2008, 『사회복지실천기술의 이해』, 서울: 학지사.

오봉옥 · 전동일 · 서대석 · 한주빈 · 최종복 · 전수미 · 성치상, 2020, 『사회복지실천기술론』, 서울: 동문사.

오정수 · 류진석, 2004, 『지역사회복지론』, 서울: 학지사.

윤우상, 2011, 입원중인 알코올중독자를 위한 동기강화 역할극 프로그램 모형 개발, 『한국사이코드라마학회지』 14(2), 111-128.

윤현숙 · 김기환 · 김성천 · 이영분 · 이은주 · 최현미 · 홍금자, 2001, 『사회복지실천기술론』, 서울: 동인.

이미선 · 강우진 · 권향임, 2012, 『사회복지실천기술론』, 서울: 창지사.

이소연, 2009, 가출 청소년의 집단미술치료 사례연구: 위기개입적 접근으로, 명지대학교 사회교육원 석사학위논문, 미간행.

이신영 · 박선영, 2012, 『사회복지실천기술론』, 파주: 양서원.

이정균, 1990, 『정신의학』, 서울: 일조각.

이현수 역, 1985, 『이상행동의 심리학』, 서울: 법문사.

이형영, 1992, 『정신의학(총론)』, 광주: 전남대학교 출판부.

이훈구 역, 1984, 『성격심리학』, 서울: 법문사.

장수미 · 최정숙 · 박형원 · 김주현 · 홍현미라 · 이혜경 · 이영선 · 한인영, 2010, 사회복지실천기술론, 서울: 학지사.

장수미 · 최정숙 · 박형원 · 김주현 · 홍현미라 · 이혜경 · 이영선 · 한인영, 2021, 『사회복지실천기술론』, 서울: 학지사.

장인협, 2005, 『사회사업실천방법론(下)』, 서울: 서울대학교출판사.

전남련 · 박정란 · 윤기종 · 이효수, 2012, 『사회복지실천기술론』, 파주: 정민사.

전재일 · 이성희, 2003, 『사회복지실천기술론』, 서울: 형설출판사.

전재일 · 이성희 · 김연희, 2010, 『사회복지실천기술론』, 서울: 형설.

정우식 역, 1986, 『인간』, 서울: 집문당.

조미숙 · 유용식 · 윤춘오 · 현영철, 2020, 『사회복지실천기술론』, 서울: 동문사.

최선화, 2006, 『풀어쓴 사회복지실천기술론』, 고양: 공동체.

최송식, 2008, 『지역사회정신보건과 사례관리실천』, 고양: 공동체.

최옥채, 2000, 『지역사회실천론』, 서울: 아시아미디어리서치.

최옥채 · 박미은 · 서미경 · 전석균, 2004, 『인간행동과 사회환경』, 파주: 양서원.

한국사이코드라마학회 역, 1997, 『사이코드라마의 토대』, Blatner, A., 1987, *Foundation of Psychodrama*, 서울: 중앙문화사.

한덕웅, 2002, 『집단행동이론』, 서울: 시그마프레스.

허남순 · 노혜련 역, 2004, 『해결을 위한 면접』, 서울: 학문사.

허남순 · 한인영 · 김용석 역, 2004, 『사회복지실천이론과 기술』, 서울: 나눔의집.

Ames, N., 1999, Social Work Recording: A New Look at an Old Issues, *Journal of Social Work Education,* 35, 227-237.

Bandura, A., 1977, *Social-Learning Theory,* NJ: Prentice-Hall.

Barker, R. L., 1995, *The Social Work Dictionary,* Washington DC: NASW Press.

Beckwith, D., & Lopez, C., 1997, *Community Organizing: People Power from the Grassroots,* Washington, DC: Center for Community Change.

Berg, Insoo Kim, & Miller, S. D., 1992, *Working with the Problem Drinker: A Solution-Focused Approach,* NY: W.W. Norton & Company.

Berg, Insoo Kim, 1994, *Family Based Service: A Solution-Focused Approach,* NY: W.W. Norton & Company.

Bertcher, H. J., & Maple, F., 1985, Elements and Issues in Group Composition, In Martin Sundell, Paul Glasser, Rosemary Sarri, & Robert Vinter(Eds.), *Individual Change Through Small Groups* (pp.180-202.), New York: Free Press.

Biestek, F. P., 1957, *The Casework Relationship,* Chicago: Loyola University Press.

Bowen, M., 1978, *Family Therapy in Clinical Practice,* NY: Jason Aronson.

Brammer, L. M., 1985, *The Helping Relationship: Process and Skills*, Upper Saddle River, NJ: Prentice Hall.

Brenner, C., 1974, *An Elementary Textbook of Psychoanalysis*, NY: Doubleday Anchor Books .

Brown, L. N., 1991, *Groups for Growth and Change*, NY: Longman.

Carkhuff, R. R., & Anthoy, W. A., 1979, *The Skills of Helping*, Amherst, MA: Human Resource Development.

Carter, E. A., & McGoldrick, M., 1980, *The Family Life Cycle: A Framework for Family Therapy,* New York: Gardner Press.

Central Council for Education and Training in Social Work, 1995, *Assuring Quality in The Diploma in Social Work-1: Rules and Requirements for The DipSW* (revised), London: CCETSW.

Collins, D., Jordan, C., & Coleman, H., 1999, *An Introduction to Family Social Work,* Itasca, Illinois: Peacock Publishers, Inc.

Corcoran, J., 2001, Solution-Focused Therapy, In Lehmann P., & Coady, N.(eds.), *Theoretical Perspectives for Direct Social Work Practice,* N Y: Springer Publishing Company.

Corcoran, J., 2016, *Motivational Interviewing; A workbook for Social Workers*, NY: Oxford University Press.

Corey, G., 1981, *Theory and Practice of Group Counseling,* Belmont, CA: Wadsworth.

Corey, G., 1991, *Theory and Practice of Counseling and Psychotherapy*, Pacific Grove, CA: Brooks/Cole.

Corey, M. S., & Corey, G., 1992, *Group Process and Practice,* Pacific Grove, CA: Brooks/Cole.

Cormier, W. H., & Cormier, L. S., 1991, *Interviewing Strategies for Helpers: Fundamental Skills and Cognitive Behavioral Intervention,* Pacific Grove, CA: Brooks/Cole.

Council on Social Work Education, 1994, *Handbook of Accreditation Standards and Procedures*, Alexandria, VA: Council on Social Work Education.

Cournoyer, B. R., 1996, *The Social Work Skills Workbook*, Pacific Grove, CA: Brooks/Cole.

De Jong, P., & Berg, Insoo Kim, 1998, *Interviewing for Solutions*, CA: Brooks/Cole.

De Shazer, S., 1985, *Keys to Solution in Brief Therapy,* NY: W.W. Norton & Company.

De Shazer, S., Berg, Insoo Kim, Lipchik, E., Nunnally, E., Molnar, A., Gingerich, W., & Weiner-Davis, M., 1986, Brief Therapy: Focused Solution Development, *Family Process*, 25(2), 207 - 221.

Delgado, M., & Humm-Delgado, D., 1982, Natural Support Systems: Source of Strength in Hispanic Communities, *Social Work,* 27(1), 83-89.

Dinkmeyer, D. C., & Sperry, L., 2000, *Counseling and Psychotherapy: An Integrated, Individual Psychology Approach,* Upper Saddle River, NJ: Merrill/Prentice Hall.

Dunst, C. J., Trivette, C. M., & Deal, A. G., 1988, *Enabling and Empowering Families: Principles and Guidelines for Practices,* Cambridge, MA: Brookline Books.

Duvall, E., & Miller, B., 1985, *Marriage and Family Development,* New York: Harper & Row.

Egan, G., 1990, *The Skilled Helper: A Systematic Approach to Effective Helping*, Pacific Grove, CA: Brooks/Cole.

Epstein, L., & Brown, L. B., 2002, *Brief Treatment and a New Look at the Task-Centered Approach*, Boston: Allyn and Bacon.

Eron, J., & Lund, T., 1996, *Narrative Solutions in Brief Therapy,* NY: The Guilford Press.

Federico, R., 1973, *The Social Welfare Institution,* Lexington, MA: D.C. Health .

Fellin, P., 1995, 2001, *The Community and The Social Worker,* Itasca, IL: Peacock.

Feltham, C., & Dryden, W., 1993, *Dictionary of Counselling*, London: Whurr.

Frankel, A. J., & Gelman, S. R., 1998, *Case Management: An Introduction to*

Concepts and Skills, Chicago, IL: Lyceum Books.

Gilbert, N., & Specht, H., 1974, *Dimension of Social Welfare Policy,* Englewood Cliffs, NJ: Prentice-Hall.

Gilliland, E. B., & James, K. R., 1997, *Crisis Intervention Strategies,* Pacific Grove, CA: Brooks/Cole.

Golan, N., 1978, *Treatment in Crisis Situation*, NY: Free Press.

Goode, W. J., 1964, *The Family*, NJ: Prentice Hall.

Corcoran, J., 2016, *Motivational Interviewing; A workbook for Social Workers,* NY: Oxford University Press.

Gordon, T., 1970, *Parent Effectiveness Training: The Tested Way to Raise Responsibility Children*, NY: David Mackay.

Gordon, T., 1976, *P.E.T. in Action.* Toronto: Bantam Books.

Guggenbuhl-Craig, Adolf, 1982, *Power in the Helping Profession*, Dallas, TX: Spring Publications.

Hammond, D. C., Hepworth, D. H., & Smith, V. G., 1997, *Improving Therapeutic Communication,* San Francisco, CA: Jossey-Bass.

Hartman, A., 1978, Diagrammatic Assessment of Family Relationships, *Social Casework,* 59, 465-476.

Hepworth, D. H., Rooney, R. H. & Larsen, J. A., 1997, *Direct Social Work Practice: Theory and Skills,* Belmont, CA: Wadsworth Publishing.

Hollis, F., 1970, The Psychosocial Approach to The Practice of Casework, In, Robert, R. & Nec, R.(eds.), *Theories of Social Casework* (pp.33-75.), Chicago: University of Chicago Press.

Huber, J., & Millman, H., 1972, *Goals and Behavior in Psychotherapy and Counselling,* Ohio: Merrill.

Ivey, A. E., 1994, *Intentional Interviewing and Counseling: Facilitating Client Development,* Pacific Grove, CA: Brooks/Cole.

Janosik, E. H., 1984, *Crisis Counseling: A Contemporary Approach*, Monterey, CA: Wadsworth Health Sciences Division.

Jehu, D., 1967, *Learning Theory & Social Work,* London: Routledge.

Johnson, L. C., & Yanca, S. J., 2007, *Social Work Practice: A General Approach*, Boston, MA: Pearson Education, Inc.

Johnson, L., 1995, *Social Work Practice: A General Approach,* Boston: Allyn & Bacon.

Jongsma, A. E., & Dattilio, F., 2000, *The Family Therapy Treatment Planner,* New York: John Wiley.

Kadushin, A., 1995, Interviewing, In Edwards, R. L., & Hopps, J. G., *Encyclopedia of Social Work* (19th ed., Vol. 2, pp.1527 - 1537.), Washington, DC: NASW Press.

Kadushine, A., 1990, *The Social Work Interview: A Guide for Human Service Professionals*, NY: Columbia University Press.

Kagle, J. D., 1991, *Social Work Records,* Prospect Height, IL: Waveland Press.

Kirst-Ashman, K. K., & Hull, Jr. G. H., 2001, *Generalist Practice with Organizations and Communities*, Pacific Grove, CA: Brooks/Cole.

Lantz, J., 1996, Cognitive Theory and Social Work Practice, In Turner, F.(eds.), *Social Work Treatment* (pp.94-115.), NY: The Free Press.

Levy-Strauss, C., 1969, *The Elementary Structures of Kinship,* Boston: Beacon. Press.

Lewin, K., LIippit, R., & White, R. K., 1939, Patterns of Aggressive Behavior in Experimentally Created Social Climates, *Journal of Social Psychology,* 10, 271-301.

Lishman, J., 1994, *Communication in Social Work*, Basingstoke: Macmillan/ BASW.

Lundahl, B., Kunz, C., Brownell, C., Tollefson, D. & Burke, B., 2010, A Meta-Anlysis of Motivational Interviewing: Twenty-Five years of Empirical Studies, *Research on Social Work practice,* 20(2), 137-160.

McGoldrick, M., & Gerson, R., 1985, *Genograms in Family Assessment,* NY: Norton & Company.

Middleman, R., 1978, Returning Group Process to Group Work, *Social Work with Groups,* 1(1), 15-26.

Miller, W.R. & Rollnick, S., 1995, What is Motivational Interviewing?, *Behavioral and Cognitive Psychotherapy,* 23. 325-334.

Miller, W.R. & Rollnick, S., 2013, *Motivational Interviewing: Preparing People for Change,* NY: Guilford Publications.

Morals, A., & Sheafor, B. W., 1980, *Social Work: A Profession of Many Faces*, Boston: Allyn & Bacon INC.

Murdock, G. P., 1949, *Social Structure,* New York: Macmillan.

National Association of Social Workers, 1981, *Standards for the Classification of Social Work Practice,* Silver Spring, MD: NASW.

Neidig, P., & Friedman, P., 1984, *Spouse Abuse: a Treatment Program for Couples,* Champlain, IL: Research Press.

Nelson-Jones, R., 2000, *Introduction to Counselling Skills: Text and Activities*, London: Sage Publications.

Netting, F. E., Kettner, P. M., & Mcmurtry, S. L., 2004, *Social Work Macro Practice*, NY: Pearson Education, Inc.

Nixon, H. L., 1979, *The Small Group,* Englewood Cliffs, NJ: Prentice-Hall.

Parsloe, P., 1988, Developing Interviewing Skills*, Social Work Education*, 8(1), 3-9.

Perlman, H. H., 1957, *Social Casework*, Chicago: The University of Chicago Press.

Puryear, D. A., 1979, *Helping People in Crisis*, San Francisco: Jossey-Bass.

Rapoport, L., 1970, Crisis Intervention as a Mode of Brief Treatment, In Robert, R. W., & Nee, R. H., *Theory of Social Casework*(pp.297-298.), Chicago: University of Chicago Press.

Reid, W. J., & Epstein, L., 1977, *Task-Centered Practice,* NY: Columbia Univ. Press.

Reid, W. J., 1996, Task-Centered Social Work, In F. turner(eds.), *Social Work Treatment* (pp.617-640.), NY: The Free Press.

Reid, W. J., 1997, *Social Work Practice with Groups: A Clinical Perspective,* Pacific Grove, CA: Brooks/Cole.

Roberts, A. R., 2005, *Crisis Intervention Handbook: Assessment, Treatment, and*

Research, NY: Oxford University Press.

Rossi, P. H., & Freeman, H. E., 1993, *Evaluation: A Systematic Approach*, Newbury Park, CA: Sage.

Rothman, J., & Sager, J., 1998, *Case Management: Integrating Individual and Community Practice*, Massachusetts: Allyn & Bacon.

Rothman, J., 1974, Three Models of Community Organization Practice, In Cox, F., Erlich, J., Rothman, J., & Tropman, *Strategies of Community Organization* (pp.25-45.), Itasca, IL: Peacock.

Rubin, H. J., & Rubin, I. S., 2001, *Community Organization and Development,* Boston: Allyn & Bacon.

Schlossman, H. H. 1980, *The Psychotherapy Handbook*, edited by Richie Herink, The New American Library, Inc.

Seden, J., 1999, *Counselling Skills in Social Work*, Buckingham: Open University Press.

Sheafor, B. W., Horejsi, C. R., & Horejsi, G. A., 1991, *Techniques and Guidelines for Social Work Practice*, Needham Heights, MA: Allyn & Bacon.

Sheafor, B., Horejsi, C., & Horejsi, H., 1997, *Techniques and Guidelines for Social Work Practice,* Boston: Allyn & Bacon.

Shulman, L., 1984, 1992, *The Skills of Helping Individuals and Groups,* Itasca, IL: Peacock.

Smally, R., 1967, *Theory for Social Work Practice,* NY: Columbia University.

Strachey, J., 1973, *Sigmund Freud*, London: The Hogarth press.

Studt, E., 1968, Social Work Theory and Implications for the Practice of Methods, *Social Work Education Review,* 52(June), 244-264.

The American Heritage Dictionary of the English Language, 1979, NY: Houghton Mifflin Company.

Thyer, B. A. & Myers, L., 1997, Behavior and Cognitive Theories, In Brandell, J. R.(eds.), *Theory and Practice in Clinical Social Work* (pp.18-37), NY: Free.

Toseland, R. W., & Rivas, R. W., 1995, *An Introduction to Group Work Practice,*

NY: Macmillan.

Tracy, E. M., & Whittaker, J. K., 1990, The Social Network Map: Assessing Social Support in Clinical Practice, *Families in Society*, 71, 461 - 470.

Trevithick, P., 2000, *Social Work Skills: A Practice Handbook*, Philadelphia, PA: Open University Press.

Warren, R. L., 1978, *The Community in America,* Chicago: Rand Mcnally.

Wolpe, J., 1969, *The Practice of Behavior Therapy,* NY: Pergamon Press.

Woodrow, R. D., 1983, Casework: A Psychosocial Therapy, In Meyer, C. H. (eds.), *Clinical Social Work in the Eco-Systems Perspective* (pp.81-114.), NY: Columbia University Press.

Woods, M. E., & Robinson, H., 1996, Psychosocial Theory and Social Work Treatment, In Turner, F. J.(eds.), *Social Work Treatment: Interlocking Theoretical Approaches* (pp.555-580.), NY: The Free Press.

Yalom, I. D., 1995, *The Theory and Practice of Group Psychotherapy*, New York: Basic Books.

Zastrow, C., 1999, *The Practice of Social Work,* Pacific Grove, CA: Brooks/Cole.

찾아보기

〈ㅁ〉

〈ㅂ〉

〈ㅅ〉

〈ㅇ〉

〈ㅈ〉

〈ㅊ〉

〈ㅋ〉

〈ㅌ〉

〈ㅍ〉

저/자/소/개

- **설진화**

대구대학교 사회복지학과 학사, 석사, 박사.
현, 동국대학교 사회복지학과 교수

- **김소정(민재)**

동국대학교 불교학과 학사, 사회복지학과 석사, 박사.
현, 동국대학교 사회복지학과 강사

사회복지실천기술론

1판 1쇄 발행 — 2022년 2월 10일
1판 2쇄 발행 — 2026년 1월 10일

저　　자 – 설진화 김소정
발 행 인 – 강성민
발 행 처 – 수양재
주　　소 – 경기도 파주시 검산로 173번길 29-20
전　　화 – 031-946-3863(代)
팩　　스 – 031-946-3864
이 메 일 – syjpub@naver.com
출판등록 – 2016년 6월 3일 제 406-2016-000069 호

ISBN 979-11-89457-19-8

정가 22,000원